자기 설계자

성공할 수밖에 없는 FBI식 레벨업 프로그램

자기 설계자

조 내버로·토니 시아라 포인터 **지음** | **허성심 옮김**

흐름출판

나의 아버지 앨버트 내버로에 대한

애정 어린 기억을 담아

생각을 조심하라. 생각이 말이 된다.

말을 조심하라. 말은 행동이 되기 마련이다.

행동을 조심하라. 행동이 습관이 된다.

습관을 조심하라. 습관은 인격이 된다.

인격을 조심하라. 인격이 운명을 만든다.

— 노자의 말을 각색

관찰력
Observation

정보를 통찰력으로 바꾸는 관찰의 힘

3장

소통력
Communication

사람을 움직이고 변화를 만들어 내는 힘

4장

행동력
Action

행동이 나를 말해준다

5장
심리적 안정
Psychological Comfort

진정한 리더는 격려하고 다독인다

당신은 '비범'해질 수 있다

> 당신이 통달하기 어렵다고 해서
> 인간의 능력으로 불가능한 것으로 생각하지 마라.
> 만약 인간의 능력으로 가능한 것이라면
> 당신이 실현할 수 있는 것이라 생각하라.
>
> — 마르쿠스 아우렐리우스

사람들을 '비범하게exceptional' 만드는 것은 무엇일까? 이것은 내가 오랫동안 깊이 고민해 온 질문이다. 아마 여러분도 그럴 것이다. 나는 FBI에 몸담은 25년 동안 FBI 국가 안보 행동 분석 프로그램의 창립 멤버로 1만 건 이상 대면 조사를 시행했고, 행동 및 수행에 관한 연구를 하며 관련 책을 12권 이상 썼고, 수년 동안 전 세계 다양한 조직에 컨설팅을 제공했다. 그렇게 인간 행동을 연구하며 보낸 40여년 동안 비범함을 보이는 사람들만큼 나를 강렬하게 사로잡은 것은 없었다. 이 사람들은 우리를 특별하게 느끼게 해준다. 이들은 친절함과 배려로 단번에 사람을 매료한다. 자신이 지닌 지혜와 공감으로 우리에게 열정을 북돋아 주고 처음보다 나아졌다고 느끼게 해준다. 우리는 이런 사람들이 우리의 친구, 이웃, 직장 동료 또는 코치이기를, 교사, 관리자, 지역사회 지도자, 공직자가 되기를 바란다.

이들을 그렇게 영향력 있고, 유능하고, 본받을 만하고, 지도자로 손색없는 사람으로 만들어 주는 것은 무엇일까? 이들이 남들보다 뛰어난 이유는 학력이나 소득 수준, 타고난 재능과는 관련 없다. 이들은 정말 중요한 측면에서 다른 이들을 능가한다. 말하자면 다른 사람에게 무슨 말을 하고 어떻게 행동해야 하는지 알고 있는 것처럼 보인다. 이들은 자신의 말과 행동으로 다른 사람에게 신뢰를 얻고 존경을 받으며, 우리 중 가장 지쳐있는 사람을 일으켜 세울 만큼 긍정적으로 영향을 끼치고, 타인에게 영감을 준다.

이 책을 쓰기 위한 자료 조사는 10여 년 전에 정말 우연히 시작되었다. 그때 나는 『위험한 사람들』을 집필하고 있었다. 혐오스러운 행동, 자신이 내린 결정, 간과해 버린 우선 과제, 감정 조절 실패, 배려심이나 성실성 부족으로 자신과 타인의 기대를 저버리는 사람들의 특성을 분석하는 책이었다.

그렇게 결함이 있는 사람들을 조사하다가 나는 뜻밖의 흥미로운 점을 발견하게 되었다. 그들과 정반대의 사람들, 즉 주목할 만한 긍정적 특성이 있고 주변 모든 사람의 삶을 더 나아지게 하는 사람들은 한눈에도 매우 활기가 넘쳐 보였던 것이다. 그때 발견한 분명한 사실과, FBI 특수 요원으로 일하면서 그리고 세계 여러 조직에 컨설팅을 제공하면서 관찰한 수많은 사례를 엮어 이 책을 펴냈다.

사람들을 비범하게 만드는 것은 무엇일까? 비범한 사람들에게는 남과 구별되는 다섯 가지 특성이 있다. 이제 곧 밝힐 이 특성들은 다섯 개뿐이지만 그 힘은 매우 막강하다. 이 다섯을 가리켜 '비범한 사람들의 다섯 가지 특성'이라 부르겠다.

비범한 사람들의 다섯 가지 특성

자기 통제력

자신의 삶과 성장을 스스로 설계하고 지휘하는 힘. 자기 수련에 공을 들이고, 솔직한 성찰로 자신을 이해하고, 성취로 이끄는 핵심 습관을 기르는 것이다. '비범한' 사람의 첫 번째 조건이다.

관찰력

다른 사람을 관찰하여 그들의 두려움과 걱정뿐 아니라 요구, 기호, 의도, 바람을 알아채는 능력을 키운다면 사람과 상황을 빠르고 정확하게 이해할 수 있다. 또한 그 시점에서 무엇이 최선이고, 무엇이 옳고, 무엇이 효과적인지를 명확히 알 수 있다.

소통력

언어적·비언어적 기술을 모두 사용해 소통한다면 이성과 감성 면에서 사람들의 관심을 끌고, 신뢰와 소속감, 사회적 화합을 쌓는 유대를 형성하면서 더 효과적이고 의도에 맞게 자기 생각을 표현할 수 있다.

행동력

어떤 행동이 적절한지 판단하는 윤리적·사회적 틀을 안다면 비범한 사람들처럼 적절한 때 적절하게 행동할 수 있다.

심리적 안정

모든 인간은 결국 심리적 안정을 추구한다. 이 진리를 이해한다면 우리는 비범한 사람들이 알고 있는 것, 즉 배려를 통해 주변 사람들에게 심리적 안정을 주는 사람이 성공한다는 사실을 발견할 수 있다.

앞으로 소개할 장에서 나는 현장에서 경험한 실제 사례와 거기서 얻은 통찰, 그리고 수십 년 동안 행동 분석과 비즈니스 컨설팅 분야에서 일하며 겪은 여러 일화를 역사적 사례, 시사 문제, 우리의 일상생활과 결합할 것이다. 그리고 이를 통해 비범한 사람들의 다섯 가지 특성을 분석할 것이다. 또한 더 깊이 공감하는 삶, 윤리적인 삶을 추구하는 당신이 삶의 질과 가치를 높이고 자신을 타인과 차별화하기 위해, 특히 다른 사람에게 긍정적인 영향을 주기 위해 이 다섯 가지 특성을 어떻게 사용할 수 있는지도 설명할 것이다.

비범해지기 위해 비범한 것을 해야 한다는 진리를 일상에서 증명하고 있는 사람들을 살펴보면 분명 교훈과 영감을 얻을 수 있을 것이다. 인생을 바꿀 만한 이 다섯 가지 특성이면 다른 사람들과 구별되는 비범한 사람이 되기에 충분하다. 일상생활에 이 특성들을 적용하기 시작하는 순간 바로 효과를 볼 수 있다. 비범한 사람들의 다섯 가지 특성은 분명 다른 사람들에게 긍정적인 영향을 끼칠 수 있는 영향력을 키워주고, 당신이 더 나은 사람이 되게 도와줄 것이다. 또한 우리를 더 좋은 리더로 만들어 줄 것이다. 단순히 기회가 생겼을 때 리더가 되는 것이 아닌, 훌륭한 리더로서 충분한 자격을 갖춘 사람으로 만들어 줄 것이라는 말이다.

이제 우리가 누구이고 어떤 사람이 될 수 있는지를 탐색하는 여정을 함께 시작해 보자. 바르고, 신뢰할 만하고, 목적의식이 있고, 강건하며, 특히 **비범**하다고 불리는 몇 안 되는 사람들이 공유하는 특별한 영역으로 탐사를 떠나자.

1장

자기 통제력
Self-Mastery

자신을 경영할 수 없다면
그 어떤 것도 지배할 수 없다

모두가 인류를 바꾸려고 생각하지만
정작 자기 자신을 바꿀 생각은 하지 않는다.

— 레프 톨스토이

내가 특수기동대 팀 지휘관으로서 내려야 했던 가장 어려운 결정 중 하나는 긴박한 작전을 개시하기 직전에 일어났다.

특수기동대 팀 지휘관은 작전 계획을 수립하고 안전하고 능숙하게 계획을 실행할 책임이 있다. 작전 개시 '승인'이 떨어지고 만반의 준비를 하고 총기에 실탄을 장전한다. 헤드셋으로는 "지시가 있을 때까지 대기하라. 반복한다. 지시가 있을 때까지 대기하라."라고 계속해서 이야기한다. 많은 사람들은 이 모습을 보며 지휘관이 작전에 집중하고 있다고 믿는다. 그것이 대중이 기대하는 모습이다. 당신의 팀원도 그렇다. 특수기동대 대원들은 팀장이 레이저처럼 명료하게 사고하기를 바란다. 거기에 대원들의 안전과 작전의 성공 여부가 달려있기 때문이다.

사건은 숨 가쁘게 전개되고 있었다. 무장한 탈주범이 플로리다 헤인스시티 외곽의 허름한 모텔에서 여자친구를 인질로 잡고 절대로 그냥 생포되지 않겠다고 난동을 부리고 있었다. 보통 이런 사건은 인질 협상으로 해결하지만 이번에는 인질로 잡힌 이에게 의료 조치가 필요한 상태로 자칫 목숨까지 위태로울 수 있었다. 시간을 지체할 여유가 없었다. 한낮의 더위는 대원들을 한층 더 자극했고, 용의자는 협조를 완강히 거부하고 있었다. 그런 상황에서 나는 정말이지 하고 싶지 않았지만 FBI 특수기동대원 한 명을 임무에서 빼야 했다. 그 대원은 평상시처럼 신속하게 질문하지 않았고 최종 계획을 빠르고 능숙하게 처리하지도 못했다. 평소 같았으면 총알이 얼마나 멀리까지 뚫고 들어갈 수 있을지 예측하기 위해 건물 구조에 대해 질문하고, 출입문을 어떻게 열어야 하는지, 침투 시 어떤 도구가 필요할지 결정하기 위해 출입문이 어느 방향으로 열리는지, 구급차를 눈에 띄지 않게 얼마나 가까이에 대기시킬 수 있는지, 중증외상센터가 있는 가장 가까운 병원이 어디인지에 관해 물었을 것이다. 그런데 그는 아무 질문도 하지 않았다. 작전에 집중하지 못하는 게 분명했다. 나는 생각했다. '문제를 해결해야 해. 그것도 빨리.' 원인을 살필 겨를은 없었다. 그 대원에게 무슨 일이 벌어진 게 분명했고 조치를 취해야 했다.

내 상관들은 한 방에 있었는데도 상황을 전혀 알아차리지 못했다. FBI 본부를 상대하고 최종 변경 사항을 처리하고 지역 경찰에게 우리의 계획을 확인시키는 등 관리자가 해야 하는 결정을 하느라 분주했고 신경이 곤두서 있었다. 그러나 팀 지휘관으로서 나는 상황을 그냥 두고 볼 수 없었다. 그 대원은 여느 때와 달랐다. 개인적인 문제에 빠져있기에 지금은 정말이지 최악의 시간이었다. 이 일을 나 혼자만 알고 있고 작전 중에 아무것도 잘못되지 않는다면 어쩌면 누구도 눈치 채지 못하고 넘어갈 수 있을지도 모른다. 그러나 나는 이미 알아버렸고, 해결은 내 몫이었다. 시내에서 총격전을 벌일 가능성이 큰, 신속한 결정이 필요한 작전에 그런 상태의 대원을 투입할 수는 없었다. 그가 중요한 일에 아무리 간절하게 참여하고 싶어 하더라도, 또는 이번 경우처럼 탈주범을 체포하고 의료 조치가 필요한 젊은 여성을 구출해야 하는(가족들 말에 따르면 그녀는 강제로 붙잡혀 있는 것이라 했다) 복잡한 작전을 수행하는 데 꼭 필요한 인원이라 하더라도 리더는 다른 사람을 위험에 빠트리는 일을 최대한 피해야 한다.

나는 FBI 본부에 전화로 상황 보고를 하고 있던 책임 특수 요원에게 가서 말했다. "우리 팀 대원 한 명을 작전에서 빼겠습니다." 그 말을 하면서 특수기동대에 몸담은 20년 동안 한 번도 이런 일이 없었다는 것을 새삼 깨달았다.

"최선의 선택을 하세요." 책임 요원의 입에서 나온 말은 그뿐이었다. 수년 동안 함께 일하면서 나에 대한 신뢰가 확고히 쌓여있었다. 내가 아직 할 말이 남았다는 것을 감지했는지 그는 고갯짓으로 더 말하라고 신호를 보냈다. 나는 말했다. "이번 작전에서 저는 빠지겠습니다."

처음에 그는 자기가 제대로 들은 게 맞는지 확인하려고 잠깐 나를 쳐다봤다. FBI 본부와 통화를 잠시 멈추고 수화기를 손으로 가린 채 내 얼굴을 찬찬히 살폈다. 그는 그 짧은 시간에 내가 그날 무슨 일을 겪었는지 알아차리기 시작한 듯했다.

정말이냐는 그의 물음에 나는 그렇다고 대답했다. "필요하면 그렇게 하세요. 최선의 선택을 하세요." 그는 조금 전에 했던 말을 서슴없이 되풀이했다. "당신 판단을 믿습니다."

그렇게 나는 중대한 특수기동대 작전에서 빠졌다. 팀 부관이 내 역할을 맡는 부담을 떠안아야 해서 쉬운 결정은 아니었다. 몇몇 대원들은 무슨 일인지 궁금해할 게 뻔했다. 어쨌든 필요한 조치였고 팀 책임자로서 그런 결정을 내리는 것도 나의 임무였다.

작전은 순조롭게 진행되었고 아무도 다치지 않고 끝났다.

무엇 때문이었을까? 나 자신을 가만히 돌아보니 너무도 분명한 이유가 서서히 드러났다. 일주일 전 할머니를 떠나보내고 나는 여전히 깊은 상실감에 빠져있었다. 이대로 견뎌낼 수 있으리라 생각했지만 슬픔과 고통은 계속 나를 짓눌렀다. 다른 사람 눈에는 아마 내가 평소보다 조금 차갑고 농담을 덜 하는 정도로만 보였을 것이다. 바쁠 때는 다른 사람이 어떤 감정에 빠져있는지 간과하기 쉽다. 나의 감정은 나의 사고에 영향을 끼치고 있었다. 다행히 나는 때마침 그것을 알아차렸다.

책임 특수 요원은 중요한 말을 해줬다. "최선의 선택을 하세요." 하지만 최선의 선택이 무엇인지 어떻게 알 수 있을까? 그리고 그런 선택은 어떻게 하는 것일까? 그것은 '자기 통제력'에서 출발한다.

나는 내 삶을 지휘할 수 있는가

우리는 흔히 통제력mastery과 기술skill을 같은 것으로 본다. 기술은 말하자면 스트라디바리우스 바이올린 같은 명품 악기를 만들거나 옹장한 조각상을 조각하는 능력의 기초가 되는 것이다. 통제력은 기술과는 엄연히 다르다.

어떤 것을 숙련skilled하려면 도전 과제가 무엇이든 그리고 얼마나 어렵든 그것에 전념해야 한다. 그러나 더 중요하게는 **자기 통제력**self-mastery이 필요하다. 자기 통제력에 필요한 기술의 예로 집중력, 전념, 근면, 호기심, 적응성, 자기 인식, 결단력 등이 있다.

이 책에서는 자기 통제력을 가장 먼저 다루려고 한다. 비범한 사람과 평범한 사람을 구분 짓는 다른 네 가지 특성의 기초가 되기 때문이다. 다행히 자기 통제력은 실현 불가능한 도전이 아니다. 실제로 우리는 훈련을 통해 두뇌 회로를 재정비해서 더 나아진 모습으로 매일 여러 크고 작은 일을 할 수 있다.

우리의 삶이 마음가짐과 태도, 습득한 지식, 생각, 느낌, 매일의 선택들로 정의된다면, 우리는 자기 통제력 없이는 완전한 잠재력을 발휘할 수 없다.

자기 통제력으로 여러 산을 정복할 수는 없을 것이다. 하지만 자기 통제력 없이는 분명 어떤 산도 정복할 수 없다. '세상에서 가장 빠른 사나이' 우사인 볼트는 타고난 운동 능력으로만 그런 칭호를 얻은 게 아니다. 그것은 자기 통제력으로 얻어낸 결과다. 그는 항상 배우고 헌신하고 열심히 노력했으며 한순간도 집중력을 흩트리지 않았다. 농구 역사상 가장 위대한 선수로 평가받는 마이클 조던도 마찬가지다. 비범한 사람들이 지닌 최상위 수준의 능력을 획득하기 위해서는 바로 자기 통제력이 필요하다.

자기 통제력에는 또 다른 면이 있다. 바로 우리 자신의 감정과 장점, 그리고 더 중요하게는 약점까지 아는 능력을 포함한다는 것이다. 자기 자신을 앎으로써 우리는 언제 다른 사람이 상황을 이끌게 해야 하는지, 내가 특수기동대 작전 중에 경험한 것처럼 일이 안 풀리는 날이 언제인지, 약간의 겸손이 필요한 때가 언제인지, 나를 깎아내리는 '마음속 악마'에 맞서야 하는 때가 언제인지, 더 나은 내가 지닌 힘을 불러내기 위해 새롭게 행동해야 하는 때가 언제인지 알 수 있다. 이것이 자기 통제력으로 가능한 일이다. 즉, 자기 통제력으로 의식적이고 솔직한 자기 평가를 할 수 있고, 자기 평가를 기반으로 더 열심히 분발하고 분투할 수 있으며, 성패를 가르는 섬세한 인식을 획득할 수 있다.

이 장에서 우리는 자기 통제력에 필요한 발판을 어떻게 세울지에 초점을 두고, 일상 속 습관과 행동을 통해 자기 삶을 지휘하는 방법을 모색할 것이다. 그리고 마지막에는 자기 통제력이라는 가장 핵심적인 능력을 얻기 위한 여정에서 우리를 도와줄 자기 평가 질문을 살펴볼 것이다. 잠재력을 발휘하고 영향력을 키우고 자신의 브랜드를 키우고 싶은가? 자기 통제력이 유일한 방법이다.

지식에 투자하라

정확히 언제인지는 기억나지 않지만 고등학교 시절, 진지하게 자기 평가를 한 적이 있다. 누가 시켜서 한 게 아니었다. 어린 마음에도 변화가 필요하다는 것을 뼈저리게 느끼고 있었기에, 이 자기 평가는 나자신과 나눈 아주 개인적인 대화였다.

쿠바 혁명1953~1959 후 여덟 살 어린 나이에 미국으로 피난 온 나는 혹독한 현실에 내던져졌다. 갑자기 미국으로 건너와서 영어도 못하는 데다가 규칙과 관습, 규범이 완전히 다른 새로운 환경에 적응하지 못해 모든 면에서 혼란스러웠고 뒤처질 수밖에 없었다. 미국에 도착했을 때 우리 가족은 무일푼이었다(쿠바 공항에서 군인들이 그렇게 만들었다). 게다가 쿠바 공산주의 혁명의 폭력이 남긴 엄청난 충격에서 여전히 헤어 나오지 못한 상태였다. 나는 새로운 환경에 적응해야 하는 숙제를 안고 있었지만 그래도 주변의 다른 아이들과 공통점이 하나 있었다. 미국 아이들처럼 공부하고 운동하는 것을 좋아한다는 것이었다. 그러나 그 아이들은 스페인어를 쓰지 않았고 나는 영어를 쓰지 않았다. 그 아이들은 나처럼 유혈 혁명을 겪지 않았다. 피그스만 침공이 일어나는 동안 길 위에 나앉아 보지도 않았고, 피델 카스트로 반대자라는 이유로 군인들이 시민들을 벽에 세우고 즉결 처형하는 총성을 들어본 적도 없었다. 그 아이들은 팅커벨, 벅스 버니, 로드러너, 디즈니랜드 캐릭터나 「미키 마우스 클럽」의 출연자들을 알았지만, 그 이름들은 나에게는 아무런 의미가 없었다. 학교에 갈 때 나는 교복 입는 것이 익숙했지만 미국 아이들은 청바지와 티셔츠를 입었다. 온종일 한 교실에 앉아 한 선생님에게 수업을 듣던 쿠바 학생은 이제 55분마다 교실을 이동해야 했다. 왜 그렇게 하는지는 잘 몰랐다. 나는 야구 경기 규칙을 잘 알고 있었지만 농구는 해본 적이 없었다. 피구라고 불리는 새로운 게임은 마음에 들었지만 수학 시간에 이름이 불리면 칠판으로 나가 수학 문제를 푸는 것은 정말 싫었다.

말 그대로 '문화 충격'이었다. 나는 줄 서있을 때 말하지 않기, 길 건널 때만 손을 잡고 다른 경우에는 서로 접촉하지 않기, 너무 붙어 서지 않기, 몸짓을 너무 많이 사용하지 않기, 너무 크게 말하지 않기, 화장실이 가고 싶으면 오른손 들기, 훈계를 들을 때는 선생님과 눈 맞추기(내가 알던 것과 정반대였다. 쿠바에서는 선생님과 눈을 마주치지 말고 눈을 내리깔고 뉘우치는 태도를 보여야 한다고 배웠다) 등 온갖 사회 규칙을 배우려 부단히 노력했다. 게다가 공부도 문제였다. 쿠바 혁명이 벌어지는 동안, 안전하지 않다는 이유로 학교에 나가지 않았다. 학교에 가기가 솔직히 무서웠다. 그래서 쿠바에서 탈출할 때부터 이미 공부가 뒤처져 있었다. 미국에서는 당연히 수업이 영어로 진행되기 때문에 아무것도 알아들을 수 없었다.

그럼에도 순전히 끈기와 필요성에 의해 약 1년 만에 나는 영어를 유창하게 할 수 있게 되었다. 언어를 배울 때는 사람들과 어울리는 것만큼 좋은 게 없다. 과정을 따라갈 수 있도록 나는 한 학년 유급했고, 이윽고 한 해에 두 학년 과정을 마칠 수 있었다. 그러나 그것은 시작일 뿐이었다.

나는 내 억양이 고민이었다. 미국에서 다른 나라 억양으로 영어를 쓰는 내가 너무 튀어 보인다고 느꼈다. 나는 사람들과 자연스럽게 어울리고 싶어서 쿠바 억양을 없애려고 부단히 노력했다. 마침내 쿠바 억양을 없애는 데 성공했지만 배워야 할 것이 많다는 현실은 그대로였다. 다른 아이들 모두 아는 것을 나만 모르는 경우가 무척 많았다. 그 아이들에게는 걸음마를 뗄 때부터 몇 년에 걸쳐 놀이터에서, 텔레비전을 보면서, 같은 학교에 다니면서 사회화와 문화를 통해 자연스럽게 배우는 것들이 나에게는 전부 숙제였다.

전래 동요도 아는 것이 없었고 놀이 동요도 전혀 몰랐다. 「런던 다리가 무너지네London Bridge Is Falling Down」라는 동요가 도대체 무슨 의미인지 이해되지 않았다. (왜 그런 대참사가 단조로운 가락의 동요로 묘사된 것일까?) 미국으로 이주하고 거의 첫 일 년 동안 우리 집에는 라디오와 텔레비전이 없었다. 그래서 내가 배운 노래라고는 매일 아침에 부르는 국가뿐이었다.

고등학교에 입학했을 때 반 친구들은 셰익스피어를 알고 있었고 나는 미겔 데 세르반테스를 알고 있었다. 아이들이 존 스타인벡의 작품을 읽을 때 나는 페데리코 가르시아 로르카의 작품을 읽었다. 나는 카리브해에 있는 섬을 모두 알았지만 반 아이들 대부분은 멕시코만의 위치도 찾지 못했다. 쿠바 공산주의자들이 '프롤레타리아와 부르주아'에 대한 사상을 주입했기 때문에 나는 어렵지 않게 그 단어를 알아들었다. 반 아이들은 내가 그 단어를 지어냈다고 생각했다. 반대로 그때 나는 '블루칼라'가 무슨 의미인지 몰랐다.

나는 다른 아이들이 나보다 똑똑하다는 잘못된 생각을 꽤 오래 품고 있었다. 나중에야 그 아이들이 나보다 더 똑똑한 게 아니라 그저 내가 겪어보지 못해서 모르는 것을 알고 있을 뿐임을 깨달았다.

어쨌든 다른 아이들이 당연하게 아는 것들을 모른다는 생각이 나를 괴롭혔다. 설상가상 학교에서 배우는 속도만으로는 그들의 지식을 따라잡는 것이 불가능해 보였다.

학교는 오직 교과 과정에 있는 내용만 가르쳤다. 나에게 부족한 것을 채워주지 못했을뿐더러 내가 가장 배우고 싶었던 것, 지역 교육 청에서 허용한 교육 내용에서 벗어난 것을 가르쳐 주지도 않았다. 그 렇다고 해서 자기 연민에 빠져 허우적거릴 수만은 없었다. 그래서 나는 10대 때 나만의 **자기 수련**self-apprenticeship 프로그램을 시작했다.

주변에 있는 비범한 사람이나, 책이나 자료에서 찾은 비범한 사람들에 대해 잠시 생각해 보자. 미국의 올림픽 체조 금메달리스트 시몬 바일스나 농구계의 전설 마이클 조던의 놀라운 재능을 인정하지 않을 사람이 어디 있겠는가? '오마하의 현인'이라 불리는 천재 투자자 워런 버핏은 또 어떤가? 이들은 모두 각자의 방식으로 비범한 사람들이다. 나는 어떤가? 나는 절대 엘리트 운동선수가 될 수 없다. 수십 억 달러 사업을 책임지고 경영하는 사람이 될 가능성도 없다. 그러나 우리는 다른 면에서—그것도 매우 중요한 면에서—비범해질 수 있다. 여기에는 우리 모두 관여하는 제1의 일, 즉 사람을 상대하는 일이 포함되어 있다. 우리의 행동이 진정으로 비범한 행동이 되게 하려면 어떻게 해야 할까?

해답은 자기 수련에 있다. **위대한 업적을 이룬 사람들처럼 우리도 지식과 자기 발전과 잠재력에 투자하는 것이다.**

어떤 사람은 자기 자신을 살피기보다 남을 소중히 여기고 보살피는 일이 더 쉽다고 생각한다. 그러나 다른 사람이 더 나아질 수 있게 지원해 주는 것처럼 우리는 자기에 대해서도 똑같은 책임이 있다. **자기를 소중히 여기는 최고의 방법은 더 나은 사람이 되기 위해 최선을 다하는 것이다.**

노년에도 공부에 대한 열정을 놓지 않고 96세 고령에 대학 졸업장을 딴 이탈리아의 주세페 파테르노Giuseppe Paternò 같은 사람의 이야기를 읽을 때마다 일이나 책무 또는 불운으로 계획이 어긋나더라도 계속 자기 계발에 헌신하는 사람이 있음을 상기하게 된다. 자기 자신을 소중하게 여기기에 인생 말년에 들어서도 **자기 교육**에 투자하는 것이다. 얼마나 아름다운 본보기인가!

우리는 가고 싶은 곳이 어디든 그곳에 이르는 길을 안내해 줄 훌륭한 멘토를 찾으라는 말을 종종 듣는다. 멘토가 있으면 좋다. 그러나 멘토를 얻기는 쉽지 않을뿐더러 멘토에게도 누군가를 가르칠 시간이 많지 않다.

비범한 사람이 되기 위해, 자기 통제력을 얻기 위해 우리는 자기 자신을 멘토링할 책임을 져야 한다. 비범한 사람들은 자가 도제 교육을 한다. 다른 사람에게 도움이나 조언, 전문 지식을 구할 수도 있지만, 이들은 스스로 자기 발전에 대해 적극적으로 책임을 진다.

14세기에서 16세기 유럽, 과학과 예술이 꽃피운 르네상스 시대에서 도제 교육의 유용한 본을 찾을 수 있다. 미켈란젤로 같은 젊은 이들은 일을 배우기 위해 관련 분야 전문가를 찾아가 도제가 되었다. 나중에 시스티나 성당의 천장화를 그리게 되는 미켈란젤로는 그림과 조각의 대가들 밑에서 일하면서 스승만큼 뛰어난 사람이 되기 위해 노력했다.

도제 교육은 요즘의 여름 캠프 같은 형식이 아니었다. 도제들은 기술을 배우고 숙달하기 위해 특정 과제에 대한 집중 훈련으로 빼곡한 엄격한 일과표를 따랐다. 아주 어린 나이에 훈련을 시작한 도제들은 기술을 습득하는 동안 노동을 제공해서 생활비를 벌었다. 자기 삶과 일에 책임을 다하는 것의 진정한 가치를 깨달았고, 전문 기술에 섬세함까지 더해 마침내 자신의 기량을 완성했다. 그렇게 도제 교육의 힘든 수련 과정을 통해 새로운 세대의 대가들이 배출되었다. 우리도 당연히 도제 교육의 수혜자가 될 수 있다.

오늘날 몇몇 기술직과 전문직을 제외하면 정식 도제 교육은 거의 사라졌다. 의사들은 인간의 질병을 진단하고 치료하는 극도로 복잡한 과정을 배우기 위해 기본적으로 12~16년 동안 도제 교육을 받는다. 내 책 작업을 맡은 한 편집자는 도제로 일하면서 출판업에 필요한 기술을 배웠다고 한다. 그는 처음에 상사가 책을 편집하고 만들기 위해 작가들과 작업하는 것을 옆에서 지켜봤다. 그다음에는 상사의 감독하에 편집 과정에 참여했고, 마침내 혼자 프로젝트를 따내고 편집하는 일을 맡을 수 있었다. 비교적 짧은 기간, 아주 구체적인 영역에 초점을 맞춰 교육하는 것이 추세이기는 하지만 배관이나 전기 설비 같은 특정 기술직에서도 여전히 도제 교육이 이뤄지고 있다.

전통적인 도제 교육이 사라져 가는 요즘, 우리는 자기 교육self-education, 그리고 셀프 멘토링을 해야 한다. 정식 교육 기관에서 배울 수도 있고 혼자 책을 찾아보며 할 수도 있다. 어떤 것은 필요 때문에 배우고 어떤 것은 열렬한 소망 때문에 배운다. 어떤 형태든 우리는 일과 일 사이에, 실직 상태일 때 또는 퇴근 후에 인내심과 의지, 노력과 시행착오를 거쳐 무언가를 배우고 익힐 방법을 찾는다.

나는 인간 행동에 관심이 있었고, 이해되지 않는 행동을 보면 일지에 기록했다. 경험과 조사를 기반으로 해 행동을 분석하곤 했고, 그렇게 더 좋은 관찰자가 되어갔다. 비슷한 시기에 나는 비행기 조종 훈련을 받았고, 고등학교를 졸업하기 전에 조종사 자격증을 딸 수 있었다. 왜 그랬을까? 강한 호기심 말고는 다른 이유를 찾을 수 없다. 나는 그런 활동과 기술이 나중에 인생을 살아가는 데 도움이 되리라고 생각했고, 실제로 도움이 되었다. 물론 당시에는 어떤 식으로 도움이 될지 전혀 몰랐다. 열다섯 살에 시작한 행동 관찰은 나중에 FBI에서 범죄자를 상대할 때 내 목숨을 살렸고, 테러리스트에 대한 공중 감시를 수행할 때 조종사 자격증 덕분에 기장을 맡을 수 있었다. 당시에는 내 미래와 관련이 있으리라고 전혀 생각하지 못했지만, 그때 한 자기 수련은 수년 후에 확실히 도움이 되었다.

도축되는 동물에 대한 인도적 대우에 힘쓴 것으로 유명한 동물학자 템플 그랜딘Temple Grandin은 어릴 때 자폐 스펙트럼 장애 진단을 받았다. 과거에는 자폐 스펙트럼에 대한 이해가 부족했던 터라 그랜딘과 같은 증상을 보이는 사람들에게는 허드렛일밖에 주어지지 않았고, 이들은 엄격한 교육을 받기에 적합하지 않다고 여겨져 고등 교육도 받지 못했다.

그랜딘은 자신의 특별한 학습 욕구를 충족하고 깊고 다양한 흥미를 추구하기 위해 자기 수련 프로그램을 만들었다. 그는 자기가 원하는 방식과 속도로 독학해서 대학 졸업장을 따는 데 성공했고, 마침내 박사 학위까지 받았다. 나아가 그랜딘은 변화를 이끄는 사람이 되고 싶었다. 그래서 과감하게 교실 밖으로 나갔다. 먼저 동물행동학과 생리학을 깊이 연구했고, 자신의 고통을 이해하고자 자폐 스펙트럼 연구도 시작했다. 자폐 스펙트럼 연구는 사람과 동물에 대한 이해를 넓히는 데 도움이 되었다. 그랜딘은 심리학도 공부했는데, 특히 색깔이 인간과 동물의 심리에 끼치는 영향에 초점을 뒀다. 그뿐 아니라 제도와 공학에 관한 공부도 해서 농장 소를 위한 인도적 축사를 설계했다. 그랜딘은 관찰력이 매우 예리해서 도축 직전의 소를 보고 도축 시스템에 문제가 있음을 한눈에 알아차렸다. 그녀의 자기 멘토링은 끝이 없었다. 마케팅, 사회 공학, 판매 기술, 언론 관계, 협상, 브랜딩 등을 연구함으로써 다른 사람에게 다가가고 영향을 끼치기 위해 꼭 필요한 것 이상의 일을 해냈다.

그랜딘은 특정 멘토나 학파 밑에서 수련한 것이 아니라 스스로 도제가 되어 평생에 걸친 자기 수련을 했다. 많은 다른 비범한 사람들처럼 아무리 많은 난관이 있더라도 자기만의 길을 만들어 나갔다. 그 과정에서 가축에 대한 인도적 대우와 자폐 스펙트럼 장애인의 권리를 주장하는 인물로 성장할 수 있었다.

그랜딘이 혼자 힘으로 영향력 있는 인물로서 길을 개척하기 200여 년 전에 미국 보스턴에는 세상에 영향을 끼치는 여정을 시작한 소년이 있었다. 소년은 하나의 국가로 자리 잡기 이전 미국에서 최초이자 가장 주목할 만한 사업가로 성장했고 당대는 물론이고 이후 여러 세대 미국인에게 가장 큰 영향을 끼치는 인물이 되었다. 그는 어떤 상황에 있더라도 꾸준히 자기 수련을 한다면 무엇을 성취할 수 있는지 앞장서서 보여줬다.

벤저민 프랭클린의 아버지는 아들이 목사가 되었으면 했다. 그러나 어린 프랭클린은 그 이상을 원했다. 어린 나이에도 관찰력이 뛰어났던 벤저민은 늘 주변을 관찰하고 세상일이 어떻게 돌아가는지, 성공하기 위해 무엇이 필요한지 살폈다. 그는 교육의 중요성을 인식하고 있었지만, 미국의 어떤 학교에서도 자신이 원하거나 필요로 하는 것을 가르쳐 줄 수 없다는 사실을 알았다. 그래서 이른바 인생이라고 불리는 혹독한 연구실에서 배우기 위해 자기 수련 프로그램을 만들었다.

벤저민은 많은 책을 탐독했고 꽤 훌륭한 작가가 되었다. 중년 여성의 이름을 포함한 여러 가명을 사용해 어른으로 가장해서 지역 신문에 투고했고 여러 차례 글이 실렸다.

열두 살이 되었을 때 벤저민은 정식으로 형 제임스의 도제로 들어가 조판, 제본, 판매, 출판을 포함해 인쇄업 전반을 배웠다. 하지만 단순히 생계를 위해 기술을 배우는 건 아니었다. 그 시대 가장 영향력 있는 소통 플랫폼을 통달하기 위한 수련을 한 것이다. 능숙하게 활자를 짜고, 잉크를 배합하고, 온갖 종류의 인쇄기로 작업하고, 원고를 편집하고, 간결한 기사를 쓰고, 사람들의 생각을 바꾸거나 정치

질서에 도전하기 위해 오늘날 '트렌드를 이끈다trending'고 할 법한 주제를 만들어 내는 법을 터득해 나갔다. 인쇄소로 들어오는 모든 글을 읽었고, 동시에 읽기와 글쓰기 기술을 연마했다. 당시 출판된 책은 가격이 비쌌기 때문에 읽을거리라면 가리지 않고 구해 읽었다. 아무도 벤저민에게 책을 읽으라고 과제를 내주지 않았지만 그는 그렇게 했다. 책을 접하기 어려운 어린 시절을 보냈기 때문인지, 흥미롭게도 프랭클린은 나중에 어른이 되어 미국 최초의 도서관을 설립했다.

5년 후, 프랭클린은 수중에 15센트만 들고 필라델피아로 떠났다. 필라델피아의 인쇄소들은 쉽게 구할 수 있는 노동력이 아닌 프랭클린이 연마한 기술을 필요로 했다. 당시 풍부했던 단순 노동력에 비하면 프랭클린이 일찍이 배운 기술과 지식은 그다지 흔하지 않은 매우 귀중한 재산이었다. 그렇게 그는 자신의 활동 영역을 넓혀갔다.

프랭클린은 오늘날 우리가 네트워크와 접근성이라고 부르는 것의 힘을 이해하고 있었다. 힘과 영향력, 권위를 지닌 사람들과 어울리고 그들에게 환영받기 위해 그들의 특성과 습관을 자기 것으로 받아들이는 것(오늘날 용어로 **미러링**mirroring이라고 하는데, 이에 관해서는 책 후반부에서 논의할 것이다)이 얼마나 중요한지도 알고 있었다. 행동 관찰이라는 나의 청소년기 습관이 나중에 FBI에서 일할 때 그야말로 큰 도움이 되었듯이 관습과 태도에 관한 프랭클린의 이해와 인식은 수년 후 그가 초대 주프랑스 미국 대사가 되었을 때 분명 큰 도움이 되었을 것이다.

풍부한 호기심과 기술과 의지로 프랭클린은 점차 영향력을 넓혀

나갔다. 청년 프랭클린은 펜실베이니아 주지사에게 깊은 인상을 남겼고, 주지사는 프랭클린이 영국에서 공부할 기회를 마련해 줬다. 프랭클린은 지식, 호기심, 적응력, 노력, 그리고 더 많은 것을 알고자 하는 열망이 삶을 더 나은 방향으로 이끌 수 있다는 성공의 열쇠를 찾아냈다.

정식 교육은 열 살 때 받은 것이 전부였던 프랭클린은 1790년 84세의 나이로 세상을 떠날 때까지 수많은 역할을 맡아 많은 일을 해냈다. 그는 미국 독립선언서에 처음 서명한 대표자 중 하나였다. 미국 헌법 초안도 작성했고, 3대 대통령 토머스 제퍼슨에게는 미국이 독립 국가로 서는 데 필요한 건국 이념에 관한 조언을 해줬다. 미국 독립전쟁1775~1783 당시 프랑스 주재 대사로 재임할 때는 프랑스의 관습과 외교술에 관해 섬세한 차이까지 통달했고, 마침내 프랑스를 설득해 독립 투쟁을 벌이는 신생 국가 미국에 대한 재정적 지원을 얻어냈다. 프랑스로서는 영국과의 전쟁 위험을 무릅쓰고 내린 결정이었다. 엄청난 기여였다. 하지만 그의 업적은 여기서 끝나지 않는다.

프랭클린은 작가이자 신문 편집자, 인쇄업자, 독립 운동가, 타의 추종을 불허하는 외교관이자 '번개를 이용한' 사람이었다. 또한 유머 작가, 풍자 작가, 과학자, 발명가, 교육자, 시민운동가, 학자, 대변인, 필라델피아 최초 소방서 창설자, 펜실베이니아대학교 설립자, 그리고 정치가였다. 오늘날의 우편 제도에 해당하는 시스템을 도입해 여러 식민지를 연결하는 최초의 전국 통신망을 설계한 인물이기도 하다. 프랭클린의 전기를 쓴 월터 아이작슨Walter Isaacson이 말했듯이 프랭클린은 "당대 가장 많은 업적을 이룬 가장 영향력 있는 인물"이다. 미국 최초의 사상 리더, 인플루언서, 그리고 자기 계발의 권위자였다. 만일 그때도 TED 강연이 있었다면 우리는 그의 강연을 '정주행' 하기 위해 몇 개월을 들여야 했을 것이다.

프랭클린이 그 모든 업적을 남길 수 있었던 것은 자기 통제력이 있었기 때문이다. **지식의 발판을 구축하고 차곡차곡 힘을 쌓으면서 끝없는 호기심을 기반으로 직접 계획한 자기 수련 프로그램을 통해 업적을 이뤄냈다.** 프랭클린보다 더 많이 교육받은 사람들은 그가 배우려 했던 것에 더 쉽게 접근할 수 있었지만 프랭클린보다 더 빼어난 사람은 없었다. 자기 수련을 통해 다방면에 걸친 탄탄한 발판을 구축하고 자기 것으로 만들어 그 모든 성취를 이뤄낸 프랭클린의 투지는 단연 그를 돋보이게 한다. 예나 지금이나 어떤 학교도 프랭클린을 유명하게 만들어 준 그것을 가르쳐 주지는 못할 것이다.

프랭클린은 생전에 이미 전설이었고 세상은 그에게 많은 빚을 졌다. 그러나 프랭클린이 남긴 가장 위대한 유산은 결국 그가 우리에게 보인 모범일 것이다. 그는 시작이 아무리 초라하더라도 자신의 삶과 열정 그리고 배움을 스스로 **지휘**할 수 있음을 보여줬고 절대 포기하지 않는 본이 되어줬다.

자기 수련을 통해 삶을 다시 **설계**하는 사명을 받아들인다면 우리에게 매우 놀라운 일이 일어나기 시작한다. 신화학자 조지프 캠벨 Joseph Campbell은 저널리스트 빌 모이어스Bill Moyers와 공저한 기념비적인 저서 『신화의 힘』에서 '천복your bliss', 즉 희열을 느끼게 하는, 내가 따라야만 하는 길을 좇으라고 말했다. 이는 노력하지 않고도 천복이 저절로 나타난다는 뜻이 아니다. 애정이나 갈망, 열정을 품은 대상이 있다면 어떤 난관에 부딪히더라도 그것을 좇으라는 의미다. 그렇게 한다면 우리는 캠벨의 말대로 "그동안 내내 우리를 기다려온 길, 우리가 살아가야 할 삶을 기다려온 길에 들어서게 된다."

캠벨은 자기 수련을 하려는 의지가 있다면 힘을 만들고 모으는 일에 탄력이 붙기 시작한다고 말한다. 즉, "당신의 천복에 해당하는 분야에 있는 사람을 만나게 된다." 일이 자기 뜻대로 되기 시작한다는 말이다. "당신의 천복을 좇아라. 그리고 두려워하지 마라."라고 캠벨은 조언한다. 그러면 "어디로 이어질지 전혀 알지 못했던 문이 열릴 것이다." 벤저민 프랭클린과 템플 그랜딘의 경우, 분명 그렇게 해서 문이 열렸다. 나 역시 그랬고 독자 여러분도 그럴 것이다. 행운은 노력의 산물이라는 말이 있다. 그러나 나는 행운은 우리가 자기 수련에 쏟아붓는 노력의 산물이라고 강조하고 싶다.

1971년 내가 브리검영대학교에 입학했을 때만 하더라도 몸짓 언어에 관한 책이 별로 없었다. 몸짓 언어가 학문 분야로 널리 인정받기 전이었고, 전공하는 사람도 물론 없었다. 나는 달랐다. 영어를 전혀 모르는 상태로 미국 땅을 밟았을 때 깨달았듯이 다른 사람과 의사소통하는 데 몸짓 언어가 얼마나 유용한지 잘 알고 있었다. 그때 나는 대학을 졸업하면 비언어적 의사소통에 관한 모든 것을 독학하겠다고 다짐했다.

졸업식 날에 나는 하고많은 것 중에서도 시립도서관 이용증을 만들어 졸업을 자축했다. 대학을 졸업하고 나면 필독서뿐만 아니라 원하는 것은 무엇이든 읽을 시간이 있었다. 나는 비언어적 의사소통을 주제로 한 자기 수련 계획을 세웠다. 하루는 태평양 트로브리안드 군도 주민들의 몸짓 언어를 공부하고, 그다음 날에는 알래스카 원주민들이 인사할 때 사용하는 몸짓 언어를 공부했다. 스페인 탐험가들이 미 대륙에 도착했을 때 목격한 몸짓 언어는 영국의 헨리 8세가 귀족들에게 허락한 의복의 색상만큼이나 매력적이었다. 19세기 영국 탐험가 리처드 버턴 경Sir Richard Burton이 나일강의 시작점을 찾으려 돌아다니다가 아프리카에서 목격한 여러 몸짓 언어는 중세시대 아랍 탐험가 이븐 바투타Ibn Battuta가 30여 년 동안 아프리카, 중동, 인도, 아시아 지역을 7만 5000마일 넘게 이동하면서 발견한 관습과 지역적 특징 못지않게 흥미로웠다. 나는 어떤 수업에서도 배울 수 없는 것을 혼자 배우고 있었다.

몸짓 언어나 비언어적 의사소통에 관해 심리학자, 동물학자, 동물행동학자, 인류학자, 임상의, 민족학자, 미술가, 사진사, 영장류 동물학자, 조각가, 해부학자들에게서 배울 수 있는 것은 최대한 배우려 했다. 이러한 자기 수련 프로그램은 그 과정에서 내 삶을 바꿔놓았다. FBI에 스카우트되기도 했고, 후에 경영 컨설턴트로서 국제 기업을 성장시킬 때도 도움이 되었다. 자기 수련은 내 삶을 풍요롭게 해줬고, 인간 본성을 들여다보는 귀중한 통찰력을 얻게 해줬다.

도서관 이용증을 받고 비언어적 의사소통에 관한 자기 수련을 시작했을 때만 해도 폴 에크먼Paul Ekman, 벨라 드파울로Bella DePaulo, 주디 버군Judee Burgoon, 마크 프랭크Mark Frank, 데이비드 기븐스David Givens, 조 쿨리스Joe Kulis, 에이미 커디Amy Cuddy를 비롯한 많은 거장 심리학자들을 만나리라고는 꿈에도 생각하지 못했다. FBI 요원으로 선발되고, 내 지식을 이용해 간첩과 테러리스트, 인질범을 잡으리라고는 상상도 못 했다. 인간 행동을 주제로 12권이 넘는 책을 집필하고, 하버드 경영대학원에서 해마다 강연을 하고, 3500만 뷰가 넘는 교육 영상을 찍고, 세계 각지의 기관과 정부에 컨설팅을 제공하리라고는 정말 전혀 예상하지 못했다. 나의 천복을 좇아서 자기 수련을 한다면 "어디로 이어질지 전혀 알지 못했던" 문이 머지않아 나를 향해 열리리라는 것을 꿈에도 몰랐던 것이다.

중요한 것은 노력이다. 나는 비언어적 의사소통을 공부하기 위해 모든 노력을 기울였다. 지금도 매일 노력한다. 천복을 좇기로 한 선물 같은 결정에 대한 대가로 우리는 열심히 노력해야 한다.

우리가 천복을 찾았을 때 혜택을 입는 사람은 우리 자신만이 아니다. 더 나은 존재와 더 나은 삶을 위해 자기 멘토링을 할 때 반드시 이 세계나 사람을 개선하거나 구하는 것을 목표로 삼을 필요는 없다. 내가 동네 수영장을 다닐 때 바로 옆 레인에서 인터넷 영상을 보면서 저자세 '전투 수영'을 익히려고 연습하던 청년이 생각난다. 전투 수영은 호흡을 위해 입만 물 밖으로 내밀고, 몸을 옆으로 뉘여 물살이 일지 않도록 수면 아래에서 팔을 놀려서 앞으로 미끄러지듯 나아가기를 반복하는 수영법이다. 그 청년은 미국 해군 특수부대 네이비 실Navy SEAL 대원이 되고 싶어서 전투 수영법을 연습하고 있었다. 흥분하면 말을 너무 빠르게 하는 40대 남성 윌리엄도 생각난다. 윌리엄은 자신의 그런 버릇을 스스로 잘 알고 있다. 그런데 문제는 회사 상급 관리자들도 그것을 알고 있다는 것이다. 그들은 윌리엄이 조금 차분하게 말하기를 원한다. 그래서 윌리엄은 토요일 오후마다 녹음기에 자기 말소리를 녹음하면서 천천히 말하는 연습을 한다. 연설가처럼 리듬을 맞추며 연설문을 암송하는 것이다. 자기 생각을 남에게 전달할 때 상대방이 소화할 시간이 생기도록 보조를 맞춰가며 말하는 법을 익히기 위해서다. 윌리엄은 회사에서 꽤 성공한 관리자이지만 자신이 더 발전하기를 바란다. 그래서 친구들이 포뮬러원F1 자동차 경주를 시청하며 쉬는 날에도 윌리엄은 연설문을 하나씩 암송하면서 자신을 개선하고 있다.

자기 수련은 지식의 우물을 채워준다. 선택 사항을 저울질하거나 결정을 내려야 할 때 필요한 자원을 제공하고, 정보를 찾고 수집하거나 새로운 모험을 추구하는 데 필요한 기술을 갖추게 해주고, 인생에서 앞으로 나아가기 위해 배워야 할 게 무엇이든 마음먹으면 배울 수 있다는 자신감을 불어넣어 준다.

자기 수련은 시간이 필요하지만 자본이 들어가는 건 아니다. 여러 해 동안 지역 도서관은 비언어적 의사소통을 독학하는 나에게 가장 훌륭한 자원이었다. 인터넷 덕분에 우리는 따라가기 쉬운 튜토리얼 영상부터 권위 있는 잡지 기사와 매력적인 팟캐스트까지 무수히 많은 정보를 쉽게 접할 수 있다. 게다가 관심사를 SNS에서 말하기만 해도 필요한 정보를 사람들과 공유할 수 있다.

나는 무엇을 '자기 수련' 할 것인가? 이것은 당신이 살면서 언제든 자문할 수 있는 질문이다. 자기 멘토링은 자신에게 주는 선물이다. 우리는 자기 멘토링을 통해 추진력을 얻는다. 그래서 자기 길을 개척하고 고유한 성격을 형성하고 어떤 사람이 되고 어떤 철학을 품을지 정하는 동안 하나의 발견이 또 다른 발견으로 이어진다.

진정으로 비범해지기를 원한다면 오늘 당장 자기 수련을 시작하자. 나만의 지식의 발판을 구축하기 시작하자. 한 걸음 더 내디디자. 주도권을 잡자! 내가 원하는 것과 배워야 하는 것이 무엇인지, 그것을 어떻게 성취할 것인지 설계하는 일을 즐기자. 책 읽기, 관련 주제에 정통한 사람과 대화하기, 팟캐스트나 강의 동영상 이용하기, 강의 듣기, 기관이나 온라인 단체에 가입하기 등 배움의 길은 다양하게 열려있다. 배움을 위한 여정이 우리를 어디로 데려가든 즐기자. 조지프 캠벨이 말했듯이 존재하는지도 몰랐던 곳을 향해 문이 열려있음을 믿어도 좋으리라. 그렇게 했을 때 비범한 사람들은 우리를 환영할 것이다. 우리의 헌신을 이해하고 존중하기 때문이다.

나의 감정 습관을 파악하라

내가 함께 일해본 FBI 최고의 요원을 손꼽으라면 그중 한 명이 테리 핼버슨 무디Terry Halverson Moody이다. 이것저것 요구하는 검사, 본부로부터 끝없이 걸려오는 전화, 민감한 작전이 노출될 수 있는 언론 브리핑, 세세한 것까지 참견하려는 상관, 쌓여가는 인터뷰 일정 같은 것들로 사무실은 쉽게 어수선해졌다. 그러나 무디는 언제나 침착했다. 그런 점에서 나는 무디를 존경했다. 삶의 균형을 유지하는 능력도 존경스러웠다. 한 사람의 아내이자 엄마로, FBI 특수 요원으로 그리고 내 파트너로서(이것 하나만으로도 절대 녹록하지 않았으리라) 무디는 비범한 사람이라면 누구나 지닌 강력하고 중요한 특징을 어릴 때부터 품고 있었던 것 같다. 바로 늘 **감정 균형**Emotional Balance을 잘 유지한다는 것이다. 감정이란 우리가 통제하거나 아니면 우리를 지배해 버리는 그런 것이다.

특수 요원 무디는 FBI에서 나보다 10년 후배였지만 우리 사무실의 요구 사항과 스트레스를 다루는 데는 수십 년 선배 같았다. 문제에 곧바로 대처할 수 있도록 항상 감정적으로 준비가 되어있어야 하는 부담감 높은 환경에서 매일 사건에 부딪히다 보니 우리는 짜증을 내거나 괴팍하게 굴거나 배려할 줄 모르는 사람이 되기 쉬웠다.

아이러니하게도 나는 부담감이 큰 상황에서 오히려 더 침착했다. 특수기동대 작전에 투입되면 나는 훈련했던 것을 믿고 더 집중하고 더 침착하게 작전을 수행했다. 감정은 제쳐두었다. 3000피트(약 914미터) 상공에서 비행기 엔진에 불이 붙는 사고가 발생한다면? 그래도 문제없다. 연료 펌프를 끄고 비상 주파수 121.5메가헤르츠로 맞춘 다음 비상을 선언하고, 주 전원 스위치를 끄고, 비상 착륙장을 찾고, 알맞은 활공 각도를 유지하고, 십중팔구 불이 다리 쪽으로 번질 수 있으므로 소화기를 다리 옆에 두고, 가장 가까운 공항까지 운항하고, 고속도로나 사탕수수 농장 등 비상 착륙장으로 쓸 수 있는 장소에 관한 정보를 계속 업데이트하고, 구조가 필요할 경우를 대비해 문 잠금장치를 해제하고, 다른 항공기와 충돌을 피하고, 공항에서 비행기 접근을 승인하는 등화 신호를 찾고, 최선을 다해 비행기를 조종해서 무동력 비상 착륙을 하면 된다. 나는 할 수 있었고, 실제로 푸에르토리코에서 일어났던 끔찍한 야간 비행 중에도 그렇게 했다. 나를 감정적으로 폭발하게 만드는 것은 오히려 불편, 방해, 산만함, 까다로운 요구 같은, 일상 업무에서 받는 스트레스였다. 감정 때문에 나는 착한 행동에 대해 내가 세웠던 기준을 무시했고, 변해갔다. 불친절하고 참을성이 없었고, 누군가 이의 제기를 하면 가시 돋친 말로 응수했다. 본부에서 전화가 왔다는 말에도 짜증을 냈다. 그런 내 모습은 나 자신을 해쳤을 뿐만 아니라 사람들과의 관계에도 큰 타격을 주었다.

다행히 무디 요원은 적당한 때에 나타나곤 했다. 무디는 맞은편에 앉아 "수화기 들기 전에 숨을 내쉬세요." "전화 건 사람이 아무리 '재수 없는 놈'이라도 문제 해결에 집중하세요."라고 말해줬다. 상대방의 말도 안 되는 요구에 내가 점점 흥분하기 시작하면 그녀는 손짓으로 '목소리 낮추세요'라고 말해줬다. 전화 통화가 끝나면 무디는 "자, 천천히 호흡해 보세요. 이번에는 더 길게 내쉬고요."라고 말했다. 그런 다음 "이제 다시 해보세요."라면서 격려해 줬다. 내가 전화 얘기를 다시 꺼내면 "욕하거나 악담하지 마세요." 하고 꾸짖거나 "일어서서 스트레칭을 해보세요." 하거나 "얘기 나누기 전에 산책부터 할까요?"라면서 나를 진정시켰다.

내 상태가 나빠지기 시작했다는 것을 알아차리면 무디는 정확히 그 상황에 필요한 엄격하고도 온화한 표정을 지어 보이며 "조, 밖에 나가서 좀 뛰다 오세요. 그러기 전에는 나랑 얘기할 생각 마세요."라고 말했다. 나는 그의 말대로 했고 돌아왔을 때는 훨씬 더 온순해져 있었다. 심지어 내가 급하게 점심을 먹고 다시 일하러 가려고 하면 "입은 음식을 씹으라고 있는 거예요. 그냥 욱여넣으라고 있는 게 아니라고요."라며 천천히 먹으라는 잔소리 아닌 잔소리를 했다.

내가 그의 조언에 시큰둥한 날이면 무디는 자기 말을 듣지 않는 사람은 심장마비로 쓰러지더라도 심폐 소생술을 해주지 않을 거라고 으름장을 놓았다. 그런 살벌한 협박에 한발 물러서서 무디의 말을 들을 수밖에 없었다.

나는 감정을 다스리지 못하면 건강에도 안 좋고 업무에도 방해가 된다는 것을 알고 있었다. 내 감정적인 태도는 주변 사람들의 삶까지 힘들게 만들었다. 그때 나는 미국 역사에서 가장 중대한 간첩 사건을 담당하고 있었다. 그 사건으로 7년 동안 온갖 수난을 겪은 터였다. 그렇다고 계속 그렇게 감정적으로 불안한 상태로 있을 수만은 없었다. 불안한 감정은 대가를 치르기 마련이다. 내 저서 『최후 심판의 날 3분 전Three Minutes to Doomsday』에 묘사했듯이 결국 일이 벌어졌다. 첫 번째 용의자를 체포한 지 3일 후 내 몸은 끝내 고장 나고 말았다. 면역 체계가 손상되고 엡스타인바 바이러스Epstein-Barr virus에 감염되어 병원에 입원해야 했다. 그 후로 불안증과 우울증에 시달렸고 1년 가까이 그 상태가 이어졌다.

왜 이 이야기를 했을까? 그것은 당신이 중요하고 흥미진진한 일, 누군가의 생명을 구하거나 세상을 바꾸는 일에 참여하고 있더라도 감정을 통제하지 못한다면 감정이 자신에게 부정적인 영향을 끼치거나 최악의 경우 파멸시킬 수 있음을 알려주고 싶어서다. 우리 모두 무디 요원처럼 필요할 때 조언해 주고 길에서 벗어나기 전에 붙잡아 주는 사람이 필요하다. 병원 신세를 졌던 그때가 처음으로 정신이 번쩍 드는 경험이었던 것은 아니다. 무디 요원은 그 전에도 여러 번 경고했다. 하지만 감정 재정비가 필요하다고 알려준 것은 바로 그 사건이었다.

삶의 많은 부분이 감정을 중심으로 돌아간다는 점을 미루어 보면 감정을 크게 소모하는 대인 관계나 직장 생활과 관련해서 감정 균형 문제를 많이 다루지 않는다는 것은 놀라운 일이다.

어릴 때 제대로 살피지 않으면 거친 감정적 행동 때문에 성격이 부정적으로 형성될 수 있다. 주변에 보면 제멋대로인 사람이나 감정 조절이 거의 안 되는 몰지각한 사람이 한 명씩은 꼭 있다. 분노 발작, 앙심, 옹졸한 질투, 충동적 행동, 주의를 끌기 위한 고의적인 감정 폭발, 다른 사람에게 강요하는 다른 유해 행동은 습관이 될 수 있다. 시간이 지날수록 그 행동들은 훨씬 더 해롭게 변해서 괴롭힘과 따돌림, 심지어 폭력으로 이어질 수 있다.

직장에 아이처럼 행동하는 사람이 있다거나 주변에 그런 사람이 있다는 말을 들어봤을 것이다. 사실 그들은 아이처럼 행동하는 게 아니다. '감정을 조절하는 법을 배우지 못한 어른'처럼 행동하는 것이다. 이들에게서 보이는 옹졸함, 가시 돋친 말, 괴롭힘, 충동적 행동은 자기 조절self-regulation 능력이 부족하기 때문이다.

우리는 대부분 성인이 될 때까지 부모나 돌보미, 교사 등 다른 사람들의 도움을 받아 감정을 통제하는 법을 배운다. 그렇다고 해도 자기가 적극적으로 관리하지 않으면 쉽게 감정에 압도될 수 있다. 감정은 당신의 몸과 마음뿐 아니라 대인 관계와 직장 내 업무 능력과 관계에도 영향을 끼칠 수 있다.

무엇 때문에 감정이 그렇게 막강한 영향력을 발휘하는 것일까? 외부 세계에 대한 반응뿐만 아니라 자기 생각이나 자기가 처한 곤경에 대한 반응도 대개 우리 뇌의 **변연계**에서 먼저 처리된다. 앞서 출간한 『FBI 행동의 심리학』에서 언급했듯이 변연계는 인간의 감정을 관장하는 뇌 영역이다. 변연계는 거의 반사적으로 외부 세계를 평가하고 외부 자극에 반응하는 매우 섬세한 신경계로, 생존을 위해 선천적으로 내재된 것이다. 변연계는 모든 포유동물에 있는 비교적 원시적인 뇌 영역으로, 즉각적인 위협에 매우 빠르게 반응하지만 장기적인 위협에는 한계가 있다.

위협에 직면하면 감정을 관장하는 **변연계 뇌**가 활성화되어 움직임이 줄고 포식자의 눈에 덜 띄게 된다. 동시에 상황을 파악해서 방어 모드나 보호 모드, 도망 모드, 투쟁 모드에 들어갈 수 있게 한다.

포식자나 무서운 사람 때문이든, 나쁜 소식을 들어서든, 악독한 상사를 상대해야 해서든 간에 우리 몸은 긴장하면 잠재의식적으로 교감 신경계를 통해 생리적 수단을 불러 모은다. 재빨리 움직일 수 있도록 순식간에 아드레날린이 분비되고 에너지를 얻기 위한 포도당이 온몸에 치솟는다. 그리고 우리가 다치거나 물렸을 때 피를 응고시키는 역할을 하는 코르티솔이 작용하기 시작한다. 이 과정은 사고 과정을 거치지 않고 무의식적으로 일어난다. 게다가 변연계는 감정이 고조된 상태일 때 비명 지르고 고함치고 날뛰고 격렬하게 싸우는 능력도 불러낸다.

수십만 년 동안 우리 인간은 생존을 위해 변연계에 의존해 왔다. 그도 그럴 것이 포식자를 맞닥트렸을 때 적절한 순간에 일어나는 화, 불안, 공포, 심지어 분노는 인간이 위협으로 가득 찬 세상을 헤쳐 나가도록 도와줬기 때문이다.

인간의 DNA에 새겨진 이 유산은 여전히 우리 안에 남아있다. 그러나 돌진해 오는 곰을 창으로 찌르거나 사자와 맞서 싸워야 할 필요가 없는 우리에게 변연계는 오히려 불리하게 작용할 수 있다. 장기간에 걸친 스트레스나 심한 감정 변화로 아드레날린이나 코르티솔이 너무 많이 분비되면 몸이 쇠약해지고 면역 체계도 영향을 받는다. 내가 경험한 것도 이것이다. 그러나 더 중요하게는 포식자를 맞닥뜨렸을 때든, 논쟁이 벌어질 때든, 연결 항공편을 놓쳐서이든, 사람 속을 뒤집어 놓는 전화 때문이든, 지지하는 후보가 당선되지 않아서든, 프로젝트를 끝마쳐야 하는 압박 때문이든 간에 **감정적으로 흥분하는 동안 이성적 사고와 심지어 기억력 마비라는 혹독한 대가를 치르게 된다.**

이런 현상을 **감정 납치**emotional hijacking라고 부른다. 즉, 생존에 매우 유용한 감정들이 논리적 사고 능력을 압도해 버리는 현상이다. 업무를 처리하거나 사람들과 어울릴 때 감정 납치가 일어나면 문제가 된다. 스트레스를 받았을 때 과제나 약속을 잊어버리거나 시험에 집중하지 못하거나 전화번호를 떠올리지 못하거나 집 열쇠를 찾지 못하는 것도 감정 납치 때문이다.

만일 스트레스를 받았을 때 정신을 차려서 감정을 조절하고 자신을 통제하려고 애쓰지 않는다면 시간이 흐르면서 감정이 논리와 이성, 상식을 압도할 수 있다. 그리고 불행히도 그것이 기본적인 반응으로 굳어질 수 있다. 어린아이처럼 우리는 감정을 주체하지 못하고, 성질을 부리고, 충동적이고 어리석고 불건전한 행동을 하고, 다른 사람에게 폭언을 퍼붓는다. 그러면 사람들은 우리를 회피하고 존중하지 않거나 신뢰하지 않게 된다.

한 예로 충동성을 생각해 보자. 충동성이란 충동적 행동이 다른 사람과 자기를 해칠 때 스스로 욕구를 조절하거나 이성이 나서서 "그건 나쁜 생각이다"라고 말하지 못하는 것을 말한다. 미국 항공 우주 산업 기업 스페이스엑스SpaceX의 설립자 일론 머스크가 팟캐스트 방송 도중에 대마초를 피웠을 때 스페이스엑스의 주가가 어떻게 되었는지 보라. 투자자들은 머스크의 자기 조절 능력을 의심했고 하룻밤 사이에 그 기업에 대해 신뢰를 잃었다. 한 개인의 비전에 수천만 달러를 투자할 때 우리는 그 사람이 적어도 공개 토론의 장에서 대마초를 피울 만큼 어리석지는 않기를 바란다. 충동적 행동은 유감스럽게도 그 사람이 감정 조절 능력이 부족한 사람일지 모르니 조심하라고 세상에 알려주는 신호일 것이다.

나는 자신의 충동적 감정을 통제하지 못하는 사람들을 많이 겪어 봤다. 일이 순조롭게 되지 않으면 소리를 지르는 상사 밑에서도 일해 봤고, 업무로 스트레스를 받으면 골목대장처럼 변해 가장 약한 사람을 골라 괴롭히는 동료도 보았다. 승무원이 짐을 수화물 선반에 넣으라고 했다고 발길질하고 발을 구르며 화를 내는 어른도 본 적 있다. 상황을 수습하려는 게 아니라 사람을 해치려 한다고 생각할 수밖에 없을 정도로 마구잡이로 쏘아붙이는 날 선 말도 들어봤다.

특수기동대 팀 지휘관으로서 내가 대원을 선발할 때 항상 눈여겨보는 하나는 작전 계획을 짜고 승인을 받아내야 할 때처럼 압박감이 큰 상황에서도 침착함을 유지할 수 있는가였다. 특수기동대 작전에서는 평범한 출입구지만 내부 진입을 시도하다가 많은 대원이 사망하게 되는 건물 정문을 '죽음의 깔때기lethal funnel'라 부른다. 과호흡 증상을 보이거나 잇달아 질문을 퍼붓거나 인제 와서 지금보다 더 나은 방법은 없는지 묻거나 한눈에도 부담감 때문에 정신이 나간 듯보이는 대원이 없더라도, 죽음의 깔때기를 뚫을 준비를 마치고 대기하고 있을 때는 지휘관인 나도 꽤 힘들었다. 내 헤드셋 주파수에 동시 접속된 지휘 본부와 머리 위 정찰 헬기 조종사, 벽 너머에 대기 중인 타격대원들, 내 얼굴에서 고작 몇 인치밖에 떨어지지 않은 조준점을 겨냥하고 있는 저격수와 교신하면서, 게다가 멀리서 시민들이 비명을 지르는 상황에서도 목표물을 주시해야 했다. 제2차 세계대전에서 맹활약한 조지 패튼George S. Patton 장군이 남긴 명언처럼 "전투에 관해 중요한 결정을 내리기 전까지는 두려워해도 된다. 결정을 내리기 전에는 생각할 수 있는 모든 우려에 귀를 기울여도 된다. 하지만 사실을 수집하고 우려 사항을 모두 고려해서 최종 결정을 내렸다면 모든 두려움은 접어두고 밀고 나가자." 두려움에 지배당하면 통제력을 상실한다. 일단 작전 결정이 내려지고 압박감이 느껴지기 시작하면 모든 의심을 떨쳐버리고 내적 평정을 찾도록 노력해야 한다.

나는 감정이 나를 압도하거나 막 그러려는 순간을 인지할 수 있다. 개인적으로 항상 이 부분을 신경 쓴다. 자기 성찰을 깊이 하면 감정이 나를 압도하는 때를 알 수 있다. 솔직히 말해 감정이 우위를 차지하는 때가 정말 싫다. 그래서 내 말과 행동에 대해 생각하고, 어떻게 해야 다음에 같은 실수를 반복하지 않을지 고민하고, 나의 몰지각하거나 상처 주는 행동을 깊이 후회하면서 겸허하게 잘못을 사과하는 법을 배웠다.

스트레스 때문에 자기 조절에 실패할 수도 있다. 그렇다고 그것이 핑계가 될 수는 없다. 비범한 사람들이 감정적으로 반응하지 않는다는 의미가 아니다. 그들도 똑같은 인간이다. 하지만 비범한 사람들은 자기 감정을 스스로 조절할 줄 안다. 근육을 단련하듯이 감정 조절 능력을 단련하고, 스트레스가 많은 날에도 감정을 조절할 수 있도록 그 능력을 최상의 상태로 유지하려고 늘 노력한다.

우리 모두 때때로 급격한 감정 변화를 겪는다. 줄어들 줄 모르는 과도한 업무 부담 때문일 수도 있고, 가정 문제에서 생긴 부담감 때문일 수도 있고, 아니면 사회적 참사 때문일 수도 있다. 감정 변화는 당연한 일이다. 그러나 지속적인 충동적 태도와 배려 부족, 돌발적인 감정 폭발은 주변 사람의 신용과 존경을 잃는 지름길이다. 아무리 창의적이고 노련한 사람이라 할지라도 자기 통제력이 없다면 명성이 훼손되고 좌절을 겪을 수 있다.

천재 농구 선수 밥 나이트Bob Knight는 잘 알려져 있다시피 은퇴 후 인디애나대학교 농구 감독이 되었고, 미국 농구 역사상 가장 혁신적이고 성공한 감독으로 손꼽힌다. 그러나 그에게는 어두운 면이 있었다. 바로 감정을 통제하지 못한다는 것이다. 나이트는 '모션 오펜스 motion offense'라는 기술을 널리 보급한 뛰어난 감독이었다. 패스한 공보다 선수가 더 빨리 움직이는 불가능할 것 같은 동작으로 상대 수비 선수들을 압박하는 이 기술로 선수들은 공격적인 플레이를 펼쳐 승리를 거머쥐었다. 하지만 다른 한편 나이트는 푸에르토리코에서 열린 팬아메리칸 게임Pan American Games 기간에 경찰을 폭행해 기소되었고, 퍼듀대학교와의 경기에서 코트에 의자를 던져 물의를 일으키기도 했다. 또 다른 경기에서는 선수의 머리를 들이박는가 하면 선수와 코치에게는 물론이고 심판, 학생, 교직원에게도 악담과 욕설을 퍼붓기 일쑤였다.

어느 순간 나이트의 행동은 더는 용서받을 수 없는 지경에 이르렀다. 마일스 브랜드Myles Brand 인디애나대학교 총장이 '참을 만큼 참았다'고 결론 내리면서 나이트의 경력은 갑자기 막을 내리게 되었다. 2000년 브랜드 총장은 공격적인 성격과 "용납할 수 없는 행동을 반복해서 저지른다"는 이유로 나이트를 해고했다. 자기 감정을 통제하지 못하는 운동부 감독에게 진절머리가 난 것이다. 그걸로 끝이었다. 일반인이 직장에서 나이트와 비슷하게 행동했다면 십중팔구 해고되었을 것이다. 반박할 수 없는 말이다. 통제되지 않은 감정은 결국 자신을 상하게 하고, 경력과 인간관계를 완전히 망칠 수 있다.

감정적으로 불안하고 통제 불가인 데다 툭하면 성질내는 사람을 누가 무슨 이유로 따르고 존경하겠는가? 나는 일이 원활하게 진행되지 않으면 소리 지르는 상관 밑에서 일할 때 그 상관에게 어떤 존경심도 못 느꼈고 상관으로서 그의 자질을 의심했다. 동료들도 같은 생각이었다. 업무 생산성도 형편없었다.

감정 조절을 위한 첫 번째 열쇠는 **감정이 우리에게 영향을 끼칠 수 있음을 이해하고 감정적으로 흥분할 때가 언제인지 인지하는 법을 아는 것**이다. 우선 감정 습관에 관한 몇 가지 간단한 질문으로 시작해보자.

▶ 다루기 가장 어려운 감정은 무엇인가? (걱정/두려움, 슬픔, 분노)

▶ 나를 '폭발하게' 만들기 쉬운 것은? (빡빡한 마감 일정, 수면 부족, A가 B하게 말하거나 행동할 때, 특정한 일 여러 개가 한꺼번에 벌어질 때)

▶ 감정 납치를 겪을 때 어떤 행동을 보이는가? (소리 지르기, 못되게 말하기, 부루퉁해 있기, 물건을 내리치기, 혼자 틀어박혀 있기, 건강을 해치는 식습관/음주 습관/약물 복용)

자신이 무엇에 감정적으로 폭발하는지, 그리고 주로 어떤 식으로 반응하는지 이해했다면 다음으로 **스트레스를 다루기 위해 실행할 수 있는 전략을 찾아내어 감정 납치를 차단하자.** 스트레스 감소를 주제로 하는 연구와 자료가 많이 있으므로 훌륭한 자기 수련을 수행할 수 있을 것이다. 자, 이제 더 핵심으로 들어가 보자.

- ▶ 내 주변에 일을 잘 처리하는 사람들을 생각해 보라. 냉정함을 잃지 않고, 압박감 속에서도 집중력과 결단력을 발휘하고, 인내심을 시험받는 상황에서도 다른 사람을 존중하는 사람 말이다.
- ▶ 감정적인 상황에서 그 사람들은 어떻게 하는가? 그들을 실제로 관찰하고 그 내용을 구체적으로 밝혀보자.
- ▶ 감정적으로 흥분하는 상황에 부닥쳤을 때 그들의 전략을 어떻게 적용할 수 있을까?
- ▶ 감정 조절이나 분노 관리를 다룬 글이나 책, 동영상을 찾아보자.
- ▶ 분노 관리 전문가에게 도움을 구하자. 분명 도움이 될 것이다.

지금껏 살아오면서 다행히도 나는 나를 도와줄 수 있는 부모님과 리더, 그리고 무디 요원 같은 사람들을 만났다. 심리치료사나 의사이든 분노 관리 전문가든 종교 지도자든 우리에게는 때로 전문가의 도움이 필요하다. 도움을 받는 것은 전혀 창피한 일이 아니다. 용기를 내 "더 좋은 방법을 찾아야겠어."라고 결심하고, 그러고 나서 감정을 관리하는 건강하고 지속 가능한 방법을 찾자.

감정과 거리를 둔다는 것은 감정을 느끼지 않는다는 의미가 아니다. 내면의 온도를 측정하고 감정을 생산적으로 표출하기 위해 이성적인 기술을 사용한다는 의미이다. 2018년 브리검영대학교 여자 배구 팀은 11주 동안 미국 최고 팀의 자리를 지켰다. 스타 센터인 린디 해덕에픽Lyndie Haddock-Eppich에게 놀라운 팀 성적의 요인이 무엇이냐고 질문했을 때 그는 "팀 전체가 매우 강한 직업 정신을 품고 있다는 것"이라고 대답했다. 이어지는 말에도 주목하지 않을 수 없었다. "우리는 절대 '드림 팀'이 아닙니다. 우리는 그냥 일하러 가서 해야 할 일을 하는 것뿐입니다. 그것이 우리를 강한 팀으로 만들어 줬다고 생각합니다."

브리검영대학교 여자 배구 선수들이 감정이 없다는 말이 아니다. 그들은 오히려 '열정적'이다. 중요한 것은 선수들이 감정을 생산적인 것으로 전환한다는 사실이다.

명료하게 생각하고 문제를 처리하기 위해서는 감정과 거리를 둘 줄 알아야 한다. 우리가 사용할 수 있는 전략은 무디 요원 같은 사람이 건네는 충고 따르기, 생각할 시간을 위해 잠시 자리 비우기, 음악 듣기, 기도하기, 친구에게 전화하기, 운동하기, 요가 하기 등 다양하다. 전략이 무엇이든 필요할 때 바로 이용할 수 있도록 확실하게 준비하자. 브리검영대학교 여자 배구 팀이 그랬던 것처럼 극적인 감정을 억제했을 때 효율성과 화합이 생기고, 여기에 노력까지 더한다면 성공도 얻을 수 있다.

나에게는 자꾸 부딪히는 사람과 물리적 거리 두기부터 유머에 의지하기, 반복적으로 심호흡하기, 오래 산책하기, 친구와 이야기하기, 모든 것을 종이 위에 털어놓는 편지 쓰기(하지만 절대 보내지 않기)까지 여러 전략이 있다. 이 중 마지막 방법은 토머스 제퍼슨에게 배운 것이다. 토머스 제퍼슨은 자신의 분노를 종이 위에 모두 쏟아내는 악담 편지를 써서 그대로 두었다가 다음 날 아침 그 편지를 부치지 않았다는 사실에 감사해했다고 한다. 자, 우리도 악담 이메일을 써보자. 그러나 최소한 24시간 동안 '보내기' 버튼을 클릭하지 마라. 처음에 우리를 화나게 한 상황이 더 큰 화를 불러일으키기 전에 편지를 삭제할 수 있었던 데 감사할 것이다. 이 방법이 나를 여러 번 구해줬기 때문에 잘 안다.

감정 때문에 일을 망치는 것을 막기 위해 내가 터득한 또 다른 전략은 감정을 즉시 건설적인 행동으로 전환하는 것이다. FBI에서 경력이 꽤 쌓였을 즈음 버지니아주 콴티코에 있는 FBI 아카데미에 유명 교관으로 있는 전설적인 FBI 특수 요원 수 애덤스Sue Adams에게서 전화가 왔다. 애덤스는 "이곳에 와서 상임 훈련 교관으로 일해줬으면 합니다."라고 제안했고, 나는 제안을 수락했다. 그러나 3주 후 다시 전화가 왔다. 내가 석사 학위가 없어서 교관 자격이 안 된다면서 없던 일로 하자고 했다. 애덤스는 미안해하며 전화를 끊었다.

황금 같은 기회가 사라진 것에 피가 거꾸로 솟는 느낌이 들었다. 그러나 감상에 젖어있거나 징징거리는 대신 건설적이고 집중력이 필요한 행동을 실천했다. 이틀 후 나는 미국에서 가장 훌륭한 국제관계 대학원 프로그램을 운영하는, 로드아일랜드 소재 살브레지나대학교 교무과에 전화했다. 이런 적극적인 행동으로 나는 실망감을 씻어낼 수 있었다. 게다가 그때 받은 석사 학위는 FBI 안팎에서 많은 기회의 문을 열어줬다.

수년간 마이클 조던의 멋진 농구 경기를 보면서 발견한 것이 있다. 조던은 자기 생각대로 경기가 풀리지 않으면 그다음 경기에 더 좋은 모습으로 돌아왔다. 더 집중하고 훨씬 더 열정을 쏟아 더 열심히 더 똑똑하게 더 좋은 경기를 펼쳤다. 상대 팀보다 많이 득점하고 더 나은 기량을 보여주려는 목표를 위해 그야말로 모든 것을 바쳤다. 역대 최고의 농구 선수는 그렇게 집중력과 건설적인 행동으로 탄생한 것이다.

감정 통제라고 해서 좌절이나 감정을 자극하는 다른 상황에 둔감한 로봇이 된다는 말이 아니다. 핵심은 감정과 충동을 관리하는 데 있다. 우리 가족은 난민이었고 영어를 하지 못해서, 혹은 내 직업 때문에 곤혹스러운 일을 겪기도 했다. 나는 상상할 수 있는 별의별 이름으로 불리었다. 임무를 수행하다 목숨을 잃은 동료 요원의 장례식에서 여러 번 눈물을 흘리기도 했다. 수차례 범죄를 저지른 아동성범죄자가 가벼운 형량을 선고받은 후 나를 보며 비웃었을 때 역겨움과 분노로 치를 떨었다. 그러나 나는 돌아서서 다음에 같은 일이 반복되지 않도록 내가 할 수 있는 일과 해야 하는 일에 집중하는 법을 배웠다. 나의 자기 통제력과 관련해서 중요한 것은 그다음 일에 집중함으로써 감정을 극복하는 법을 터득했다는 것이다. 비결은 집중적이고 건설적인 행동 계획을 세우는 것이다. 이것이 아마 마크 트웨인이 우리에게 하려던 말일 것이다. 마크 트웨인은 조롱당할 때, 요즘 말로 '트롤 짓trolling'에 당할 때 거기에 말려들지 말라고 충고했다. "돼지 와 맞붙어서 싸우지 마라. 돼지는 싸움을 즐기는데 당신은 더러워지 기만 할 뿐이다." 마크 트웨인의 말은 언제나 되새겨 볼 만하다. 계속 나아가자. 긍정적이고 건설적인 것에 집중하자.

특히 개인적인 상실감이나 큰 좌절과 씨름할 때, 자기 통제력은 자신이 완전히 제 기량을 발휘하지 못하고 있다는 것을 알아차리고 문제를 차근차근 해결할 수 있도록 먼저 잠시 뒤로 물러서서 자신을 돌아보는 것을 뜻한다. 심기일전하는 데 시간이 필요하다면 시간을 들이자. 어떤 결정을 내리기 위해 24시간이 필요하다면 그렇다고 말하자. 모든 것이 우리를 기다려 줄 수는 없겠지만 많은 것이 우리를 기다려 줄 수 있다. **강하다는 것은 스트레스를 받았을 때 이것이 업 무와 대인 관계에 부정적인 영향을 끼치지 않도록 자기 자신을 어떻 게 다뤄야 하는지 안다는 것을 의미한다.**

무디 요원과 그 남편(그 역시 FBI 요원이었다)은 마침내 다른 지역으 로 발령을 받아 자리를 옮겼다. 나는 어리석게도 다시 여러 나쁜 습 관에 빠지기 시작했다. 그러나 좋은 친구들과 가족, 내 삶과 역사 속 에서 본보기가 되는 사람들의 도움으로 정신을 차릴 수 있었다. 나는 심기일전해서 감정을 관리하기 위한 계획을 구상하는 데 다시 전념 했다.

항상 성공한 것은 아니었지만, 나는 자기 수련으로 내가 선망하 는 침착한 사람들처럼 감정을 완전히 통제할 수 있도록 하려고 노력했다. 터놓고 이야기하자면 사실 나는 30년 전보다 지금이 자기 수련을 훨씬 더 잘한다. 나의 자기 수련은 여전히 진행 중이며 나 또한 계속 발전하고 있다.

다음 이어질 내용은 우리가 침착함을 유지하는 능력을 향상하도록 도와줄 것이다. 방법은 우리 뇌의 엄청난 인지 능력을 활용하고, 감정 통제력이 상실되어 어쩌지 못할 때 일어나는 변연계 반응에 대안을 제공하는 것이다. 비범한 사람들은 무슨 수를 써서라도 침착함을 유지한다. 감정적으로 지면 아무도 이길 수 없다는 것을 알기 때문이다. 사실 감정적으로 지면 가장 크게 진 사람이 될 수 있다.

성실성, 성공의 첫 조건

우리는 비범한 화가나 사업가, 과학자가 될 수 있다. 하지만 그렇다고 비범한 **사람**이 되는 것은 아니다. 비범한 사람은 그저 자기 일이나 지식 면에서만 뛰어난 게 아니다. 그들이 인생을 사는 방식과 다른 사람을 대하는 방식 때문에 비범하다. 그들은 가장 중요한 방식에서 영향력이 있다. 즉, 그들이 우리에게 어떤 기분이 들게 하고, 다른 사람들에게 어떻게 행동하고, 다른 사람의 이익을 위해 어떻게 배려하고 희생하는지 같은 것으로 우리에게 영향을 끼친다. 우리가 무엇을 하느냐 외에도 우리가 어떤 사람이냐가 자기 통제력에서 중요하다. 대부분 이것은 성실성conscientiousness이라고 부르는 특성으로 귀결된다.

성격 이론에서 성실성은 외향성extraversion, 원만성agreeableness, 신경

증neuroticism, 경험 개방성openness to experience과 함께 대인 관계·학교 생활·직장 생활에서 성공 적합성을 결정하는 '5대 성격 특성'이다. 지능과 가정 환경을 포함해 모든 성공 지표 중에서도 성실성이 가장 중요하다.

성실한 사람들은 경험적 현실과 감정적 현실 사이를 오가는 능력이 있다. 다시 말해 자신의 지식, 기술, 상황 관련 정보에다가 나와 다른 사람의 감정 역학 관계를 융합하여 해석할 수 있다. 이 능력 덕분에 그들은 섬세한 통찰력과 유능함으로 자신의 잠재력을 충분히 발휘할뿐더러 다른 사람의 잠재력도 끌어올린다.

성실성을 이해하는 한 가지 방법은 성실한 사람들이 어떻게 행동하는지 살펴보는 것이다.

▶ 성실한 사람들은 다른 사람, 공동체, 환경에 대한 책임을 유념하면서 과업을 끝마친다.
▶ 자신의 행동이 어떤 결과를 불러오는지 안다.
▶ 우선하는 다른 일이 있을 때 만족을 미룰 수 있다.
▶ 자신이 항상 옳지는 않다는 것을 아는 겸손함이 있다.
▶ 신뢰할 수 있고 절제력과 끈기가 있으며 선의를 지녔다.

여기서 잠깐 위의 목록을 한 번 더 읽고 다음 두 질문을 자신에게 해보자.

1. 위 영역 중에서 나는 어느 것에 뛰어난가?
2. 내가 향상할 수 있는 영역은 어느 것인가?

이 특성들이 종합되어 성실한 사람들은 일을 계획하고 행동하는 데 신중하다. 그들은 학습과 연구에 전념하고, 미리 준비되어 있고 짜임새 있는 생활에서 만족을 느낀다. 장애물이 있더라도 끈기 있게 프로젝트를 시작하고 끝마친다. 그들의 미래는 가능성으로 가득 차 있다. 그들 대부분이 자신이 이루고 싶거나 시도하고 싶거나 보고 싶은 것들에 관해 어릴 때부터 세운 인생 계획이 있다. 보통 자기가 어떻게 보이는지 신경 쓰고 예의 바르게 행동하고 다른 사람에 대해 이해심이 있는 편이다. 그들이 지닌 신뢰성과 체계성은 그들 자신은 물론이고 주변 사람들에게 긍정적인 영향을 끼친다.

나는 많은 기업 전문가와 벤처 투자자로부터 유망한 기업이 종종 파산하는 이유가 훌륭한 아이디어나 상품이 없어서가 아니라 리더들이 성실성이 부족하기 때문이라는 말을 듣는다. 성실성이 부족하다는 말은 충동과 경솔함에 굴복하거나 이기적인 욕구를 좇으면서 약속을 이행하지 못하고 계획대로 일을 진행하지 못한다는 의미도 담겨있다. 한 투자자가 내게 이런 말을 한 적이 있다. "벤처 투자를 할 때 우리 같은 투자자들이 꼼꼼하게 확인하는 핵심 사항은 '이 사람 또는 이 사람들이 자신의 목표를 얼마나 훌륭히 이행할 수 있을까?' 하는 것입니다. 성실성은 회의 시간에 제때 나타나느냐도 포함하는데, 만일 성실성이 부족하다는 기미가 느껴지면 나는 투자를 유보하고, 의심하기 시작합니다." 성실성은 좋은 성격이나 도덕적 의무의 한 특성일 뿐만 아니라 사업의 필수 요소이기도 하다.

이제 우리 자신의 현실을 확인하는 시간이다. 만일 당신이 번번이 실패하고 있다면 다른 이유 때문이 아닐 것이다. 중요한 것은 우리의 성실성 수준이다. 위의 두 질문에 대한 대답에서 개선할 필요가 있는 분야가 드러났다고 해도 혼자만 그런 게 아니니 걱정하지 말자. 일을 완수하지 못하는 사람이 매우 많고, 똑똑하고 재능 있는 사람도 쉽게 실패한다는 사실을 안다면 놀랄 것이다. 좋은 의도를 품고 시작하지만 얼마 지나지 않아 원래 목적에서 벗어나게 되기 쉽다. 이것은 오늘날 정신없이 빠른 속도와 스트레스로 생긴 현대 사회의 문제가 아니다. 레오나르도 다빈치가 살아있다면 그의 '평점'이 얼마일지 궁금하다. 레오나르도 다빈치는 미술계에서 독보적인 존재이고 천재임을 반박할 수 없는 완벽주의자였지만 쉽게 산만해지는 사람이었다. 그래서 의뢰받은 작업을 제때 끝마치지 못하는 것으로 유명했다. 다빈치는 충동적이고 어디로 튈지 모르는 호기심 많은 인물이었다. 그래서 온갖 것을 탐구하기 바빴다. 그는 물가에서 물 소용돌이가 어떻게 움직이는지 관찰하고, 사체를 해부하고, 새가 어떻게 나는지 연구하고, 딱따구리의 혀 길이를 확인했다. 그렇게 관심사가 많았기 때문에 다빈치는 작업에 집중할 수 없었던 것이다. 물론 그는 가늠할 수 없을 정도로 천재였고 많은 것을 할 수 있는 재능이 있었지만 사람들은 다빈치를 상대하면서 점점 인내심의 한계를 느꼈다. 많은 후원자가 그가 작품을 완성하기를, 혹은 돈을 돌려주거나 몇 년씩 지연되는 작업에 대해 변명이라도 해주기를 기다렸지만 다빈치는 그들에게 실망을 안겨주곤 했다. 「모나리자」를 완성하는 데는 10년 넘게 걸렸다. 지금 같으면 절대 용납되지 않을 일이다.

일을 계획대로 진행하고 약속을 이행하고 기대에 부응하고 사소한 일에 주의를 빼앗기지 않고 기분대로 하고 싶은 충동을 억제하는 능력은 매우 중요하다. 늘 정신없고 툭하면 지각하고 전화나 이메일에 적절히 답하지 못하고 분석 실패 또는 지나친 완벽주의로 프로젝트를 망치고 일을 지연시키거나 극단적 상황을 만들고 힘을 남용하는 사람에게 인내심을 품기는 힘들다. 창업, 농사, 양육, 고위 관리자로서의 경영에 이르기까지 무엇이든 성취하려면 성실성은 비범한 사람이 되는 데 꼭 필요한 자질이다.

다른 사람이 정해놓은 나의 한계에 도전하기

샌프란시스코에 출장 갔을 때 일이다. 나를 태운 공무 차량 운전기사가 마라톤 대회에서 막 우승한 동아프리카 출신 선수에 관한 뉴스를 틀어도 괜찮은지 물었다. 선수의 이름이 나오자 기사가 말했다. "저와 같은 부족 출신입니다."

"아주 자랑스러우시겠어요." 내가 말했다.

"물론이지요." 기사는 백미러로 보면서 말했다. 그리고 껄껄 웃으면서 덧붙였다. "저도 한창때는 달리기를 꽤 잘했어요."

나는 뛰어난 마라톤 선수 중에 에티오피아와 케냐 출신이 그렇게 많은 이유가 늘 궁금했다. 그래서 그에게 물어보기로 했다. 유전적 요인, 건강한 식사, 생리적 구조, 해발 고도, 몸에 밴 훈련법 같은 대답을 기대했다. 그러나 그 어떤 것도 답이 아니었다.

"제가 어릴 때는 라디오나 텔레비전, 심지어 신문도 없었어요." 그가 대답했다. 한 번도 들어본 적 없는 흥미로운 말이었다. 나는 그게 무슨 말인지 다시 물어봤다. 그는 "제가 자랄 때는 말이죠, 그냥 어디에서든 항상 최대한 빨리 달렸어요. 책임이 있었으니까요."라고 말했다.

여전히 이해되지 않았다. 운전기사는 정말이지 많이 참고 있다는 듯이 멋쩍은 웃음을 지었다. 그리고 이내 언제 그랬냐는 듯이 아름다운 미소를 보이며 설명을 시작했다. "세계 기록이 얼마인지 아무도 우리에게 말해주지 않았습니다. 어린 우리에게 정해진 한계라는 게 없었어요. 우리도 자신에게 어떤 한계를 짓지 않았어요. 그냥 어디에서든 최대한 빨리 달렸어요. 울타리나 정지 신호나 결승선 같은 것이 없었어요. 물론 신발도 없었고요. 우리가 유일하게 신경 쓴 건 그저 빨리 목적지에 도착하고, 옆에 있는 아이보다 더 빨리 달리는 것뿐이었습니다. 산을 넘는 것은 문제도 아니었어요. 13킬로미터 떨어진 옆 마을까지 달리는 것도 문제가 되지 않았어요. 추운 날씨도 상관없었습니다. 우리는 한 번에 몇 시간이고 달릴 수 있었어요. 아무도 우리에게 멈춰서 쉬라고 말하지 않았고, 계속 달릴 수 없다거나 너무 많이 달렸다고 말하지도 않았어요."

'세상에! 전혀 예상하지 못했다.' 나는 속으로 생각했다. 물론 그것은 운전기사가 친구들과 함께 달리고 또 달리고 아무 제약 없이 달리기만 했던 어린 시절을 회상하면서 한 말이었다. 하지만 스스로 정해놓은 한계 없이, 규칙에 얽매여 중간에 쉬는 일이 없이, 타인이 규정한 제한 없이 그들은 스스로 뛰어난 마라톤 선수가 되어갔던 것이다.

유독 아프리카 지역에서 위대한 마라톤 선수가 많이 나오는 이유를 명확히는 알 수 없을지 모르겠다. 틀림없이 유전적 요인과 높은 고도가 크게 연관이 있을 것이다. 그러나 운전기사가 한 말도 무시할 수 없다. 그가 말했듯이 그들에게는 '결승선'이 따로 없었고 시간 제약도 없었다. 틀림없이 그것도 하나의 요인일 것이다.

우리는 사회나 제도 또는 타인이 우리를 제한하는 메시지나 '규칙'을 그대로 받아들이는 경향이 있다. 나는 우리 자신을 제한하는 주변의 기대에서 벗어날 수 있다고 믿는다. 연습과 사고 그리고 행동을 통해 우리는 뇌를 재구성할 수 있고, 그렇게 하면서 우리 자신과 우리가 성취할 수 있는 것을 바꾸고 새로운 가능성을 열 수 있다.

시간 내어 다음 질문에 솔직하게 대답해 보자.

▶ 다른 사람들은 나에게 어떤 것을 기대하는가?

▶ 그런 기대가 부담스러운가, 아니면 동기부여가 되는가?

▶ 어떤 기대가 나의 목표나 관심사와 연관 있는가?

▶ 나는 자신에게 어떤 기대를 하는가?

▶ 스스로 내 잠재력을 제한하고 있을지 모르는 방식이 있는가?

▶ 내 목표를 이루고 관심사를 추구하려면 어떤 훈련, 정보, 지식, 기술

이 필요한가?

▶ 나를 방해하는 것이 있다면 그것은 무엇인가? 계속 전진하기 위해 나는 무엇을 해야 할까?

다른 사람의 기대가 우리 자신을 지적으로, 신체적으로 또는 감정적으로 옭매게 놔두지 말자. 자기 수련이나 배우고자 하는 내용에 한계를 정하지 말자. 무슨 일을 해낼지에 관해 자기가 정한 생각의 틀에 자신을 가두지 말자. 우리가 무엇을 할 수 있는지를 남이 결정하게 내버려 두지 말자. 결승선은 없다고 생각하자. 실험하고, 싸우고, 스스로 찾아내자.

정해진 한계가 없다면 우리는 정말 완전히 탈바꿈할 수 있을까? 그럴 수 있다. 두뇌 회로를 재구성하는 것뿐만 아니라 생리적, 해부학적 구성을 완전히 바꾼 예가 있다. 동남아시아의 바자우족이 그 예다.

연구에 따르면 바다의 유목민으로 알려진 바자우Bajau족은 산소통 없이 잠수해 물고기, 성게, 해삼, 문어, 조개를 잡으면서 낮 시간의 60퍼센트 가까이 물속에서 보낸다. 그들은 여러 세대에 걸쳐 되도록 오랜 시간 물속 깊이 잠수해야 하는 필요성에 적응하면서 살아왔다. 그래서인지 그들의 비장은 잠수 문화가 없는 말레이시아의 이웃 부족보다(또는 이 글을 읽고 있는 어떤 이보다) 50퍼센트 더 크다. 결과적으로 그들은 산소를 운반하는 적혈구를 더 많이 가지고 있다. 그래서 바자우족은 200피트(약 61미터) 이상 깊이 잠수할 수 있고 한 번에

13분 동안 물속에 머물 수 있다. 바자우족과 대조적으로 보통 사람들은 45초 이상 숨을 참기 어렵고 심지어 새끼 고래도 3~5분에 한 번씩 숨을 쉬기 위해 수면 위로 올라와야 한다.

과학자들은 바자우족이 수 세기에 걸쳐 바다 생활에 필요한 조건에 맞추면서 바다를 대하는 태도만이 아니라 생리 기능도 실제로 변했다고 본다. 바자우족이 필요 때문에 변했다는 데는 이견의 여지가 없다. 하지만 이 바다 유목민이 스스로 제약을 두지 않았기 때문에 바다를 두려워하지 않고 바다와 관계를 맺으면서 실제로 신체 변화가 일어날 정도로 슈퍼 잠수부로 진화했을 가능성도 생각해 볼 만하다. 이 놀라운 능력은 이제 DNA의 부분이 되어 그들 몸속에 영원히 새겨졌다. 그러니 잠수 지구력에 관한 한 누구도 바자우족과 대적할 수 없을 것이다.

여기에서 잠깐 생각해 보자. 만일 우리 스스로 한계를 정하지 않는다면 과연 우리는 무엇을 이뤄낼 수 있을까?

나를 방해하는 결점 파악하기

나는 강연 중에 종종 청중에게 본인이 생각하는 자기 약점이나 개선했으면 하는 점을 적어보라고 한다. 어떤 사람들은 무엇을 적어야 할지 몰라 당황하고, 어떤 사람들은 장 볼 물건을 적듯이 긴 결점 목록을 재빨리 적는다. 어떤 경우든 나는 사람들이 자기 자신을 얼마나 냉철하게 보는지 궁금하다. 정말로 그렇게 결점이 없거나 아니면 그렇게 많을 수가 있을까? 우리는 정말 있는 그대로 자기 자신을 볼 수 있을까? 만약 그렇다면 그 정보를 가지고 어떻게 할까?

시인이자 외교관이었던 제임스 러셀 로웰James Russell Lowell은 "자신을 대할 때 완전히 진실하지 않은 사람은 위대한 것을 창조할 수 없다."라고 말했다. **비범한 사람들은 건설적인 자기 비판을 한다. 더 나은 사람, 더 잘하는 사람이 되려고 신경 쓴다. 더 나은 자신이 되기 위한 자기 분석을 나는 '마음속 악마 연구demonology'라고 부른다.** 우리는 마음속 악마 연구를 통해 더 좋은 인생 경로를 설정할 수 있다. 나이가 몇이고 인생 경험이 얼마나 되든 다음 사항을 적극적으로 실천하자. 그러면 우리 스스로 만들어 가는 더 나은 세상이 우리를 기다리고 있을 것이다.

▶ 현실적으로 자신을 바라보자.
▶ 어떻게 해야 내가 변할 수 있는지 곰곰이 생각하자.
▶ 자신을 어떻게 보고 있고 주변 세상을 어떻게 이해하고 있는지 검토하자.
▶ 자신의 행동을 끊임없이 교정하거나 개선하기 위해 건설적으로 행동하자.

이것을 왜 해야 할까? 그 이유는 자신을 변화시키기 시작할 때 자기 자신과 자기 삶에 대한 만족감이 높아질 뿐만 아니라 다른 사람에게도 긍정적인 영향을 끼치기 때문이다. 다시 말해 개인이 지닌 영향력의 토대가 되기 때문이다.

자기 교정self-correction은 일반적으로 두 가지 방식 중 하나로 일어난다. 첫째, 자기 성찰을 하고 이 장에서 논의한 자기 통제력을 실행하면서 주도적으로 변화하는 것이다. 둘째, 인생이 우리에게 쓰디쓴 교훈을 가르쳐 줄 때까지 기다리는 것이다. 더 나은 선택(즉, 덜 고통스러운 선택)이 어느 것인지 한눈에 알 수 있다. 하지만 얼마나 많은 사람이 심장마비를 겪고 나서야 진지하게 운동과 식단 조절을 시작하는지 생각해 보라. 그게 무엇이 되었든 자기 삶의 통제권을 빼앗기기 전까지 사람들이 상황을 얼마나 방관하는지 생각하면 놀라울 뿐이다.

여기에서 비범한 사람과 보통 사람이 갈린다. 비범한 사람들은 실패와 실수, 난관을 디딤돌 삼아 자신을 들여다볼 통찰력을 얻고 필요하다면 자기를 교정한다. 그래서 다음에는 더 나아진다. 고통스러운 실패의 과정은 교훈을 얻는 소중한 시간이 될 수 있다. 실패는 우리를 자극해서 배운 바를 실천에 옮기게 하고, 나아지고 싶은 욕구를 느끼게 한다.

인간의 중뇌midbrain 깊숙한 곳에는 한 쌍의 쌍둥이 구조가 있다. 초기 해부학자들은 해마처럼 생겼다고 해서 해마를 뜻하는 라틴어를 따 히포캄푸스hippocampus라 이름 붙였다. 해마에는 여러 기능이 있는데, 특히 우리 생명에 영향을 끼치는 부정적인 모든 것을 기억하는 기능도 있다. 해마 덕분에 한번 뜨거운 난로를 만지면 다시는 만지지 않는 것이다.

해마에 저장된 과거의 기억에 주의를 기울인다면 우리는 같은 실수를 반복하지 않는 법을 배울 수 있다. 실수와 실패는 또 다른 점에서도 유용하다. 우리를 겸손하게 만들고, 자신뿐만 아니라 타인의 시련과 고통을 이해하고 그에게 공감하는 기회를 준다. 물론 실수와 잘못, 결점으로부터 배우는 것은 오직 자기 자신에게 달려있다.

항상 곤경에 빠진 것 같다거나 한 직장에서 오래 일하지 못하거나 늘 '잘 맞지 않는 사람'과 사귄다고 말하는 사람을 만나면 나는 **스스로 배울 수 있는 경험을 많이 했지만 한 번도 자기를 교정한 적 없는 사람**이라고 생각한다. 어떤 일은 좌절감을 안겨주고 심지어 고통스러울 수도 있지만 비범한 사람들은 경험에서 배우는 것으로 끝내지 않는다. 그들은 자신을 교정한다. 몇 번이고 반복해서 자신을 고치고, 아마 평생 자기 교정을 할 것이다.

왜 다음 재앙이 올 때까지 기다리려고 하는가? 미리 차단하자. 지금 **자기 인식**self-awareness을 시작하자.

자기 교정에 앞서 자기 인식을 시작하기 위해서는 그저 하던 일을 멈추고 생각하는 시간을 갖기만 하면 된다. **내 행동 중에 지금 벌어지고 있는 일의 원인이 되는 것이 있는가? 어떻게 이것을 개선할 수 있을까?** 아무도 우리 문제를 대신 고쳐주지 않는다. 아무도 우리를 우리 자신으로부터 구해주지 않는다. 스스로 해야 한다.

그것은 우리가 어떤 행동을 하고 왜 하는지 살피고 **우리를 방해하는 '마음속 악마'를 격려해야 한다는 의미**다.

"왜 그렇게 화가 나 있습니까?"

접수대 건너편에 앉아있는 우체국 신입 직원에게 내가 건넨 첫 마디다.

나는 2주 동안 휴가 가느라 못 받은 우편물을 찾기 위해 동네 우체국에 와있었다. 줄을 서서 기다리는데, 손님들을 상대하는 신입 직원 마이클이 짜증과 경멸이 뒤섞인 얼굴로 업무를 처리하고 있었다. 그 직원은 어떤 손님에게 "손님 마음대로 하라고 제가 월급 받는 게 아닙니다." 하고 말했을 만큼 노골적으로 불친절했다.

나는 그런 '갑질'을 경멸한다. 그리고 그렇다고 대놓고 말한다. 만약 관리자가 이런 일에 어떤 조처를 하지 않으면 내가 한다. 나는 의례적인 새해 인사말은 건너뛰고 바로 본론으로 들어갔다.

"왜 그렇게 화가 나있습니까?"

마이클은 나를 노려봤다. 그건 괜찮았다. 사이코패스들이 그렇게 노려보는 것을 많이 겪어봤던 터다. 그런 사람들에 비하면 그 직원은 애송이였다. 나도 그의 눈 바로 위를 쏘아봤다. 약자를 괴롭히는 사람이나 사이코패스들은 상대가 자신의 눈을 봐주기를 바란다. 하지만 그것은 그들에게 상이나 다름없다. 나는 그런 사람에게 상을 주고 싶지 않다. 그래서 그렇게 눈 위를 노려보는 방법을 생각해 냈다. 그렇게 노려보면 상대를 짜증 나게 만들 수 있다. 나는 내가 가장 잘하는 '당신 대답을 기다리고 있잖아요' 하는 무심한 표정으로 다시 쳐다봤다. 아무 대답이 없자 나는 "5달러치 우표 주십시오."라고 말했다. 마이클은 내 눈을 피하면서 우표 한 묶음을 계산대 위에 툭 올려놓았다. 나는 그의 건방진 태도를 무시하고 우푯값을 내고서는 고맙다고 말하고 나왔다.

이틀 후 우체국 옆문에서 우편물을 가득 실은 봉고차에서 짐 내리는 일을 거드는 마이클을 봤다. 나는 그 앞으로 걸어갔다. 앞으로 얼마가 될지 모르겠지만 오랫동안 우체국에서 서로 상대해야 하므로 우리가 사이좋게 지냈으면 했다.

이번에는 마치 줄곧 알고 지낸 사람처럼 웃으면서 눈을 맞추고 벽에 기대어 선 채 다시 물었다. "왜 그렇게 화가 나있습니까?"

내가 공격적이지 않다는 것을 그도 느꼈을 것이다. 마이클은 상자를 내리면서 내게 사과했다. 그리고 자기 속내를 털어놓았다. 여기에 자세히 이야기하지는 않겠지만 마이클은 여러 일로 화가 나있었다. 어려움을 겪는 가정을 보면 보통 여러 가지 일이 잘못되어 있다. 게다가 마이클의 경우 결코 사소한 일들이 아니었다.

대화를 하면서 마이클이 불안해한다는 것을 알 수 있었다. 가슴이 들썩거렸고, 볼을 부풀렸다 숨을 내쉬는 정화 호흡을 했다. 입은 말라 있었다. 나는 직장 내에 지금 나에게 말한 내용을 아는 사람이 있는지 물었다. 아무도 없다고 했다. 마이클은 휴가와 병가를 다 써버렸기 때문에 집안 문제를 처리하러 갈 수 없었다. 그래서 우리는 그저 이야기를 나눴다. 나는 그가 감정을 분출할 수 있게 됐다.

내가 그곳에 얼마나 있었는지는 기억나지 않는다. 하지만 호출기가 울리지 않았기 때문에 그리 오래 있지는 않았을 것이다. (당시에는 휴대전화가 아니라 모두 호출기를 차고 다녔는데, 내 호출기는 하루에 최소 20번은 울렸다.) 나는 마이클에게 비정상적인 상황이 비정상적인 반응을 일으킨다고 말했다. 그리고 우리가 처음 만난 날 그가 정말 불친절했다고도 덧붙였다. 마이클은 다시 한 번 사과했고, 나는 그에게 사과해 줘서 고맙다고 하면서 누구에게나 궂은날이 있기 마련이라고 말해줬다.

마지막으로 나는 마이클에게 **어떤 사람으로 알려지고 싶은지** 생각해 보라고 했다. 모든 사람이 상대하기 꺼리는 얼간이로 알려지고 싶은가, 아니면 누구나 말 걸고 싶어 하는, 명절에는 고객에게 선물을 받는 멋진 우체국 직원으로 알려지고 싶은가?

마이클은 하던 일을 멈췄다. 그가 어떤 감정을 느꼈는지는 잘 모르겠다. 잠깐이었지만 그는 울음을 터트릴 것만 같았다. 하지만 곧바로 다시 일하기 시작했다. 나는 그에게 이제 막 직장 생활을 시작했고 지금이 내 질문에 대해 고민할 수 있는 절호의 기회이므로 한번 생각해 보라고 했다.

내가 자리를 뜨려고 하자 마이클은 결코 잊지 못할 말을 했다. "아무도 우리 같은 수습 사원에게 어떤 사람으로 알려지고 싶은지 생각해 보라고 말해준 적이 없어요."

"FBI에서도 그런 말을 해주는 사람은 없었어요." 내가 대답했다.

사실 어떤 조직에서도 그런 말을 해주지 않는다. 그것은 오직 비범한 사람만이 하는 질문이다.

어떤 사람으로 알려지고 싶은가? 이것은 정말 중요한 질문이다. 우리 인생에서 유일하게 스스로 답을 만들 수 있는 질문이기 때문이다.

당신은 어떤 사람으로 알려지고 싶은가? 선택할 수 있는 수식어구는 매우 많다. 효율적이다, 정밀하다, 기지가 뛰어나다, 능력 있다, 똑똑하다, 영리하다, 부지런하다, 창의적이다, 친절하다, 재미있다……. 반대로 무심하다, 냉소적이다, 옹졸하다, 오만하다, 빈정댄다, 불만이 많다, 게으르다 같은 단어는 분명 당신이 원하는 표현이 아닐 것이다.

우리가 어떤 사람인지는 출신 학교, 소득 수준 또는 직급과 아무 관련이 없다. 내가 처음 시작한 아르바이트처럼 패스트푸드점에서 테이블을 닦거나, 벽에 페인트칠을 하거나(나는 이 일도 했다), 고학력 직원 여럿을 관리하는(이 일도 해봤다) 사람들이 있을 것이다. 무엇이 되었든 직업은 우리가 하는 일이다. **하지만 우리는 우리가 하는 일 그 이상의 존재**이다. 과연 어떤 사람이 **될** 것인가? 이제 한 인간으로서 또는 리더로서 비범한 존재가 되고 싶다면 '나는 어떤 사람으로 알려지고 싶은가?' 하고 자신에게 물어야 한다.

나는 마이클이 무엇을 했고 어떻게 했는지 모른다. 그러나 처음 봤을 때 부루퉁한 표정이었던 마이클은 얼마 후 나를 보자 미소를 지어 보였다. 나뿐만 아니라 대기 줄에 선 다른 사람들에게도 미소를 지었다. 이제 손님과 대화할 때 목소리에 날이 서있지 않았고, 인내하며 친절하게 말했다. 나는 매일 아침 마이클에게 말을 거는 시간을 고대하기 시작했다. 알고 봤더니 우리는 서로 통하는 게 있었던 거다.

마이클이 손님들에게 친절하게 하자 손님들도 그에게 똑같이 친절하게 대했다. 그렇게 일 년이 지난 어느 날 크리스마스 선물을 부치려고 우체국 계산대 앞에 섰을 때 마이클의 컴퓨터 바로 옆에 포장된 쿠키 상자가 보였다. 서로 인사를 나누는 동안 마이클은 쿠키 상자를 눈으로 가리켰다. 마치 "보세요. 어떤 분이 크리스마스 선물로 준 거예요."라고 말하는 것 같았다.

자, 어떤가? 당신은 어떤 사람으로 알려지기를 원하는가? 어떤 점을 개선하고 싶은가? 참을성이 없거나 너그럽지 못하거나 침착하지 못하거나 준비성이 부족하거나 성마르거나 사려 깊지 못하거나 위세 부리기 좋아하거나 뭐든 대충 하거나 일할 때 꾸물대거나 다른 사람을 수동 공격 하거나 순교자 행세를 하는 성향이 있는가? 이외에 다른 부정적인 성격을 지니고 있는가? 우리는 이런 성격을 고치기 위해 노력할 수 있다. 이것은 손대기 어려운, 나와 별개의 문제가 아니라 우리가 해결할 수 있는 것들이다. 노력을 들이겠다고 결심하고 끝까지 해낼 수도 있고, 아무것도 하지 않고 그대로 내버려 둘 수도 있다. 하지만 우리는 적극적으로 자기 내면을 살피고 변화하기 위해 강력하게 실행에 옮겨야 한다. 선택은 자기 몫이다. 아무도 내 안에 있는 악마를 대신 물리쳐 줄 수 없다. 조지프 캠벨이 『천의 얼굴을 가진 영웅』에서 말하듯이 **"인간은 자기 안에 있는 악마를 길들일 때 비로소 세상의 왕까지는 아니더라도 자기 자신의 왕이 된다."**

내 마음속 악마의 모습 중 하나는 인내심이 부족하다는 것이다. 화를 참지 못하고 욱할 때가 있어 고치려고 부단히 노력한다. 하나 더 말하자면 나는 세계 곳곳을 돌아다니며 수백 명, 수천 명 앞에서 공개 강연을 하지만 강연할 때마다 긴장하고 안절부절못한다. 사실 나는 매우 내성적이고 여러모로 수줍음이 많다. 사람이 많이 모이는 것을 좋아하지 않는다. 예의상 나누는 인사말도 어려워한다. 그냥 친구 몇 명과 같이 있는 것을 더 좋아한다. 다른 사람에게 무언가를 가르쳐 준다는 것은 매우 보람되지만 공개 강연은 힘들고 고단한 일이다. 이것도 내 안에 있는 악마 중 하나인 것이다. 그러나 나는 사람들이 비언어적 소통과 인간 행동에 관해 배우도록 돕는 일을 시작하고 싶었다. 그래서 사람 앞에서 긴장하는 나를 바꾸기 위해 무엇인가 해야 했다. 먼저 12명 미만의 소규모 집단 앞에서 강연하는 것부터 시작했다. 심지어 자원해서 연습 기회를 만들었다. 처음에는 정말 힘들었다. 그러나 반복 연습을 통해 비록 긴장은 되지만 할 수 있다는 확신이 들기 시작했고, 더 많은 사람 앞에서 강연할 수 있는 자신감이 생겼다. 그렇다고 오해는 마시라. 나는 여전히 긴장한다. 강연을 시작하고 처음 몇 분 동안 긴장된 모습을 보일 때가 종종 있다. 그러나 괜찮다. 그것은 내 안에 들어있는 악마 중 하나이지만 해결할 수 있는 전략이 있다. 바로 '준비'다. 가르치려는 내용을 철저히 숙지하고, 최신 연구 결과를 조사하고, 청중 참여 강연처럼 듣는 이의 집중을 유도하는 교육학적 방법을 활용하고, 청중에게 새롭고 흥미로운 내용을 매번 소개한다. 이런 전략은 긴장을 덜어주고 자신감을 심어준다. 강연이 펼쳐지고 청중과 정보 교환을 즐기기 시작하면 긴장감은 눈 녹듯 사라진다.

마음속 악마가 무엇인지 잘 모르겠다고? 그렇다면 가족이나 친구, 직장 동료나 상사가 내 실수나 실패를 솔직하게 지적해 준 때를 떠올려 보자. 무엇이 문제였는지 생각나는가? 아니면 정확한 이유 없이 사람들과 관계가 소원해졌거나, 고객이 아무 말 없이 거래를 끊었거나, 사람들이 앞에서는 모두 예의 바르게 행동하면서도 정작 이벤트가 있을 때 나를 초대하지 않았던 경우를 떠올려 보자. 만일 그런 일이 계속해서 일어나고 있다면 자기 교정이 필요한 때일지도 모른다. 자기 교정을 하기 위해서는 내가 다른 사람과 어떻게 소통하고 관계를 맺는지, 다른 사람의 요구나 약점 또는 기호를 얼마나 잘 파악하고 그것에 어떻게 반응하는지, 매일 다른 사람에게 보이는 행동이 어떤 것인지(즉, 친사회적이고 이로운 행동인지 아닌지) 생각해 볼 필요가 있다.

지난 20년 동안 일어난 기업 문화의 변화로 마음속 악마 연구가 더욱 중요해졌다. 오늘날의 조직은 제멋대로 굴거나 무질서하거나 건방지고 버릇없거나 불량한 행동에 대해 과거보다 훨씬 더 엄격하다. 나는 세계 여러 기업과 협업하고 있는데, 많은 기업이 과거보다 문제 직원을 확인하기 훨씬 더 쉬워졌다고 말한다. 회사에 적합한 직원이 될지 아니면 업무에 지장을 주거나 화합에 악영향을 끼치는 사람일지 가리키는 지표가 있다는 것이다. 자기 훈련이 되어있지 않거나 분열을 일으키거나 해가 되는 사람을 직원으로 두는 것은 미래에 그 사람으로 인해 법적 다툼을 할 소지가 있는 것은 말할 것도 없고 생산성, 직원 사기 그리고 회사 이미지에도 매우 큰 걸림돌이 될 수 있다. 정신을 바짝 차려야 한다. 그렇지 않으면 우리는 곧 밀려나게 될 것이다. 아무 날이고 뉴스를 한번 보라. 전문가답지 못한 행동으로 누가 해고되었는지 확인해 보라.

우리 자신을 잘 살피는 것은 직장에서 일할 때만 중요한 게 아니다. 대인 관계도 점검할 수 있다. 사람들을 대하는 데도 시간이 지나면서 수정이 필요한 나쁜 습관이나 행동이 생기기 쉽다. 안타깝게도 많은 사람들이 자기가 무엇인가 잘못하고 있으면 다른 사람이 먼저 지적해 줘야 한다고 생각하고, 불평하는 사람이 없다면 분명 자기가 하는 모든 일이 괜찮다는 뜻이라고 착각한다. 어떤 사람들은 자신이 올바르게 행동하지 않는다는 것을 알지만 거기에 무관심하다. 그들은 관대함, 끊임없는 이해, 마감 연장, 재도전 기회, 희생과 양보, 용서 등등을 주변 사람들에게 기대하거나 요구한다. 또 어떤 사람들은 일어나는 모든 문제가 다른 누군가의 잘못이지 자신의 잘못은 아니라고 주장한다.

현실에서 우리는 자신의 개인적 책임을 무시할 수 있고, 자신에게 거짓말할 수 있고, 자신의 모습이 아닌 것을 제 모습인 양 행동할 수 있다. 그러나 결국 우리가 다른 사람에게 끼치는 영향을 피할 수는 없다. 다른 사람에게 끼치는 영향은 우리가 정말 누구인지 보여주는 증거다. 자기를 교정하지 못하면 그에 따른 결과가 있을 것이다. 결국 전하려는 메시지는 이거다. **"정신 차리자. 그렇지 않으면 여기에 남아있지 못한다."**

자신을 자세히 살펴봐야 할 때는 내일이 아니라 지금이다. 먼저 마음속 악마 연구를 수행하자. 나에게는 어떤 결점이 있는가? 무엇이 나를 앞으로 나아가지 못하게 막고 있는가? 우선 단점이 무엇인지 파악하고 목록을 만들자. 단점을 하나씩 살피자. 단점을 개선하는 데 몇 년이 걸릴지도 모른다. 나는 아직도 내 결점을 고치기 위해 애쓴다. 그런 노력이 변화를 불러온다는 것을 알기에 계속한다. 어떤 날은 다른 날보다 낫다. 그리고 이제는 안 좋은 날보다 좋은 날이 더 많다고 자신 있게 말할 수 있다. 자기 교정은 시간이 필요한 과정이다. 하지만 비범한 사람들의 세계로 들어가는 것을 목표로 한다면 할 만한 가치가 있는 과정이다.

어쩌면 우리는 내 결점에 도전하는 위험을 감수하려 하지 않을 것이다. '실패하면 어쩌지?' 하는 생각에서다. 만일 실패에서 아무것도 배우지 못한다면 실패는 재앙일 뿐이다. 그러나 많은 성공한 리더들이 알려주듯이 완벽하게 잘하지 못하더라도 자기 계발 프로젝트를 많이 할수록 더 많은 긍정적 가능성이 생길 것이다. 『손자병법』에도 아주 잘 표현되어 있다. "기회를 많이 잡을수록 내 앞에 더 많은 기회가 생긴다."

자신의 삶을 살펴보고, 마음속 악마를 인지하고, 한 번에 하나씩 해결하려고 노력하자. 먼저 자신에게 솔직해지자. 나는 나 자신에게 '조, 지금 제대로 못 하고 있어. 정신 바짝 차려.' 하고 말해야 하는 순간들을 경험했다. **자신을 책망하라는 말이 아니다. 중요한 것은 진실을 직시하고 그것을 내 힘으로 다루는 것이다.** 비범한 사람이 되고 싶다면 마음속 악마 연구에 도전하자. 문제를 해결하려 노력하고, 잘못된 것을 교정하고, 더 나은 사람이 되는 데 전념하자. 즉각적인 성과는? 바로 더 나아진 자신이다. 당장은 보이지 않는 혜택은? 헤아릴 수 없을 만큼 많다.

매일 아침 침대를 정돈하지 못한다면

탬파대학교에서 범죄학을 가르칠 때 나는 필 퀸Phil Quinn 박사를 알게 되었다. 나에게는 상사이자 멘토였다. 퀸 박사는 종신 교수이자 학과장이었으며 임상심리학자로도 활동 중이었다. 전직 신부였던 그는 그때 받은 교육과 경험 덕에 삶에 대한 계몽적인 시각을 지니고 있었다.

하루는 사람들이 왜 목표를 성취하지 못하는지에 대한 이야기를 나누고 있었는데 퀸 박사가 이렇게 말했다. "상담할 때 보면 자기 삶이 통제 불능인 것 같다고 생각하는 사람들이 늘 있어요. 그 사람들은 예외 없이 모두 자기 삶을 잘 관리하지 못합니다. 훈련이 부족해서 아주 사소한 일도 제시간에 해내지 못하고, 그래서 모든 것이 그들에게는 너무 엄청나게 느껴지죠."

퀸 박사는 수년 동안 내담자는 물론이고 학생들에게도 잠재력을 최대한 끌어낼 수 있도록 상담을 제공해 왔다. 박사는 계속해서 작은 일을 제때 해내지 못하는 것은 대인 관계에서 겪는 갈등을 포함해 더 심각한 문제가 있음을 알려주는 믿을 만한 지표라고 이야기했다. FBI에서의 법 집행과 기업 성과 관리 컨설팅에서 얻은 경험에 비추어 보면 나 역시 작은 일을 제때 체계적으로 처리하지 못하는 사람은 인생에서 더 중대한 일을 해낼 수 없다고 생각한다.

그로부터 20년이 흘러 퀸 박사의 말을 다시 떠올린 것은 한 비범한 사람의 졸업 연설을 들었을 때다. 마음에서 우러난 간결하고 힘 있는 표현 때문에 연설은 널리 회자되었다. 연설자는 윌리엄 맥레이븐William H. McRaven 미국 해군 제독이었다. 미 해군 네이비 실 사령관으로 있을 때 오사마 빈 라덴에 대한 급습 작전을 이끌었고 이후에 텍사스대학교 총장이 되었다. 졸업생들에게 조언해 주기에 충분한 자격이 있는 훌륭한 인물이다. 그는 연설 중에 만약 리더가 되어 세상을 바꾸고 싶다면 무엇을 해야 하는지 청중에게 물었다.

맥레이븐 제독은 "세상을 바꾸고 싶다면 침대를 정돈하는 것부터 시작하십시오."라고 말했다. 학생들이 낄낄 웃는 소리가 들렸다. 그러나 오래가지는 않았다. 제독은 이어서 아무리 잠이 부족하거나 아프거나 다쳤더라도 매일 아침 미 해군 기준에 맞게 침대를 완벽하게 정리하지 못하면 네이비 실 대원이 될 수 없다고 말했다. 매일 아침 해야 하고 어떤 변명도 통하지 않는다고 말이다.

작은 일을 착실하게 해내는 습관은 미래의 성공을 예측하는 매우 강력하고 믿을 만한 지표이며, 앞서 말한 성실성을 파악하는 핵심 사항이다. 최정예 군인들로 구성된 네이비 실에서는 왜 침대 정돈을 기본 훈련 중 하나로 삼는 것일까? 그것은 작은 일이라도 신경 써서 할 때 자신을 소중하게 여기고, 삶의 의무를 다하는 방식에 더 강한 '자부심'을 느끼게 되기 때문이다. **매일 하는 작은 일에 전념하는 습관은 긍정적인 성향을 만든다. 그리고 제대로 키운다면 성향은 운명이 될 수 있다.**

비범한 사람들이 이 장에서 논의하는 지식과 감정적 안정의 발판을 세울 수 있는 것은 그들에게 일상 행동을 통제하는 힘이 있어서이다. 다른 책임을 다 이행하면서 자기 수련을 계속할 수 있는 것도 거기에서 비롯된다. 그런 통제력은 감정적으로 어려운 일과 씨름하고 있을 때 정신을 차릴 수 있게 도와주고, 세상 속에서 우리 자신의 존재감을 높여준다. 사실 '세상을 바꾸기 위해' 우리는 자신의 습관부터 바꿔야 한다. 맥레이븐 제독이 덧붙여 말했듯이 "작은 일을 제대로 할 수 없다면 결코 큰일도 제대로 할 수 없다."

비범한 사람들은 작은 일을 할 때도 남다른 집중력을 보이고 남과 구별되는 훈련을 한다. 그들은 절차를 무시하거나 편법을 쓰려고 하지 않는다. 보는 사람이 없으면 요령을 피우는 것도 괜찮다고 생각하기 쉽다. 그러나 나는 그런 생각이 들 때마다―고작해야 운동을 5분 덜하는 것이라 할지라도―오래전 코치 선생님들이 해준 말, 즉 자신을 속이지 말라는 조언을 늘 상기한다. '편법 사절'을 생활 습관으로 삼은 더 중요한 이유가 있다. 더 큰 유혹이 다가올 때 이 습관이 강력한 방패가 되어줄 수 있다는 것이다.

이 책을 쓰는 동안 미 연방 검찰은 자녀를 명문대에 입학시키기 위해 뇌물을 제공한 혐의로 펄리시티 허프먼과 로리 로클린 같은 유명 연예인을 포함해 많은 사람을 기소했다고 발표했다. 아이들은 공부와 운동, 봉사 활동에서 여러 작은 일을 부지런히 하면서 귀중한 성취를 이루고 개인적 성장과 만족감을 얻는다. 그러나 이 부모들은 자녀에게서 그런 기회를 빼앗아 가면서 지름길로 가려고 하는 안타까운 실수를 저지르고 말았다.

우선순위를 정하라

우리는 매일 근면을 실천하여 삶을 질서 있게 꾸려간다. 이러한 삶은 중요한 일의 우선순위를 정하는 것으로 시작된다.

베스트셀러 『자기경영노트』의 저자 피터 드러커Peter F. Drucker는 이것을 다음과 같은 말로 잘 표현하고 있다. "시간을 소중하게 관리하는 습관만큼 성공적인 경영자를 뚜렷하게 구별해 주는 특징은 없다."

부자이든 가난하든 누구에게나 해야 할 일을 모두 끝마칠 수 있는 하루 1440분이 공평하게 주어진다. 그 각각의 1분을 가지고 무엇을 하는지는 평생에 걸친 중요한 문제이다. 그것이 차이를 만든다. 대부분의 보통 사람들은 하루 단위로 하고 싶은 것을 생각하지만 비범한 사람들은 시간을 소중한 재료로 여기고 모든 것을 분 단위로 생각한다.

비범한 사람들은 시간을 신중히 사용한다. 그들은 실제로 "더 많은 것을 해내고, 업무상 목표나 개인적 목표를 달성하고, 가족과 더 많은 시간을 보내기 위해 소중한 몇 분의 시간 동안 무엇을 할 수 있고 또 해야 할까?"라고 묻는다. 비범한 사람들은 가장 중요한 것을 우선으로 처리할 수 있는 능력을 갖추고 있고, 상황 및 복잡도의 변화를 고려해 필요하다면 기본 방향을 바꾸기도 한다. 여러 선택지가 있는 상황을 맞닥트렸을 때는 중증도에 따라 환자를 분류하듯 중요도에 따라 재빨리 일을 분류해서 가장 중요한 일을 확인하고 먼저 처리할 수 있다.

기본적인 응급 처치를 할 때 우리는 ABC 수칙에 따라 환자를 분류한다. A는 기도airway로, 기도에 이물질이 있는지 확인한다. B는 호흡breathing이다. 자가 호흡을 하고 있는지 인공호흡이 필요한지 확인한다. C는 혈액 순환circulation이다. 심장이 뛰고 있는지, 불규칙하게 뛰는지, 보조 장치가 필요한지 확인한다. ABC 수칙은 기억하기 매우 쉽다. 어린이들에게도 가르칠 수 있다. 치명적인 출혈이나 장기 손상이 있는 사상자가 많을 때는 응급 환자 분류를 실행하기가 훨씬 더 어렵겠지만 생사를 다루는 현장에 이 분류는 반드시 필요하다.

그러나 생활 속에서는 그 누구도 위기 상황의 대처법에 관해 가르쳐 주지 않는다. 우리는 일상에서 **긴급한 것, 특별한 의미가 있는 것, 중요한 것, 특별한 의미는 없지만 흥미로운 것, 별 의미가 없는 것을 분류하는 법**을 스스로 깨우쳐야 한다. 그날그날 자신에게 요구되는 과업을 신중히 분류하는 일을 시작한다면 삶이 더 복잡해질 때 도움이 되는 토대를 마련할 수 있다.

우선순위를 정한다는 것은 전화가 오면 무조건 먼저 온 전화부터 받는다거나, 가장 최근에 온 이메일부터 답장을 보낸다거나, 하루가 끝나기 전에 이메일 수신함과 우편함을 꼭 확인한다는 말이 아니다.

관심과 에너지를 언제, 어디에, 어떻게 쏟아낼지 신중히 선택하면서 우리의 삶을 통제하는 것이다.

감사하게도 내가 대학 다닐 때 우선순위를 정하는 것에 관해 학생들에게 조언해 주는 교수가 있었다. 그 조언이 내 인생을 바꿨을 것이다. 교수는 잠자리에 들기 전에 3×5인치 카드에 다음날 성취하고 싶은 것을 우선순위대로 쓴다고 했다. 다음 날 아침 식사를 하면서 목록을 검토하고 필요하면 수정한다. 그러고 그 출격 명령서를 손에 들고 자신의 하루를 정복하러 나간다. 하루 일과가 진행되면서 우선순위를 재빨리 바꾸기도 하고 과업을 추가할 수도 있다.

그 현명한 교수가 초대형 베스트셀러 『성공하는 사람들의 7가지 습관』의 저자 스티븐 코비Stephen J. Covey 박사다. 내가 대학에 다니던 1972년에 코비 교수는 세계적인 유명 인사가 아니었다. 하지만 학내에서는 이미 훌륭한 강연으로 꽤 유명했다. 코비 교수는 이루고 싶은 일의 우선순위를 생각하고 그것을 메모하는 습관이 그 자신뿐만 아니라 자기가 조언해 준 많은 경영자의 성공에 다른 어떤 것보다 큰 도움이 되었다고 말했다.

강연을 들으면서 나는 매일 목록을 작성하는 습관이 코비 박사에게 효과적이었다면 나에게도 괜찮은 방법일 것이라고 결론 내렸다. 그때부터 매일 카드에 할 일을 중요도 순으로 적어 주머니에 넣고 다닌다. 또한 카드에 적힌 목록이 나의 책무이고 우선 과제이고 나의 가치이며 스스로 꼭 해내야 하는 일임을 상기하기 위해 카드 상단에 이름을 적어놓는다. 다른 계약서와 마찬가지로 이것 역시 꼭 이행해

야 하는 나와의 일일 계약서다.

나는 이 카드를 '오늘의 할 일 목록'이라고 부른다. 강연을 나가면 종종 이 목록에 관해서 질문을 받는다. 나는 기꺼이 카드를 보여주고 어떤 식으로 작성하고 실행하는지 알려준다. 오늘의 할 일 목록을 작성한다는 아이디어를 내가 처음 생각해 낸 것은 아니다. 어쨌든 매일 할 일 목록을 작성하는 많은 경영자와 마찬가지로 나 역시 엄청난 혜택을 봤다는 것은 분명한 사실이다.

왜 그럴까? 그것은 효과가 있으면서도 아주 간단하기 때문이다. 오늘의 할 일 목록은 어떤 일을 하고 어떤 순서로 해야 하는지 생각하게 한다. 내 경우 단순히 그렇게 생각하기만 해도 잠재의식이 나서서 머릿속 생각을 정리하고 할 일을 어떻게 진행할지 도와주는 듯하다.

목록을 손으로 직접 적는 방법은 대단한 장점이 있다. 바로 중요성을 더 부과할 수 있다는 것이다. 나는 스마트폰 같은 전자 기기를 사용해서 다양한 업무를 진행하지만, 그날 우선으로 처리해야 하는 중요한 일은 카드에 적는다. 카드는 언제든 사용하기 쉽고 간편하게 수정할 수 있다. 게다가 마치 서명하는 것처럼 손으로 쓰기 때문에 계획한 일에 전념하겠다는 개인적 약속을 보여주는 것 같다. 그래서 더욱 신뢰할 수 있다.

하루를 마치고 오늘의 할 일 목록 카드를 보면서 계획한 일을 모두 성취했음을 확인하는 시간은 얼마나 행복한지! 우승 기념으로 트랙을 한 바퀴 도는 육상 선수처럼 이것은 나만의 축하 방식이다. 신경 과학자 조지프 르두Joseph LeDoux가 『시냅스와 자아』에서 말한 것처럼 우리 뇌는 목적을 달성했을 때 동기를 부여하는 보상 메커니즘이 있다. 그날 계획한 모든 것을 성취했다는 것을 확인했을 때 나는 나 자신도 모르게 미소를 지었을 것이다.

우선 과제들을 정하고 그것을 계속 염두에 둔다면 우리는 매일 매 순간 에너지와 노력을 어디에 쏟을지 신중히 선택함으로써 삶에 대한 통제권을 잡고 마침내 자기 통제력을 얻을 수 있다. 우선 과제가 무엇이냐 역시 우리가 누구인지를 규정한다. 만일 사소한 일을 우선 과제로 정한다면 그런 결정을 내리는 것은 자유이지만 같은 결과를 기대해서는 안 된다.

오늘 남은 시간 동안 우선으로 해야 할 일을 정해서 지금부터라도 자신을 개선할 수 있다. 그런 다음에 내일, 그리고 그다음에도 반복해서 하자.

연습으로 습관을 바꾼다

FBI 아카데미에 입소한 지 3일째 되는 날 화기 훈련을 시작했다. 1978년이었다. 훈련생 규모는 작았다. 8000명이 넘는 지원자 중 단 21명만 합격했다. 화기 훈련 교관이 던진 첫 번째 질문은 "화기 훈련을 받아본 사람이 있습니까?"였다. 나를 포함해 여덟 명이 손을 들었다. 경찰서나 군대에서 화기 훈련을 받은 사람들이었다.

내가 그 여덟 명에 속해서 기분이 좋았다. '경험이 있으니 유리할 거야.'라고 생각했다. 어쩌면 화기 훈련을 건너뛸 수도 있으리라 생각했다.

천만에!

우리가 이전에 받은 훈련은 모두 제각각이었다. 게다가 속성으로 배웠기 때문에 기본적인 총기 관리와 사격술에 관해서도 형편없는 습관이 몸에 배어있었다.

우리는 스미스앤드웨슨Smith & Wesson사의 2.5인치 연발식 권총으로 55미터 밖에서 빠르고 힘있게 효과적으로 쏘는 FBI식 사격법을 배울 예정이었다. 훈련에 통과하려면 예외 없이 모두 92점 이상 받아야 했다. 경험이 있으니 안전하고 자신감 있게 훈련을 받을 수 있으리라 기대했다.

그러나 먼저 우리 몸과 뇌에 깊이 박혀있는 잘못된 습관을 모두 씻어내야 했다.

완벽해질 때까지 과정의 부분 부분을 반복적으로 연습하는 의도적 연습, 혹은 **심층 연습**은 이제 운동이나 예술 분야에서 위업을 달성하는 데 가장 중요한 요소로 인식되고 있다.『직접 만날 수 없을 때: 가상 실재감 완전 정복 안내서When You Can't Meet in Person: A Guide to Mastering Virtual Presence』를 쓴 전직 발레리나 레이철 코사Rachel Cossar는 인터뷰에서 이렇게 말했다. "발레에서는 한 동작에서 다음 동작으로 바꾸기 위해 파트너의 손을 정확하게 잡는 법부터 시작해서 아주 세세한 사항을 수백 번씩 연습해요. 그래야 100퍼센트 완벽하게 동작을 소화할 수 있지요. 사소하거나 관객에게 그다지 중요해 보이지 않는 동작이라 해도 무용수에게는 예술적 표현을 위해서나 기술을 실행하기 위해서 매우 중요합니다."

대학교 운동장 트랙에 가보면 단거리 달리기 선수들이 몸을 숙이고 조절식 스타팅 블록에 발을 올려놓은 채 제자리 자세를 연습하는 모습을 볼 수 있다. 선수들은 두 손을 정확하게 출발선에 놓고(출발선 위가 아니라 선 가장자리에 놓아야 한다), 손가락은 탄력 있게 벌린 채 바닥을 짚는다. 발바닥으로는 스타팅 블록을 미는 압력을 느낀다. 엉덩이를 올리고 머리는 내리고 출발선 위로 몸을 내밀어 등의 각도를 천천히 조절한다. 종아리와 허벅지 뒤 근육, 엉덩이 근육에 긴장을 주고, 힘차게 출발하는 순간 팔의 힘을 폭발시키기 위해 어깨에서 힘을 뺀다.

선수들은 본격적으로 달리기를 시작하기 전에 플로리다의 뜨거운 태양 아래 땀을 흘리면서 이 동작을 몇 번이고 반복해서 연습한다. 몇천 분의 1초로 모든 게 결정되는 경주에서 동작의 일관성과 완벽성이 매우 중요하다는 사실을 선수들은 안다. 우리도 매번 완벽하게 제대로 하자. 그러면 어느 선수가 말한 것처럼 "순조롭게 출발할 수 있을 것이다. 순조롭게 출발하지 못하면 절대 이길 수 없다. 그냥 되는 것은 없다."

어떤 분야이든 전문가와 이야기해 보라. 그들은 '재능'이란 발전하려고 열심히 노력하는 것이라 말할 것이다. 달리기 선수들은 어쩌면 달리기 재능을 타고났을 것이다. 하지만 그 재능을 발휘하는 방법은 완벽한 연습에 있다.

인간은 누구나 한 가지씩 재능을 가지고 태어난다. 그렇기에 또한 자기 계발을 하도록 설계되어 있다. 뇌는 우리가 매우 효과적으로 자기 계발을 할 수 있게 돕는다. 행동은 의식적인 생각을 건너뛰고 자동으로 행해진다. 몸에 깊이 새겨진 것이 자동적으로 실행되는 동안 뇌는 그 순간 우리 정신이 작용하게 둔다.

단거리 선수들이 출발 자세를 잡는 매 순간 신경 과학자들이 **수초화**myelination라 부르는 과정이 강화된다. 수초화는 간단히 말해 뇌 신경 세포인 뉴런과 뉴런 사이 연결을 강화하는 것이다. 그래서 뉴런들 사이에 있는 특별한 소통 공간인 시냅스의 연결도 강화된다. 뇌 신경 섬유는 자극이 흐르고, 아세틸콜린과 세로토닌 같은 신경 전달

물질이 분비되는 전기 회로이다. 신경 전달 물질은 필요하면 더 깊은 호흡이나 빠른 심장 수축 같은 생리 활동에 관여한다. 달리기 경주에서 완벽한 출발 같은 비교적 가시적인 신체 동작이나 기분을 반영하는 행동도 일으킨다.

우리가 어떤 것에 대한 연습을 많이 할수록 회로 주변에서 수초화가 더 많이 일어나 이 과정이 촉진된다. 신경 회로 주변에서 수초화가 더 많이 일어날수록 전달되는 신호는 더 강하고 집중적이고 빠르게 전달되며, 시간이 흐르면서 회로가 고장 나거나 부식될 확률은 낮아진다. 그래서 어릴 때 자전거를 많이 타본 사람은 수십 년이 지나도 언제든 다시 탈 수 있다.

세계적으로 유명한 클래식 기타리스트 아나 비도비치Ana Vidović가 기타를 연습할 때도 뇌에서는 이와 같은 과정이 일어난다. 비도비치는 다섯 음을 넘지 않는 짧은 곡을 선택해서 아주 느린 속도로 몇 번이고 반복해서 연습한다. 연습할 때마다 뇌는 손가락과 협응하면서 수초화를 일으킨다. 수초화는 음의 순서를 기억하고 결점 없이 연주하는 능력을 강화하는 데 꼭 필요하다. 청중이 비도비치의 연주에 감동하고 박수를 보내는 것이 수초화의 유일한 혜택은 아니다. 연주가 어느 정도 자동적이 되어서 연주자가 의식적으로 크게 노력하지 않아도 복잡한 연주를 완벽하게 실행하고 여기에 예술적 기교를 더할 수 있다.

수초화는 우리가 기량을 발휘하고 잠재력을 최대한 표출할 수 있는 놀라운 신경학적 발판을 마련한다. 외과 의사가 상처를 능숙하게 봉합하는 기술을 연습하는 데 막대한 시간을 들이는 이유다. 어렵고 섬세한 일을 효율적으로 수행할 수 있게 돕는 수초화는 비범한 사람들을 구별 짓는 특징이다.

수초화는 우리가 완벽하게 할 때까지 반복 훈련을 할 수 있도록 각 과정을 관리 가능한 부분으로 나눈 경우에만 효과가 있다. 안타깝게도 나쁜 습관도 좋은 습관 못지않게 연습으로 몸에 깊게 밸 수 있다. 내가 FBI 아카데미에서 총기 다루는 훈련을 했을 때만 봐도 알 수 있다. 하지만 우리는 뇌를 다시 훈련해서 우리 자신을 의미 있는 방향으로 개선할 수 있다. 예를 들어 스트레스나 곤란한 상황을 겪을 때 나의 반응을 개선하거나, 더 좋은 업무 습관을 배우거나, 두려움에 잘 대처하거나, 다른 사람을 더 효과적으로 상대하는 방법을 익힐 수 있다.

컨설팅을 요청한 어느 의뢰인 하나는 중국 톈진시에서 호텔을 운영하는 사람이었다. 최근 지은 호텔에 신규 채용한 직원들의 단결을 이끌어 낸다는 과제와 씨름하고 있었다. 직원들은 모두 중국 각지에서 이주해 왔다. 미국처럼 중국에서도 여러 지역 출신 직원들을 모아 놓으면 옷 입는 방식부터 말하는 방식, 행동 방식에 이르기까지 많은 지역적·문화적 차이를 보인다.

호텔이 계획된 날짜에 문을 열려면 직원들이 서로 차이를 빨리 극복해야 했다. 나는 가장 쉬운 방법은 수초화를 이용하는 것이라고 결정했다. 일단 작은 과제를 주어 직원들이 그것을 경험하고 확인하고 성공적으로 해내게 하고, 그러고 나서 숙달해야 하는 다른 일도 해보게끔 하는 것이다.

나는 직원들을 모두 모았다. 우선 그들에게 먼저 시계를 가리키고 그런 다음에 나를 가리켜 보라고 했다. 그러고 나서 이제 조금 색다른 시도를 해볼 것이라고 말했다. 사람들이 보통 하는 것처럼 집게손가락으로 가리키지 말고 손을 펼쳐 손가락을 모두 붙이거나 조금 구부린 상태로 손 전체를 사용해 나를 가리키고, 서로를 가리키고, 가까운 곳에 있는 사물을 가리키라고 했다.

직원들 본인은 알아차리지 못했겠지만, 내가 손바닥으로 그들을 가리키고 또 그들이 서로를 가리킬 때 모두 미소 짓고 있었다. 나는 수년간 연구를 통해 집게손가락으로 사람이나 사물을 가리킬 때보다 손바닥을 펼쳐 손 전체로 가리킬 때 사람들이 그 동작을 더 많이 인식했다는 설명을 덧붙였다.

이런 작은 정보도 호텔 산업에는 매우 중요하다. 기본적으로 호텔 산업의 핵심은 손님이 언제나 즐겁고 긍정적인 경험을 하는 것이다. 앞으로 다른 장에서 더 자세히 살펴보겠지만, 긍정적인 영향을 일으키는 작지만 중요한 디테일을 이해하는 것은 모든 경영자에게 중요하다.

그다음 5분은 엘리베이터, 화장실, 손님이 쉴 수 있는 의자, 수영장, 데스크 위 안내 책자를 가리키는 연습을 하는 데 썼다. 아주 간단한 동작이지만 반복해서 연습했다. 나는 직원들에게 온종일, 심지어 쉬는 시간에도 기회가 되면 연습하라고 권했다. 그날 하루가 끝날 무렵 직원들은 손바닥을 편 채로 정확하게 목표물을 가리킬 수 있었다.

심지어 복도에서 나를 만났을 때 장난으로 나를 가리키기도 했다.

단순하지만 실행하기만 하면 다른 사람의 기분을 좋게 만들 수 있는 동작이었다. 몇 달 후 내가 호텔을 다시 찾았을 때 도어맨부터 프런트 직원, 안내원, 객실 담당까지 모든 직원이 손바닥을 펴고 안내하고 있었다. 그걸 보고 얼마나 기뻤는지 모른다. 아주 작은 움직임이 특별한 무언가로 바뀐 것이다. 직원들이 전화에 응대하는 법, 자동차 문을 열어주고 도착하는 손님을 맞이하는 법, 수영장에서 수건 건네는 법에 이르기까지 모든 것을 반복해서 집중적으로 연습했다는 것을 알았을 때 더더욱 기뻤다. 일을 끝마치기만 하는 것은 누구나 할 수 있다. 하지만 집중적인 연습을 통한 수초화는 단순히 일을 끝마치는 것을 넘어 훌륭하게 끝맺을 수 있게 도와준다. 수초화로 결국 다른 사람에게 긍정적인 영향을 끼칠 수 있다는 것이다.

앞에서 무디 요원이 내가 매일 업무 스트레스로 생기는 짜증과 화를 어떻게 관리할 수 있게 도와줬는지 설명했다. 그의 조언은 단순히 "긴장 푸세요."라는 말로 끝나지 않았다. 그는 심호흡하기, 천천히 식사하기, 산책이나 달리기하기 같은 작은 연습 과제를 내주었다. 시간이 걸리기는 했지만 나는 연습을 통해 이 방법들을 감정을 진정하는 데 사용할 수 있게 되었다. 처음에는 업무 방해나 지연에서 일어나는 비교적 작은 스트레스를 다루는 데 적용했다. 그러고 나서 더 심각한 스트레스를 받는 상황에도 적용할 수 있었다. 감정은 강력하다. 그러나 의도적 연습을 통해 강력한 감정도 더 잘 관리할 수 있게 되었다.

버리고 싶은 나쁜 습관이나 익히고 싶은 좋은 습관이 있는가? 그것을 이루는 과정을 어떻게 작은 부분으로 나눌 수 있는지 생각해 보자. 그러고 나서 한 번에 하나씩 손을 대면서 더 새롭고 튼튼한 신경 회로를 만들자.

예를 들어 당신이 매일 퇴근 후 신발을 벗어 던지고 맥주 한 병을 꺼내 소파에 털썩 앉아서 텔레비전을 켠다고 해보자. 나중에 맥주 3병을 더 마시고 넷플릭스 다큐멘터리 한 편을 보고 나서(어쩌면 가끔은 가장 좋아하는 음식을 배달시켜서 같이 먹을 것이다) 잠자리에 들 준비를 한다. 다음 날에도 거의 모든 일과를 똑같이 반복한다. 의사 대부분이 계속 앉아서 지내는 생활 방식을 멀리하라고 말하지만 우리는 그렇게 생활한다. 생활을 바꾸고 싶다면 어떻게 해야 할까? 다음 방법을 쓰는 것은 어떨까?

습관적 행동을 한 번에 조금씩 손을 대서 새로 만들 수 있는 부분으로 나누는 것이다. 그렇게 해서 뇌에 저장된 낡은 인코딩 정보 위에 덮어 쓰기를 할 수 있다.

퇴근 후에 무엇을 할 것인지 미리 생각해 보는 데서 시작하자. 그러고 나서 퇴근 후 일과를 바꾸기 위한 계획을 짜는 것이다.

신발을 아무 데나 벗어 던지지 말고 침실까지 가서 그곳에 벗어 두고 즉시 운동복으로 갈아입고 운동화를 신는 것이다. 이 행동을 하려면 계획과 실행이 필요하다. 그러나 일단 하면 다른 모든 일이 일어날 수 있는 장이 마련된다. 우리가 지금 하는 것은 **자동으로 일어나는 잠재의식적인 패턴을 스스로 통제할 수 있는 의식적인 인식으**

로 바꾸는 일이다.

그다음은 맥주 대신에 물이나 에너지 음료를 마시는 것이다. 물을 마시면서 대체로 수분이 부족한 상태인 신체에 물이 어떤 효과를 내는지 집중해서 느껴보자. 이것도 의식적인 정신 활동이 필요하다. 처음에는 어쨌든 습관을 거스르는 행동이기 때문에 물을 마시는 것조차 불편하게 느껴질 것이다. 그러나 우리는 뇌를 포맷해야 하고, 그러려면 노력이 필요하다.

뉴스를 좋아한다면 스마트폰으로 가장 좋아하는 뉴스 채널을 보고, 아니면 관심 가는 팟캐스트나 오디오북이나 좋아하는 음악을 들으면서 자신에게 상을 내리자. 그리고 나서 걷기를 하든 가볍게 달리든 운동을 하기 위해 집 밖으로 나가는 것이다.

매일 뇌의 회로를 재정비하는 동안 일과의 각 단계를 끝맺는 것에 대해 생각하자. 서서히 운동 거리를 늘려서 몸과 마음이 마침내 이 새로운 신체 활동을 갈망하게 만들자. 이 과정에서 우리 뇌에서는 자기 보상을 하는 새로운 네트워크가 점차 강화된다. 즉, 수초화가 일어난다. 에어로빅으로 열량을 태우고 근육을 강화하고 심박 수를 높이고, 무릎 관절을 움직이며 더 유연해져 간다. 앉아서 생활하는 시간이 줄고, 운동할 때마다 매번 기분이 좋아진다. 개인마다 시간 차이는 있겠지만 결국 운동은 생각을 해야 실행하는 일에서 더는 생각할 필요가 없이 잠재의식이 알아서 하는 일로 바뀐다. 그렇게 우리는 낡은 행동 코드 위에 새롭고 더 효과적인 코드를 덮어 쓸 수 있다. 이것이 수초화의 힘이다.

동료 FBI 훈련생들과 나는 이전에 의도는 좋았지만 질 낮은 훈련을 여러 차례 받으면서 낡은 기술이 몸에 깊이 배어있었다. 몸에 밴 낡은 기술을 씻어내기까지 꽤 시간이 걸렸다. 어떤 때는 사격 솜씨가 처음 훈련받는 사람들보다 더 형편없었다. 우리는 집중 연습으로 모든 동작을 다시 배우고 수초화를 다시 해야 했다.

방에서도 연습할 수 있게 총알 대신 빨간 물감이 발사되는 훈련용 총기도 지급받았다. 처음에는 방아쇠를 당기는 것도 허락되지 않았다. 총집에서 총을 꺼내는 동작만 연습해야 했다.

그렇게 우리는 하나씩 배워나갔다. 표적이 되지 않도록 몸을 움츠려 살짝 틀면서 양복 상의 단추를 부드럽게 풀고, 총을 잡는 쪽 팔과 팔꿈치를 움직여 단 한 번에 상의 자락을 걷어낸다. 몸을 약간 웅크리고, 총을 잡았을 때 엄지 두덩—손바닥에서 엄지손가락 아래 두툼하니 지방이 있는 부분—이 안정적인 지지대가 될 수 있게 총자루를 완벽하고 균형 있게 잘 잡는다. 그러고 나서 총을 살짝 위로 움직여 권총집에서 뽑고, 가늠자가 얼굴에서 정확히 14인치(약 35센티미터) 떨어지게 눈높이까지 차분하게 들어 올린다. 사격 시 반동을 직선으로 흡수하기 위해 총을 든 팔을 약간 구부리고, 안정감을 높이기 위해 방아쇠를 잡아당길 손을 다른 쪽 손으로 단단히 감싼다. 마지막으로 집게손가락을 방아쇠울에 집어넣는다.

처음에는 권총집에서 총을 꺼내는 것도 어려웠다. 훈련생들은 한 시간 단위로 나눠 각 단계를 아주 느린 동작으로 연습했다. 그러고 나서 부분 부분을 조합해서 연습하면서 속도를 높였다. 드디어

느린 동작이 빠른 동작으로 변했다. 우리는 모든 동작을 1초 이내에 할 수 있었다. 망설이지 않았고 서툴지도 않았다. 총을 뽑는 데 다른 방식은 없었다. 오직 FBI 방식만 있었다. 우리는 빗속에서, 눈 속에서, 어둠 속에서, 차 안에서, 명령이 있을 때, 누군가를 체포할 때, 표적이 갑자기 나타날 때, 언제 어떤 현장에서든 정확하게 총을 뽑을 수 있다고 자신하게 되었다. 연습이 완벽을 만들었다. FBI에 몸담은 25년 동안 한 번도 실망한 적 없는 귀중한 훈련, 아니 귀중한 재훈련이었다.

수초화는 그렇게 우리의 나쁜 습관을 씻어내는 마법을 부렸다. 그뿐 아니라 이전에 총을 쏴본 적 없는 요원들에게는 아주 깨끗하고 탄탄하고 아무런 방해를 받지 않는 신경 회로, 즉 총을 뽑는 대단히 중요한 동작을 매번 제대로 수행할 수 있게 해주는 넓은 대역폭의 전송로를 뇌 속에 만들어 줬다.

바꾸고 싶거나 완벽하게 하고 싶은 습관을 생각해 보자. 그 습관을 작은 부분들로 나누자. 모두가 알고 있듯이, 인간의 뇌는 매우 유연해서 나이에 상관없이 어떤 행동을 바꾸거나 완벽하게 다듬어 갈 수 있다. 그 과정은 선별적 집중 연습과 수초화의 마법을 통해 일어난다.

성공할 때까지 해보겠다는 끈기

습관을 바꾸는 연습. 이 연습을 이끄는 힘은 무엇일까? 바로 **끈기**다.

비범한 사람들은 끈기가 있다. 수집한 정보를 소화하고 생각하기 위해 잠시 멈출 수 있다. 그러나 그들은 길을 잃지는 않는다. 여러 번 실패할지도 모른다. 그래도 그들은 계속 나아간다. 토머스 에디슨은 성공을 보장할 수 없는데도 전구를 처음 발명하기까지 수백 번, 아니 수천 번 실패를 맛봤다. 어떻게 해서든 세상에 존재하지 않는 것을 만들려고 노력했다. 그는 절대 포기하지 않았다. 라이트 형제도 마찬 가지였다. 자전거 정비사였던 라이트 형제는 대학 졸업장도 없고 항 공 공학에 대한 배경 지식도 없었지만 동력 비행기를 발명하고 완성 했다. 성실성과 자기 수련, 더 중요하게는 끈기를 보여준 세 사람 덕 분에 세상은 환해졌고 우리는 세상 어디로든 이동할 수 있다.

이 세 가지 특성을 모두 지니고 더 나은 세상을 만들기 위해 끊임 없이 노력한 또 한 사람이 있다. 항상 호기심이 많았던 제임스 다이 슨James Dyson은 1970년대에 나온 진공청소기가 늘 불만이었다. 계속 해서 쓰다 보면 흡입력이 점차 떨어지고 새 먼지 봉투를 사야 하는 번거로움이 있었다.

그래서 다이슨도 선배 발명가들처럼 존재하지 않는 새로운 것을 발명하기 위한 작업에 들어갔다. 그는 5127개 이상의 시제품을 손보 고 테스트하고 개량하고 수정했다. 그렇게 최초의 다이슨 진공청소 기가 탄생했다. 손 건조기부터 헤어드라이어, 진공청소기까지 다이 슨 제품은 오늘날 세계 어디에서든 볼 수 있다. 그러나 발명을 향한 여정은 불확실함으로 가득 차 있었고 절대 쉽지 않았다. 오늘날 우리 가 다이슨 제품을 사용하고 제임스 다이슨 경이 억만장자가 된 이유 는 하나다. 바로 끈기다. 끈기는 다이슨이 어떻게 해서든 마침내 승 리를 거두리라는 것을 보장해 줬다.

우리가 현대 사회에서 누리는 많은 혜택은 같은 문제에 직면하더라도 남들과 다르게 그 문제에 끈기 있게 도전한 사람들이 발명하거나 개선하거나 혁신한 결과다.

나는 지금까지 수천 명과 면담하면서 비범한 사람에게는 보통 사람과 다른 속성이 있음을 느꼈다. 비범한 사람들에게는 끈기가 있다.

자기 통제력이라는 불변의 성장 공식

윈스턴 처칠은 영국 역사상 가장 암울했던 시기에 영국을 이끈 인물로 잘 알려져 있다. 당시 나치 독일이 서유럽 국가들로 진격하면서 세상은 유례없는 큰 위험에 직면했다. 수십 년 동안 무모한 군국주의자이자 전쟁광으로 비난을 받아온 처칠이 영국 정부의 수장이 될 수 있었던 이유는 그가 스물한 살 때 한 선택과 무관하지 않다.

처칠은 명문 사립학교인 해로Harrow에서 엄격한 교육을 받았고 나중에는 샌드허스트 왕립군사학교Royal Military Academy at Sandhurst에서 교육받았다. 그는 소위로 임관하여 인도로 첫 해외 파견을 나갔을 때 자신이 받은 교육이 충분하지 않다고 느꼈다. 일찍부터 자신이 영국 정치에서 중요한 역할을 하리라는 것을 어느 정도 감지하고 있었다. 그래서 책을 읽고 공부할 시간이 많은 해외 파견 기간에 처칠은 어머니의 도움을 받아 구할 수 있는 것은 뭐든 구해 읽으며 자기 수련을 시작했다.

처칠은 이전에 감히 시도하지 못했던 윤리학과 그리스 철학 공부를 시작했다. 처칠은 소크라테스와 플라톤을 특히 좋아했다. 경제학도 공부했다. 역사가 에드워드 기번Edward Gibbon이 쓴 8권짜리 『로마 제국 쇠망사』와 토머스 매콜리Thomas Babington Macaulay의 12권짜리 역작 『영국사』를 포함해 닥치는 대로 탐독했다. 처칠은 "지루함"을 피하려고 한 번에 서너 권을 읽곤 했다고 한다. 애덤 스미스의 『국부론』, 찰스 다윈의 『종의 기원』, 문장 백과사전인 『바틀릿의 친숙한 인용문Bartlett's Familiar Quotations』, 정치인 새뮤얼 랭Samuel Laing의 『근대 과학과 근대 사상』, 역사가 헨리 핼럼Henry Hallam의 『영국헌법사』 외에도 많은 책을 읽었다.

또한 처칠은 시를 외우기를 좋아했다. 그러면서 언어에 대한 사랑이 생겼고 언어의 힘을 깊이 이해하게 되었다. 그는 이런 말을 남겼다. "훌륭한 지식은 날카로운 칼날로 나를 무장시켜 줄 것이다. 매콜리, 기번, 플라톤은 분명 그 칼을 매우 강력하게 휘두를 수 있게 근육을 단련시켜 줄 것이다." 언어에 대한 사랑과 함께 처칠이 습득한 지식은 그가 비범한 사람이 되도록 그의 정신을 갈고닦아 줬다.

영국은 세계대전이 발발하자 전쟁이 강요하는 도전에 대처하기 위해 전시 지도자에게 요구되는 모든 요소, 즉 경험, 준비성, 진지함, 결의, 힘, 지혜 등을 유일하게 다 갖춘 한 사람에게 기댔다.

처칠이 영국 총리가 되었을 때 영국에 머물렀던 유명한 미국 종군 기자 에드워드 머로Edward R. Murrow는 이렇게 기록했다. "그때 처칠이 영어라는 군대를, 영국과 세상을 구하기 위한 희망의 선봉대를 전쟁터로 보낼 때가 온 것이다. (…) 그 군대는 굽히지 않았고, 섬나라 영국이 홀로 떨어져 있을 때 영국민의 사기를 북돋아 줬다." 경험과 훈련에 바탕을 둔 처칠의 확신은 훌륭한 말과 글로 표현되어 영국 국민에게 깊은 영향을 끼치고 희망을 줬다. 독특하고 설득력 있는 처칠의 목소리는 미국 루스벨트 대통령이 무기대여Lend-Lease 프로그램을 통해 날이 갈수록 절망적인 영국에 물자를 제공하도록 설득했다.

처칠은 고작 스물한 살이었지만 인도로 파병되어 그곳에 머무는 동안 광범위한 자기 수련을 시작했다. 그리고 이런 자기 수련 덕분에 후에 찾아온 위기에 훌륭하게 대처할 수 있었다. 군 복무와 공부, 연구, 집필, 지적 호기심으로 채운 40여 년의 세월은 처칠에게 독보적인 지식과 정서적 강인함이라는 발판이 되어줬다. 그리고 또한 영국이 가장 암울한 시기에 있을 때 처칠을 협상 테이블로 이끈 **자기 훈련**self-discipline의 발판이 되어주었다. 많은 동료 정치가들이 히틀러와 무솔리니에게 평화 협정을 요청하자고 강력히 주장할 때 처칠은 힘들여 수행한 자기 수련 덕분에 시련을 극복할 수 있었다.

처칠이 자기 수련을 한 목적은 하나였다. 누구보다 훌륭하게 조국에 봉사하기 위해서였다. 기회가 언제 생길지는 예측할 수 없었을 것이다. 하기야 그것이 비범한 사람들이 미리 준비하는 이유가 아닐까? 자신의 기량이 언제, 어디에서 필요할지 확실히 알아서가 아니라 그게 **옳은 일**이기 때문일 것이다.

자기 통제력은 삶을 현명하게 잘 꾸려온 사람이 만들어 낸 작품이자 그들이 받는 보상이다. 나는 지금 그 길 위에 서 있다. 당신도 그 길 위에 서 있다. 그래서 지금 우리가 이 책에서 만난 것이다. 우리는 잠재력을 최대한 끌어내면서 내가 많은 사람들에게서 그랬던 것처럼 서로에게서 배울 수 있다. 자기 미래를 만들고 자신의 목적과 흥미를 반영한 고유의 발판을 구축할 수 있는 사람은 오로지 자기 자신이다. 하지만 자기 통제력에 이르는 길을 함께 걷고 함께 노력하고 있는 동료로서 나는 우리가 다룬 각 영역에서 생각해 볼 질문을 제시하고 싶다.

자기 수련

▶ 자신의 삶에서 더 알고 싶거나 더 깊이 공부하고 싶은 것이 있는가?

▶ 정식 훈련이나 더 많은 독서, 온라인 수업이나 멘토링이 필요한 것인가?

▶ 수업을 듣고 전문가에게 질문하고 노력하는 자신의 모습을 생각해 본 적이 있는가?

▶ 그렇게 해본 적이 없다면 조사를 통해 유용한 정보를 찾고, 그런 다음 시작할 날짜를 정하자.

▶ 어떤 습관을 길러야 자기 수련을 하고 삶이 제공하는 것을 더 충실하게 경험하는 데 도움이 될까? 하루 30분 독서를 하는 것일 수도 있고 관심 주제를 연구하는 것일 수도 있다. 박물관에 갈 수도 있다. 안내자가 있는 교육 여행도 좋다. 새로운 이웃과 대화를 해보자. 자신을 훈련하는 습관을 형성해 주고, 삶을 더 충실하게 경험하도록 도와주는 점층적 변화를 추구하자.

감정 균형

▶ 화가 날 때 무엇을 하는가? 화날 때 보이는 행동 패턴이 생산적인가, 비생산적인가?

▶ 어떤 상황에 과민하게 반응했다가 나중에 후회한 적이 있는가? 그런 일이 너무 자주 일어난다면 더 침착하게 반응하도록 도와줄 전략을 세우자.

▶ 자주 좌절하고 화나거나 우울하거나 스트레스를 받거나 불안감을 느끼는 것 같다면 상담을 고려해 보자. 어려운 시기를 잘 넘기기 위해 전문가에게 조언받는 것은 전혀 잘못되지 않았다.

성실성

▶ 친절, 신뢰, 정직, 신용 중 내게 더 향상할 수 있는 특성이 있는가?

▶ 이 특성들을 더 잘 갖추고 또 잘 드러나게 하려면 무엇을 해야 할까?

▶ 오늘부터 "더 _____한 사람이 되기 위해 _____를 할 것이다."라고 자신에게 말하자. 스스로 완벽하다고 생각한다면 나에게 개선해야 할 점이 무엇인지 다른 사람에게 물어보는 것이 좋다.

사슬 끊기

▶ 다른 사람이 나의 능력과 잠재력에 어떤 제약이나 한계를 지어놓지 않았는지 파악하자.

▶ 그 한계 밖으로 나가겠다고 마음먹고 한 발만 더 움직이자.

마음속 악마 연구

▶ 내 마음속 악마는 무엇인가? 다시 말해 발전을 방해하는 나의 단점은 무엇인가? 단점 목록을 만들어라.

▶ 이 단점을 해결하기 위해 무엇을 할 것인가? 어떤 전략을 사용할 수 있을까?

▶ 수시로 단점 목록을 확인하자. 달라진 것이 있는가?

▶ 나는 어떤 사람으로 알려지고 싶은가? 지금 대답해 보자. 스스로 원하는 사람이 되도록, 내가 의도하는 삶을 살아가자.

자기 훈련

▶ 자기 훈련이 부족한 영역은 무엇인가? 스스로 생각해 내기 어렵다면 나를 잘 아는 지인에게 어떤 영역에서 어떻게 해야 자기 훈련을 더 잘할 수 있을지 물어보자.

▶ 어떻게 해야 부족한 부분을 점점 바꾸어 나갈 수 있을까?

▶ 계속 유지할 수 있는 목표는 무엇일까?

▶ 15분 일찍 일어나는 것이 변화를 가져올까? 책을 하루에 2페이지씩 더 읽는 것은 어떨까? 운동 단짝과 함께 운동하는 것은 어떨까? 식사량을 줄이는 것은? 목표를 정해놓고 매일 진척 정도를 기록해 보면 어떨까? 침대와 방, 부엌 서랍을 한 번에 하나씩 정리하는 것은 어떨까? 작은 것부터 시작하자.

우선 순위 정하기

▶ 매일 해야 하는 일 중에서 가장 먼저 해야 하는 것은 무엇인가?

▶ 오늘의 할 일 목록을 만들기 시작하자. 카드 맨 윗줄에 굵은 글씨로 이름을 적어두자. 자신과의 약속이라는 표식이다.

▶ 카드에 오늘 달성하기로 마음먹은 것을 적자.

▶ 오늘의 할 일 목록 만들기를 일주일이나 한 달 동안 또는 일 년 동안 끝까지 해보자. 그렇게 하는 것만으로 매일 끝마치는 일이 얼마나 많아지는지 보라.

연습(수초화)

▶ 더 잘하고 싶은 것이 무엇인지부터 파악하자. 발표인가? 평행 주차인가? 점프 슛, 역기 들기 기술, 아니면 수영법인가? 목표까지 과정을 세부 단계로 나누고 각 단계를 속도를 늦춰 연습해 보자. 이때 한 단계가 완벽해질 때까지는 다음 단계로 건너뛰지 않도록 해야 한다.

▶ 사람들 앞에서 연설하는 것이 두렵다면 자신 있게 무대 위로 올라가는 연습부터 하자. 청중과 시선을 맞추고, 멈춰서 자기가 서있는 위치를 파악하고, 청중이 나에게 익숙해지도록 시간을 둔 다음 "안녕하세요."라는 간단한 인사말로 시작하는 것이다. 그러고 나서 잠시 멈추고 속도와 자세에 자신감이 붙을 때까지 처음부터 다시 시작하자. 영국의 대배우 헬렌 미렌은 무대 위로 올라가거나 어떤 장면 속으로 들어가는 연기가 배우에게 가장 어려운 도전이라고 말한 적이 있다. 열심히 무대로 올라가는 연습을 하자.

▶ 하고 싶어 했던 일을 그만둔 적 있는가? 예를 들어 학술지에 기고하거나, 꾸준히 운동하거나, 친구들과 연락을 유지하거나, 최신 뉴스에 정통하거나, 자원봉사를 하거나, 일 또는 가족 관계를 개선하거나, 저축을 더 많이 하는 등의 일 말이다. 그게 어떤 일이든 하루에 단 15분을 투자하는 것이라 할지라도 또는 아주 조금 앞으로 나아가는 것이라 할지라도 그 일에 전념하자.

▶ 끈기에서 중요한 것은 크게 움직이는 것이 아니다. 그러다가는 일의 탄력을 잃을 수 있다. 오랜 시간에 걸쳐 꾸준히 끝까지 계속하는 것이 끈기다. 누군가 말했듯이 세계에서 가장 큰 배라 할지라도 키를 1도 틀고 있으면 완벽한 원을 그리며 선회할 수 있다.

▶ 잠시 휴식 시간을 보내는 것은 괜찮다. 그러나 그로 인해 산만해지지 말자. 다시 일에 집중해야 한다.

끈기의 대가라고 할 수 있는 알베르트 아인슈타인은 "성공한 사람이 되려고 노력하지 말고 귀중한 사람이 되려고 노력하라."라고 말했다. 자기 통제력은 어떻게든 가까스로 일을 해내거나 순간적으로 성공했다고 해서 생기는 것이 아니다. 그것은 자기 통제력이 아니라 운이다. 자기 통제는 며칠, 몇 주, 몇 달, 심지어 몇 년의 노력과 고민, 연구와 습관에서 비롯되는 것이다. 제대로 하지 못하더라도 집요하게 계속할 때 생겨난다. 자기 통제는 중요한 모든 방면에서 '침대를 완벽하게 정돈'하고, 매일 아침 거리로 발을 내디디고, 자신 없더라도 숨을 참고 깊이 잠수하는 데서 시작한다.

자기 통제 습관을 기르는 것은 자신을 소중하게 여기는 가장 뜻 깊고 보람된 방법의 하나다. 나이가 많다고 자기 통제를 할 수 없는 게 아니다. **자신에 대한 지배력을 얻으면 마음부터 몸까지, 그리고 가장 고결한 목적까지 삶의 다른 많은 측면을 지배할 수 있다.**

굴곡진 삶에서 자기 통제를 목표로 걸어간다는 것이 항상 쉬운 일은 아니다. 그러나 그렇기 때문에 우리의 노력과 승리가 더욱 값진 것이다. 사실 자기 통제력의 미덕은 그것이 그냥 주어지는 게 아니라는 데 있다. 매일 노력해서 얻어내야 하고, 한번 얻으면 쉽게 사라지지 않는다. 자기 통제는 더 나은 우리로 탈바꿈할 수 있는 길을 찾아 떠나는 여정이다. 그 여정을 시작하면 훨씬 더 놀라운 일이 일어날 것이다.

자기 통제력은 다른 사람에게서 신뢰와 협력, 감탄을 끌어낸다. 사업하는 사람들에게 이것은 투자 대비 수익률이 매우 높아서, 계속 기댈 수 있는 매우 강력한 무기다. "나는 내가 생각하는 가장 평범한 사람처럼 되고 싶다."라고 말하는 사람은 없다. 우리는 우리가 본받을 수 있는 무엇인가 비범한 사람을 찾는다. 우리는 자신의 삶을 지배할 수 있는 사람을 찾는다. 우리가 더 나은 삶을 살도록 영감을 주기 때문이다. 그것이 비범한 사람이 된다는 것의 의미다. 그리고 이 모든 것은 자기 통제력에서 출발한다.

2 장

관찰력
Observation

정보를 통찰력으로 바꾸는
관찰의 힘

"당신은 눈으로 보기만 하지
관찰은 하지 않는군."

— '셜록 홈즈' 시리즈 중 「보헤미아의 스캔들」에서

세스나 150 경비행기가 2500피트(762미터) 상공에 막 도달했다. 나는 조종실 창밖 경치를 즐기면서 고도계를 살피고 있었다. 그때 비행 교관 밥 로이드가 클립보드로 내 머리를 쳤다.

"공항 기준으로 우리가 있는 곳이 어디야?" 교관이 소리 질렀다.

나는 공항을 찾기 시작했다. 그가 클립보드로 다시 내 머리를 쳤다.

"기수 방향은 어떻게 돼?"

나는 재빨리 계기판으로 시선을 돌려 필사적으로 방향 지시계를 찾았다. 클립보드가 다시 머리 위에 떨어졌다.

"지금 엔진이 멈췄어." 밥 교관이 세스나 150의 기화기 열 레버를 잡아당기면서 큰 소리로 말했다. 일부러 엔진 출력을 조절해서 공회전하게 한 것이다. 결국 비행기는 무겁기만 하고 별로 효율적이지 않은 활공기가 되었다. "지금 당장 비상 착륙을 할 수 있는 장소가 어디야? 지금 당장 착륙해야 해!"

밥은 방향타를 좌우로 밀기를 반복했다. 비행기가 좌우로 홱홱 흔들렸다. 그가 오파로카 공항 관제탑 주파수에 맞추고 볼륨을 높였다. 한쪽으로 기울어진 좁은 조종실은 항공기 착륙을 외치는 짧고 날카로운 호출 소리로 가득했다.

시끄럽고 어지러운 상황에서 방향을 잡으려고 애쓰고 있는 나에게 밥이 마이크를 건네주며 말했다. "비상 선포해. 항공 관제탑에 뭐라고 말해야 해?"

마이크라기보다는 벽돌이라고 하는 편이 낫다. 그때까지 나는 아무것도 하지 못하고 있었다. 온몸에 땀이 흐르고 머리는 어지럽고 토할 것 같았다. 가슴 근육이 조여 답답했고 심장은 세게 뛰어 안전띠를 마구 두드리는 듯했다. 누구나 아는 간단한 국제 긴급 조난 신호인 "메이데이, 메이데이, 메이데이!" 이걸 생각해 내지 못했다. 바로 앞 패널에 붙어있는 항공기 번호조차 말하지 못했다.

훌륭한 비행 교관들이 늘 그렇듯 밥 로이드는 일부러 복잡한 상황을 만들었다. 불안감을 조성하는 여러 사건을 만들고 압박감 속에서 관찰하고 생각하고 대처하는 능력을 쥐어짜게 하려는 것이었다. 그는 조종사들이 말하는 '안전하게 조종하기aviate, 목적지를 잘 찾아 비행하기navigate, 관제사와 교신하기communicate' 능력이 나에게 있는지 시험하고 있었다.

"조종사가 되고 싶다면 항상 내가 지금 어디에 있는지, 어디를 향하고 있는지, 이 고도에서 무엇이 잘못될 수 있는지, 어느 순간에 어디에 착륙할 수 있는지 잘 알고 있어야 해." 밥은 조종간을 넘겨받고 전속력을 내는 엔진 소리 너머 천둥처럼 큰 소리로 말했다. "항상 **상황 인식**situational awareness이 필요해!"

그는 두 번이나 더 말했다. 말할 때마다 무선 통신 볼륨을 줄이고 더 힘주어 말했다. "상황 인식! 상황 인식! 네가 어디에 있는지 **파악해라**. 주변에 무엇이 있는지 **파악하라고**."

밥 로이드에게 그 말을 처음 들었을 때 나는 아직 고등학교 2학년도 채 안 되었다. 나는 그 말을 절대 잊지 않았다. 그것은 훈계이자 도전이요 만트라요 은유였다. 즉, **항상 인식하고, 모든 상황에서 우리 주변의 특히 중요한 것들을 다시 인식하라는 의미였다**. 그때는 깨닫지 못했지만, 진땀 흘리면서 조종실에 토하지 않으려고 안간힘을 쓰는 동안 처음으로, 단순히 보는 것은 인식하는 게 아니라는 사실을 알게 되었다. 인식하기 위해 우리는 반드시 **관찰해야** 한다. 부모로서든 대인 관계에서든 전문직에서든 리더로서든 인생에서 성공하기 위해서는 예리하게 관찰할 수 있어야 한다. 이 장에서 우리는 관찰을 구성하는 요소들을 알아보고, 관찰이 훌륭한 성과를 내는 데 어떻게 기여하는지 살필 것이다. 그리고 관찰력을 높이고 이 타고난 능력을 최대한 사용하도록 도와주는 연습 방법을 알아볼 것이다.

보는 것과 관찰하는 것의 차이

보는 것looking은 우리 모두가 하는 행동이다. 어찌어찌 삶을 사는 방식이기도 하다. 길을 안전하게 건널 수 있는지, 우산을 가져가야 하는 날씨인지, 마트에서 어느 쪽 줄이 가장 빠른지, 이웃 사람이 무엇을 하고 있는지 등을 확인하기 위해 눈으로 본다. 우리는 온종일 본다.

보는 것은 수동적인 경험이지만 유용하다. 그런데 완벽한 정보를 제공하지 못할 수도 있다. 반면에 **관찰**observation은 능동적이다. 관찰에는 노력이 필요하지만 그 결과는 훨씬 더 유용하고 더 많은 이해와 지식을 제공한다.

관찰할 때 우리는 여러 감각을 이용해 주변 세상을 실시간으로 분석한다. 시각은 물론이고 모든 감각이 동원된다. 소리나 말을 들으려고 귀를 기울이고, 코로 냄새를 맡고, 피부로는 바람과 온도를 판단한다. 수백만 개의 감각 신경 세포가 매 순간 온몸으로 감지한 주변 환경에 대한 느낌을 뇌로 보낸다. 섬세하면서도 유연하게 혼합된 형태로 뇌로 전달된 느낌들은 의식과 잠재의식에서 3D 퍼즐 조각처럼 서로 맞물려 상황을 세밀하게 이해할 수 있게 한다. 우리는 거리를 지날 때 사람들의 손에 주목하기도 한다. 어떤 사람은 손이 가려져서 보이지 않고, 어떤 사람은 손에 물건을 들고 있고, 어떤 사람은 손을 몸통에 가까이 붙이고 있고, 또 어떤 사람은 손을 크게 흔들며 걷는다. 누가 피곤해 보이고, 누가 통화하느라 바쁘고, 누가 정신이 말짱하고, 누가 긴장했는지도 보인다. 누가 서둘러 배달하러 가고 있고 누가 시간을 놀리고 있는지도 알아차린다. 우리는 사람들이 무엇을 입었는지 본다. 옷차림새는 어느 정도 옷을 입은 사람에 대한 정보를 말해준다. 예를 들어 목수들이 입는 상하 일체형 작업복 바지를 입고 있는지, 월가의 전통적인 가는 세로줄 무늬 정장을 입고 있는지, 좋아하는 스포츠와 스포츠 팀은 무엇인지, 유행에 얼마나 민감한지, 사회 규범에 얼마나 무관심한지 같은 것을 알 수 있다.

식당에 가면 부모가 종업원과 이야기를 나누는 동안 청소년 자녀는 스마트폰을 보는 테이블이 있다. 또한 어느 종업원이 스트레스를 받고 있고 어느 종업원이 호출하는 테이블로 재빨리 가서 손님 요구를 척척 해치우는지 등을 알 수 있다. 마트에서는 포장된 닭을 살핀다. 조금 '맛이 간' 듯 보이면 냄새를 맡아보고 사지 않기로 결정한다. 이웃이 출근하려고 차에 타는 것을 볼 때도 단순히 보는 것으로 끝나지 않는다. 어떻게 차에 탔는지도 인지한다. 걸음걸이가 더 느려지지 않았는지, 오늘따라 몸이 조금 더 구부정해 보이지 않았는지 생각한다.

이것이 보는 것과 관찰하는 것의 차이다. 세상은 우리에게 끝없이 정보를 전송한다. 진정으로 기민한 사람들, 즉 비범한 사람들은 이런 세상에 적응해 잘 살아간다. '이미 너무 많은 정보에 시달리고 있는데 어떻게 관찰까지 할 수 있을까?' 하는 생각이 들 것이다. 방법은 있다. 관찰하는 습관을 형성하고 관찰 기술을 발전시키기 위해서는 아주 조금만 더 노력하면 된다. 이 장에서 제시하는 정보와 연습 방법을 이용하면 된다. 약속하건대 금방 더 쉬워질 것이다.

세상은 상황 인식을 못 하는 사람들 천지다. 비행기나 에스컬레이터에서 내리는 사람들을 보라. 누군가를 기다리거나 문자메시지를 확인하거나 스마트폰으로 길을 찾으려고 갑자기 멈춰 서버리는 사람들이 꼭 있다. 다른 사람들은 연결 항공편을 놓치지 않기 위해서나 움직이는 에스컬레이터에서 연쇄 충돌을 피하려고 어쩔 수 없이 그들을 돌아서 간다.

유튜브에는 정신 팔린 상태로 가다가 유리문이나 주차 요금 징수기, 심지어 곰과 충돌하는 등 놀라운 사고를 겪는 사람들 모습을 담은 동영상이 수천 개 있다. 우리는 영상 속 사람들을 비웃는다. 그런 일이 자기에게 일어나면 스스로 비웃는다. 그러나 그런 부주의함은 심각한 문제를 낳는다. 많은 교통사고가 운전자가 운전 중에 문자메시지를 보내거나 확인하려다가 일어나고, 그래서 경찰은 스마트폰을 운전 부주의의 증거로 채택한다.

다들 그렇게 정신을 놓고 다니는 이유는 무엇일까? 세상이 너무 빨리 돌아가고 있어서일까? 너무 많은 정보에 압도되어서일까? 한때 환경 변화로 대부분 충족되었고 지금은 끊임없는 디지털 자극으로 충족되고 있는, 새로운 것을 추구하는 신경학적 욕구 때문일까?

쉽게 이해되지 않겠지만, 그냥 보는 것이 아닌 관찰은 정보 과부하에 대한 강력한 해독제다. 관찰은 우리를 산만하게 만드는 지긋지긋한 생활 속 잡음을 차단해서 가장 유용한 정보에 집중할 수 있게 해준다. 당신은 가장 시끄럽거나 가장 밝은 것이 아니라 가장 중요한 것에 집중함으로써 훨씬 더 빨리 더 정확하게 상황을 분석할 수 있다. 이것이 심리학자 대니얼 카너먼Daniel Kahneman의 기념비적인 책 『생각에 관한 생각』의 핵심 내용이다. **관찰함으로써 우리는 매우 효율적으로, 최고의 정보를 얻기 위해 무엇을 찾아야 할지 파악하는 기**

술을 연마한다. 그 결과 제대로 관찰하는 법을 배우기만 하면 정보 과부하를 줄일 수 있다. 무엇을 찾아야 할지 알고 있다면 재빨리 훑어보고 필요한 정보를 얻을 수 있기 때문이다.

내가 세스나 경비행기 조종실에서 경험했던 것처럼 관찰은 상황이 갑자기 복잡해졌을 때 무방비 상태가 되는 것을 막는 안전장치도 될 수 있다. 관찰력이 있다면 우리는 압박이 느껴지는 상황에서도 침착을 유지할 수 있고, 가장 중요한 것이 무엇인지 감지하고 처리할 수 있다.

부모든 교사든 관리자든 바쁜 경영자이든 간에 관찰이 필요할 때 관찰할 준비가 제대로 되어있지 않다면 복잡한 상황을 맞닥트린 어린 조종 훈련생처럼 위험에 빠지는 불리한 처지에 놓인다. 불편이나 당혹감을 느끼는 것부터 직무 태만, 자기 자신과 다른 사람 그리고 조직을 위험에 빠트리는 일까지 결과는 다양하다. 우리는 다른 사람뿐만 아니라 자신도 제대로 이끌지 못하고 앞에 닥친 변화를 이해하지 못한다. 관찰하지 않으면 다른 사람의 필요와 욕구, 욕망, 열망, 의도, 기호, 걱정, 두려움을 알아차리지 못한다. 한 예로 2020년 코미디언이자 제작자인 엘런 디제너러스는 자신이 진행하는 텔레비전 프로그램 제작진의 업무 환경이 유해하다는 사실을 알아차리지 못해 비난받았다. 오히려 초대 손님으로 나온 배우 브래드 개릿 같은 출연자들이 문제를 제기했다. 디제너러스는 공개 사과를 했다. 경영자들이 일터를 관찰하려고 노력하지 않았을 때 어떤 일이 벌어질 수 있는지 깨닫게 해주는 사건이었다.

다행히 우리는 모두 관찰할 수 있는 재능을 천부적으로 지니고 태어났다. 단지 성장하면서 생기는 다양한 삶의 요구가 우리의 관심사가 되며 그것에 주의를 빼앗겨 관찰 기술을 잊어버리는 것이다. 더 주의 깊게 관찰을 하면 뇌를 변화시킬 수 있다는 매우 강력한 과학적 증거들이 있다. 우리의 뇌는 변화라는 도전을 해낼 수 있을뿐더러 **신경 가소성**neuroplasticity을 통해 변화하도록 설계되었다.

지금은 잘 알려진 신경 가소성이라는 현상은 뇌가 신경 세포를 새로 연결하고 신경 회로를 바꾸는 능력을 말한다. 우리는 신경 가소성 덕에 새로운 것을 배울 수 있고 더 빨리 배울 수 있다. **우리가 뇌를 더 많이 사용하고 새로운 경험에 더 많이 자신을 노출할수록 뇌는 시냅스 연결을 강화하거나 재배열하고 새로운 시냅스를 형성하면서 더 효율적으로 변한다.** 그래서 주변 세상을 더 많이 관찰하고 이해할수록 관찰이 더 쉬워지는 것이다.

신경 가소성을 처음 연구하기 시작한 과학자 중 한 명이 스페인의 저명한 신경 과학자 산티아고 라몬 이 카할Santiago Ramón y Cajal이다. 그는 "누구라도 마음만 먹으면 자신의 뇌를 조각할 수 있다."라고 말했다.

우리는 적극적으로 시냅스 연결을 활성화하고 강화해서 더 빨리, 더 종합적으로 관찰하기 위한 기반을 형성할 수 있다. 사실 종합적으로 신속하게 관찰하는 능력은 비범한 사람들의 성공과 영향력에 필수 요소다. 그뿐만이 아니다. 관찰 능력은 삶을 풍요롭게 하고 가치 있는 직장 생활과 대인 관계를 꾸리는 데 도움이 된다. 어떤 직업을 보더라도 관찰을 더 잘하는 사람이 대체로 더 성공한다. 관찰력이 뛰어난 사람은 다른 사람이 놓치는 부분을 볼 수 있고, 그것이 곧 차이를 만들기 때문이다.

관찰력은 뇌를 깨운다

엄마 자궁에서 나와서 동료 인간의 시선을 만나는 순간부터 우리는 관찰을 시작한다. 아기 얼굴에서 가장 두드러지는 것은 눈이다. 그 큰 눈이 부모의 얼굴에 고정될 때 눈은 정보를 수집해 시각피질visual cortex이라 불리는 주먹만 한 뇌 영역에 제공한다. 깨어있는 매 순간 아기는 움직임을 추적하고, 그러면서 시냅스 연결이 일어난다. 아기는 점차 아주 미묘한 표정의 차이까지 감지하는 법을 배운다. 저명한 학자 엘런 갤린스키Ellen Galinsky가 『내 아이를 위한 7가지 인생 기술』에서 설명하듯이 아기들은 몇 개월 사이에 사람들을 구별할 수 있고 눈썹 치켜세우기 같은 동작을 따라 하거나 심지어 주변 다른 사람의 기분도 감지할 수 있다.

이렇게 시작부터 우리 인간은 평생 가치 있는 시각적 정보를 획득하기 위한 밑바탕을 놓는다. 우리가 활동하고 호기심을 느끼는 동안 그 밑바탕은 점점 넓어질 것이다. 새로운 시냅스 연결이 형성되고 강화되는 것이다. 하지만 시간이 흐르면서 '신경 가지치기neural pruning'가 일어난다. 다시 말해 뇌를 사용하지 않거나 새로운 것에 노출되지 않으면 뇌의 경제성을 위해 쓰지 않는 신경 연결이 사라지기 시작한다. **뇌는 많이 사용할수록 신경 연결이 많아지고, 덜 사용하면 신경 연결이 사실상 사라진다.**

우리는 눈을 통해 많은 정보를 얻는다. 그렇다고 시각이 정보를 얻는 유일한 원천인 것은 아니다. 어린 아기는 처음에는 몸을 잘 통제하지 못한다. 그래서 깨어있는 동안 주로 하는 일은 감각을 이용하는 것이다. 그런 까닭에 아기들이 두 번째로 중요한 감각 기관이라고 할 수 있는 입으로 무엇이든, 심지어 발가락도 가져가는 것이다. 우리는 부모의 얼굴을 알게 되면서부터 얼굴에 감정, 목소리, 어조, 체취를 연결 짓기 시작한다. 임신 후기 태아는 자궁 속에서 엄마 목소리의 '운율 체계', 즉 리듬, 멜로디, 억양, 악센트에 익숙해진다. 자궁 밖으로 나왔을 때 엄마 목소리의 리듬을 모방해 울음소리를 낼 정도다. 달리 말하자면 아기들은 적응하고 생존하는 데 필요한 시냅스가 미리 연결되어 있다.

생존과 성장을 이끄는 힘은 시각과 청각이 아닌 다른 감각의 원천이 작용하기 시작하는 곳에 있다. 우리 뇌에서 가장 오래된 부분인 후각 신경구olfactory bulb는 엄마의 독특한 살 냄새를 감지한다. 신경들로 가득 찬 아기 입이 엄마 살의 온기와 엄마 젖의 맛에 대한 정보를 저장하는 동안 엄마의 목덜미와 젖꽃판, 젖꼭지에서는 아기에게 안락함과 수유를 연상하게 하는 독특한 냄새가 분비된다. 아기의 작은 손가락과 손은 움켜쥐고 밀고 잡아당기면서 촉각적 정보를 수집하고, 이윽고 부모의 뺨을 만지거나 손가락으로 생일 케이크를 탐색하는 행동으로 이어진다.

이런 예리한 관찰, 시냅스 연결 그리고 반복을 통한 신경 활성화는 우리가 성장하는 동안 계속 진행되는 과정이다. 아기는 마당 여기저기 나비를 쫓아다니거나 좀처럼 잡히지 않는 다람쥐를 뒤쫓을 것이다. 버려진 상자의 완벽한 네 귀퉁이와 정밀한 모서리, 상자가 접힌 방식을 관찰하면서 아이는 끝없는 즐거움을 얻을지도 모른다.

학교에 다니면서는 주변 사람들을 끊임없이 관찰하고 누가 다정하고 누구는 피해야 하는 사람인지 파악한다. 관찰을 통해서 누가 매우 중요한 양육 공동체에 속하는지 이해하기 시작한다. 처음에는 가정 안에서 관찰하고 그다음에는 과감하게 바깥세상으로 나가 친구를 사귀면서 관찰한다.

새로운 것을 배우거나 실습할 때, 취미 활동을 할 때 또는 운동할 때 우리는 예리하게 관찰한다. 사랑하는 사람이나 아기의 얼굴을 가만히 보고 있을 때 잠재의식에서는 보는 행위가 관찰하는 행위로 바뀐다. 흥미로움으로 커진 눈동자, 호감을 드러내는 눈, 주름, 안색, 심지어 땀구멍 같은, 얼굴에 나타나는 미묘한 차이에 주목하게 된다. 관찰을 통해 우리가 하는 일은 사실 사랑하는 사람이 아프거나 힘들거나 화가 났거나 그저 관심이 필요한 때가 언제인지 알 수 있도록 그 사람에 관한 정보를 수집하는 것이다. 그러므로 관찰은 우리에게 비범한 사람들이 하는 더 중대한 책임, 즉 타인에 대한 공감과 배려를 할 수 있게 만들어 준다.

수렵 채집 생활을 했던 우리 조상도 주변 환경을 예리하게 관찰했다. 그들은 언제 어느 순간이라도 자기가 어디에 있는지, 그곳에 물이 있는지, 접근하지 말아야 하는 곳이 어디인지, 약초가 있는 곳은 어디인지, 어디에 가면 식용 산딸기와 견과류, 곡물, 꿀, 사냥감을 찾을 수 있는지 알았다. 어디에 위험이 도사리고 있는지도 알았다. 특정 동물의 은신처나 생긴 지 얼마 안 된 동물 배설물, 비정상적인 움직임, 동물 발자국, 인근에서 동물이 내는 경고의 울음소리를 항상 경계했다. 그들은 밤에 별을 보거나 살에 스치는 식물을 보면서 길을 찾았다. 사향 냄새나 동물의 영역 표시 냄새, 오줌 냄새도 매우 잘 맡았다. 그들의 코는 눈으로 볼 수 없는 정보를 얻는 도구였고, 험난한 지역을 횡단할 때 길을 안내하거나 위험을 경고해 줬다.

아마존 열대 우림 깊숙한 곳에는 지금도 이 방식으로 살아가는 사람들이 있다. 그들은 비교적 현대 문명의 영향을 받지 않고 자신의 거주 환경에 놀라울 정도로 잘 적응하면서 산다. 그들에게 관찰은 생존의 문제다. 하지만 그들에게 물어보면 무엇을 찾는지 알기만 하면 관찰은 그다지 어렵지 않다고 말할 것이다. 산티아고 라몬 이 카할의 표현을 빌리자면 이들은 자신들의 아주 특정한 요구를 충족하기 위해 뇌를 '조각'한 것이다.

유럽 곳곳에서 발견된 벽화를 보라. 프랑스의 라스코 동굴과 쇼베 동굴, 스페인의 알타미라 동굴과 칸타브리아 동굴의 벽화들은 4만 4000년보다도 더 전에 그려졌다. 이들 벽화에는 동물 모습이 매우 세밀하게, 자세히 그려져 있다. 동물 벽화를 그린 인류 초기의 화가들은 동물 속에서 살면서 동물의 움직임과 근육 조직, 습성을 연구했기 때문에 그런 그림을 그릴 수 있었다. 그렇게 예리하고 지속적인 관찰 덕분에 동물의 활력과 아름다움을 분명하고 우아하게 묘사할 수 있었다.

관찰로 인간은 시간을 이해할 수 있게 되었다. 고대 마야인은 별과 행성의 움직임을 자세히 관찰해서 오늘날 우리가 사용하는 달력보다 더 정확한 달력을 개발했다.

과학과 의학 발전을 주도한 것도 영락없이 관찰이었다. 1400년대 중국, 인도, 아프리카 등 세계 여러 지역에서, 소몰이꾼과 농장주들은 우유 짜는 여자 인부들이 우두에 감염된 적이 있으면 더 치명적인 천연두에는 걸리지 않는다는 점에 주목했다. 당시에는 천연두의 치사율이 35퍼센트가 넘었다.

그들은 호기심과 관찰 그리고 검증을 통해 천연두 예방법을 찾아냈다. 우두 물집의 진물을 피부에 바르는 것이 그 방법이었다. 우리는 백신이 현대 의학적 방법이라고 생각하지만, 관찰력이 예리한 사회에서는 사실 오래전부터 백신 요법이 사용되고 있었다.

오늘날에도 관찰은 여전히 진보와 혁신을 이끌고, 창의력과 통찰력과 영향력을 얻을 수 있는 가장 강력한 기회를 제공한다. 주변 세상을 관찰하고 질문하고 탐색하고 시험하고 분석하는 것, 이것이 우리 인류가 단순히 생존을 넘어 번성할 수 있었던 방법이다. 우리는 연습을 통해 이 천부적 재능을 되찾을 수 있다.

비언어적 반응을 포착하라

관찰과 상황 인식은 어디에서 시작될까? 어떤 사람은 눈이라고 말할 것이다. 아니면 오감이라고 대답할지도 모른다. 내 대답은 다르다.

다른 책에서도 설명했지만, 폴 에크먼과 조셉 르두, 데이비드 기브스, 개빈 더베커Gavin de Becker의 훌륭한 저서들을 보면(참고문헌을 보라) 감정과 세상에 대한 인간의 반응은 정교하게 반응하는 변연계─생각하기보다 반응하는 곳이다─의 지배를 받는다. 번개처럼 빠른 시스템인 변연계는 인간 생존의 열쇠라고 할 수 있다.

시상thalamus, 시상 하부hypothalamus, 해마, 편도체를 포함해 변연계를 구성하는 구조들은 우리 인간의 뇌 중 '포유류 뇌'에 해당한다. 이 구조들은 감각 기관을 통해, 특히 후각과 시각을 통해 정보를 흡수하고 주변 환경에 반응한다. 우리가 압박감을 느끼면 심장 박동을 높이고, 몸을 식히도록 땀샘을 자극하고, 가까운 곳에 위험이 도사릴 때 움직임을 멎게 한다. 이런 반응들은 사고 과정을 거치지 않고 반사적으로 일어난다. 그래서 변연계가 효율적인 것이고, 우리 자신을 즉각적으로 드러낸다는 점에서 매우 믿을 만하다.

우리가 벼랑 아래를 보기 위해 벼랑 끝으로 성큼성큼 달려가기보다 서서히 다가가는 이유도 변연계에 있다. 변연계 뇌는 그런 행동을 금지한다. 그래서 아주 옛날부터 우리 인간은 갑자기 시끄러운 소리가 들리면 대형 고양잇과 동물 같은 포식 동물의 추격 본능, 넘어뜨리고 물어뜯으려는 본능을 자극하지 않도록 몸을 움직이지 않고 가만히 있었다. 변연계 반응은 인간의 오래된 회로에 깊숙이 내재한다. **우리의 욕구, 느낌, 감정, 생각, 의도는 변연계 뇌에서 처리되어 몸짓 언어로 표현된다. 변연계 반응은 즉각적이고 보편적이며 믿을 만하고 오랜 시간에 걸쳐 증명되었다.**

변연계는 또한 말을 하지 않고도 서로 소통할 수 있게 도와준다. 변연계가 인간 생존에 얼마나 유용한지 말하는 것은 과장이 아니다. 초기 호미닌과 심지어 현생 인류 호모 사피엔스도 포식 동물이 근처에 있으면 움직임과 소음 발생을 억제해서 살아남았다. 무리 중 한 명이 사자를 봤을 때 꼼짝하지 않는 정지 반응과 두려운 표정을 보이면 자신을 노출하거나 소리 내지 않고도 모두에게 경고하기에 충분했다. 이처럼 변연계는 탄력적이고 인간 종에게 매우 유용했기 때문에 우리는 오래전부터 말하는 능력이 있음에도 1차 의사소통 수단으로 여전히 비언어적 수단을 쓴다. 실제로 우리는 주로 비언어적 행동을 기반으로 해서 짝을 고르고 감정을 드러내고 사랑을 표현하는 등 많은 일을 한다.

변연계 반응, 특히 편안과 불편, 좋아하는 것과 싫어하는 것, 자신감과 자신감 결핍과 관련된 반응은 주로 비언어적 방식으로 즉각적이고 매우 정확하게 나타난다. 조용히 하려고 애쓰고 있는데 누군가 시끄러운 소리를 내면 우리는 미간을 찡그리고 그쪽을 흘겨보면서 못마땅하다는 의사를 드러낸다. **그런 순간적 표현이 우리의 감정을 정확하게 반영하고 전달하는 것이다.**

나는 비언어적 의사소통을 공부한 지 거의 10년이 되었을 때 FBI

에 들어갔다. 수사관으로서 사람들이 비언어적 행동을 통해 만족과 불만족, 편안과 불안, 자신감이 있고 없고를 드러내는 것을 즉시 알아차리는 능력은 조사 대상자의 마음을 들여다볼 수 있는 넓은 갤러리 창문을 갖는 것과 같다. 나는 사람들이 좋아하는 질문이 무엇이고 긴장하게 하는 질문이 무엇인지 안다. "지난밤에 어디에 있었습니까?" 같은 간단한 질문은 대부분 쉽게 대답할 수 있고 크게 긴장을 일으키지 않는다. 하지만 이런 질문을 던졌을 때 무언가 숨기는 사람이나, 어떤 이유에선지 그 질문으로 고민하는 사람들은 때때로 턱을 좌우로 움직이고 입술을 아래로 삐죽이며 얼굴을 일그러뜨리곤 했다. 이런 반응은 조사관인 내가 세부 정보를 추가로 더 찾는 이유가 되었고, 범인이 아니더라도 적어도 그들이 왜 심리 불안의 징후를 보였는지 설명해 줬다. 혀로 볼 안쪽을 세게 누르거나 입술을 꽉 다물거나 침을 삼킨 후 턱을 내리는 것과 같이 조사 대상자들이 보여주는 비언어적 행동은 그들이 채 말을 하기도 전에 나에게 무엇인가 말해줬다. 이 모든 행동은 내가 방금 한 질문에 대답하기 곤란해하는 마음을 암시했다. 조사관에게 이것은 천금 같은 단서다. 폭풍우가 지나간 다음 날 천장에 갑자기 흐릿한 얼룩이 생겼다는 사실을 알아차리는 것과 비슷하다. 그 단서를 따라가면 지붕 타일에 금이 가 다락에 비가 새고 있다는 사실을 알 수 있다.

이런 통찰력은 일반적으로 사회 모든 방면의 사람에게도 적용된다. 편안과 불편의 표시는 모든 문화에 보편적으로 나타나기 때문에 관찰자는 이를 통해 다른 사람을 충분히 파악할 수 있다. 이런 파악은 비즈니스에서 매우 중요하다. 영국 런던에서 크게 성공한 한 웨딩드레스 판매점 대표는 자신의 사업 성공은 손님의 마음을 읽을 줄 아는 능력 덕분이라고 말했다. 예비 신부는 드레스가 마음에 든다고 굉장히 기뻐하지만 동행한 부모와 자매들이 비언어적 행동으로 생각이 다름을 드러내는 경우가 많았다. 말과 몸짓 언어가 가리키는 것이 달랐기 때문에 모두가 만족하는 마법의 드레스를 찾는 일은 종종 몸짓 언어를 공부하는 시간이 되었다. 손님들이 드레스에 대해 어떻게 생각하는지 진짜 마음을 파악할 수 있는 능력은 개인의 미적 기준, 유행, 가족 전통, 제한적인 예산이 충돌하기 쉬운 분야에서 길을 잘 찾을 수 있게 도와줬다.

머릿속에 무엇이 들어있는지 드러내는 보편 언어라고 할 수 있는 몸짓 언어는 무수히 많은 방면에서 중요하다. 영국과 보르네오섬의 아기는 싫어하는 음식이 나오면 입술을 오므릴 것이다. 우리는 나쁜 소식을 들었을 때 받아들일 수 없다는 의미로 입을 오므리고 굳게 다문다. 비행기를 놓쳤을 때는 부모가 아기를 달래려고 쓰다듬어 주는 것처럼 자신의 목이나 이마를 문지른다. 다음 주말에도 근무하라는 요구를 받았을 때는 눈 사이를 좁히고 입술을 깨물어 싫다는 의사를 표현한다.

세계 어느 나라에서든 아기들은 엄마를 보면 커진 눈동자로 기쁜 마음을 표현한다. 정말로 좋아하는 사람을 보면 눈썹은 중력을 거스르며 아치 모양이 되고 얼굴 근육은 이완된다. 팔은 더 유연해지고 심지어 더 길어진다. 모두 친밀감의 증거다. 사랑하는 사람이 옆에 있을 때 우리는 그 사람을 모방하는 동일 행동을 보이고 고개를 옆으로 기울여 취약한 신체 부위인 목을 노출한다. 기분 좋은 사람과 상황에 대해 최대한 많은 것을 흡수하기 위해 눈동자는 확대되고 입술에는 혈색이 돌고, 그래서 입술은 도톰하고 따뜻해진다.

이렇게 편안함과 불편함을 표시하면서 우리는 자신이 어떻게 느끼고 무슨 생각을 하는지를 매우 정밀하게 전달한다. 그 정밀함은 변연계 뇌 영역이 수백만 년에 걸쳐 완성한 것이다. 몸짓은 말이 없다. 하지만 그 힘은 막강하다.

살다가 도중에 관찰력과 상황 인식 능력이 휴면 상태에 빠지더라도 안심해도 좋다. 우리가 귀 기울이겠다고 선택하기만 하면 된다. 세상은 우리 변연계가 들을 수 있도록 크고 분명하게 말하고 있으니 말이다.

만약 직원이 "네. 주말 근무 가능합니다."라고 말은 하지만 말하면서 손가락으로 눈 끝을 집어 눈을 감거나 고개를 살짝 숙인다면 우리는 그 직원에게 분명 말하지 않은 무언가가 있다고 확신할 수 있다. 그게 무엇일까? '너무 갑작스런 요구라 나의 주말 계획을 망친다.'부터 '다른 사람들은 주말을 즐기는데 나는 일을 한다니 진절머리가 난다.'까지 여러 가지가 있을 수 있다. 그가 말하지 않는 것이 무엇인지 확실히는 알 수 없을 것이다. 하지만 내가 한 말로 상대가 불편함을 느꼈고 특히 눈을 감는 행동으로 불만을 매우 정확하게 표현했다는 것은 알 수 있다.

비언어적 행동에서 관찰한 단서를 어떻게 할지는 우리 자신에게 달려있다. 이 문제는 다음 장에서 더 살펴보기로 하자. 지금 당장 중요한 것은 불편함을 표현하는 진짜 변연계 반응을 알아차리는 것이다. 특히 말로 표현되지 않았을 때도 알아차릴 수 있어야 한다. 이 장 후반부에서는 비언어적 행동 가운데 강한 심리적 불편함을 매우 정확하게 드러내는 12가지 행동을 소개할 것이다. 그 행동들을 알면 다른 사람을 이해할 때 큰 도움이 될 수 있고 문제나 우려 사항을 알아차리는 능력이 향상될 것이다.

일상 속 정보를 해독하라

개를 산책시키려고 집에서 나서면서 공기 냄새를 맡는다. 건조하고 상쾌하다. 플로리다에서 건조하고 상쾌한 공기란 한랭 전선이 접근하고 있다는 뜻이다.

나는 차가 오지 않나 살피면서 길을 건넌다. 주변에 다른 사람이 있나 살펴보니 멀리 달리기하는 사람들이 보인다. 왼편으로 첫 번째 집을 지나가면서 집 안에 불이 켜져있는 것을 본다. 누군가 평소보다 일찍 일어난 모양이다.

낡은 볼보 자동차 옆을 지나가면서 보니 한 집이 아니라 두 집 사이에 주차되어 있다. 이상하다. 이 동네 사람들은 모두 자기 집 앞에 주차한다. 타이어 주변에는 낙엽과 쓰레기가 쌓여있다. 와이퍼도 더럽다. 운전석 쪽뿐만 아니라 뒷좌석에도 쓰레기가 꽤 있다. 버려진

차인 게 분명하다. 이 차가 왜 여기에 이렇게 방치되어 있는지 궁금하다.

멀리 누군가 공회전하는 차에 앉아있는 게 보인다. 전화기 불빛에 반사된 얼굴을 보니 여자다. 여자는 근처 어떤 집 대문을 쳐다보다가 다시 전화기를 들여다본다. 여자가 나를 쳐다본다. 그리고 이내 눈길을 돌린다. 그 집에는 초등학생들이 산다. 아마 아이들을 차로 데려다 주려고 기다리는 것 같다. 내가 다가가자 고양이 한 마리가 걸음을 멈추고 바닥까지 몸을 낮춘다. 다행히 우리 집 개는 고양이를 보지 못한다.

이것이 상황 인식이 들어간 나의 일상적인 아침 산책 모습이다. 상황 인식은 세 가지 요소로 구성된다.

1. 시각, 느낌, 후각, 청각 등을 통한 환경 인식
2. 그 환경 속에서 개인들이 어떻게 행동하고 있는지에 대한 인식
3. 생활 경험, 전문 훈련, 학교 교육, 자기 수련을 통한 지식에 기반한 인식

처음 두 요소는 관찰을 통해 얻을 수 있다. 세 번째 요소는 우리의 타고난 신경 가소성에 의존한다. 신경 가소성은 현재를 이해하고 미래를 예측하는 데 과거를 이용한다. 우리가 도로 위 더러운 자동차를 알아차리는 데 걸리는 그 짧은 시간 안에 세 가지 인식 모두가 일어난다. 이 세 요소는 역동적으로 결합하여 실시간으로 작동한다. 하지

만 그러기 위해서는 먼저 결합이 일어나도록 우리 스스로 기회를 만들고 그것들을 간과하지 말아야 한다.

아침 산책에서 나는 환경이 나에게 말을 걸게 놔둔다. 나는 그 순간 중요한 모든 것을 알아채고 해독한다. 경찰관 훈련을 받은 데다가 여러 해 그 동네에 살면서 얻은 경험 덕에 나는 길 위에 주차된 볼보 자동차와 그 차가 버려진 것임을 가리키는 타이어 주변의 쌓인 낙엽 같은, 다른 사람 눈에 보이지 않는 세세하고 변칙적인 사항을 알아차릴 수 있다. 나의 상황 인식은 지식이라는 기반 위에 실시간 관찰을 통해 일어난다. 집중을 흩트리는 소음을 걸러내고 특정 정보에 집중하는 것이다.

비범한 사람들은 목적 지향적이고 의도적인 방식으로 삶의 정보를 얻어낸다. 이것은 부담되는 일이 아니다. 시간 외 업무도 아니다. 삶의 정보는 그렇게 관찰하고 해독하라고 있는 것이다. 다음 단계는 관찰한 것을 알고 있는 지식과 비교하는 것이다. 이 과정이 끝나면 더욱더 정보에 기반해 평가하고 더 좋은 결정을 내릴 수 있다.

상황이 여의치 않아서 관찰이 어렵다면 어떻게 할까? 그런 경우 차선책이 있다. 뉴욕의 한 의류 회사 임원이 나를 물류창고 하역장으로 데려가면서 조용히 말했다. "성공하려면 나는 내가 원하는 사업 방향을 알아야 합니다. 그런데 직원들이 무엇을 알고 있는지도 알아야 하지요." 그는 하역장 직원들을 가리키면서 말을 이어나갔다. "이 사람들은 배송 문제부터 미덥지 못한 트럭 기사 문제, 심지어 경찰이 언제 이중 주차한 트럭에 위반 딱지를 붙이는지까지 내가 알아야 하는 것을 모조리 알고 있습니다. 이 직원들이 내 눈이고 귀입니다. 내가 가지 못하는 곳에서 직원들이 나를 대신해 주리라 믿습니다." 비범한 사람들은 어떤 식으로든 관찰할 방법을 찾아내고, 결과적으로 성공에 이른다.

예리한 관찰력이 경쟁 우위를 제공한다

당신은 아마도 관찰이 아침 산책 같은 삶의 아주 작은 조각에 의미를 부여할 수 있으리라고 생각한 적이 없을 것이다. 아마 훈련받은 관찰자들만이 그 정도로 관찰을 할 수 있으리라 생각할 것이다.

사실 우리는 자기 자신이 아닌 다른 사람들에게 관찰을 맡겨왔다. 우리는 치과 의사가 점점 내려앉는 것 같은 잇몸을 더 문제가 되기 전에 살펴주기를 바란다. 새벽 2시, 가게 뒤에 주차된 수상한 자동차를 순찰차가 알아차렸으면 한다. 드라마 「펠리시티Felicity」의 주인공 펠리시티가 책을 얼굴 가까이 가져가는 것을 선생님이 알아차렸으면 한다. 펠리시티의 시력에 문제가 있다는 뜻이기 때문이다. 때로는 전자 기기에 관찰을 맡기기도 한다. 나는 날씨가 어떤지 보기 위해 밖을 내다보지 않는다. 대신에 생활 정보 제공 앱 '알렉사'나 가상 개인 비서 '시리'를 이용한다. 우리는 이렇게 일의 부담을 줄이려다가 자신에게 해를 가한다. 관찰력이 떨어지고 점점 관찰을 꺼리게 되는 것이다.

보통 사람과 비범한 사람의 차이는 관찰력에 있다. 비범한 사람들은 자신뿐만 아니라 다른 사람과 주변 환경을 더 잘 인식하는 것이 매우 중요하다고 생각한다. **비범한 사람들은 적극적으로 살피고 조사하고 깊이 파고들고 시험하고 입증하려 하고, 그 과정에서 자신과 다른 사람들 그리고 세상에 대해 더 정밀하게 배운다.**

비즈니스에서도 관찰 기술은 필수 요소다. 매출액과 현재 주가에 영향을 끼칠 뿐만 아니라 경쟁 우위를 제공한다.

노키아는 한때 세계 휴대전화 시장을 지배했었다. 다시 말하지만, 지배**했었다**! 더는 그렇지 않다는 말이다. 2013년 노키아 CEO 스티븐 엘롭은 노키아 휴대전화 사업부를 마이크로소프트에 매각한다고 발표하는 기자 간담회에서 "우리는 어떤 것도 잘못하지 않았습니다. 그러나 어찌 되었든 우리는 실패했습니다."라고 말했다. 그보다 6년 전만 하더라도 세계 휴대전화의 절반이 노키아에서 생산되었다. 그러나 단 6년 사이에 노키아의 시장 가치는 90퍼센트 떨어지고 말았다. 어떻게 그런 일이 일어난 것일까?

누군가 클립보드로 그들 머리를 치면서 "주변을 둘러봐."라고 말했어야 했다. 애플에서 휴대전화를 생산한다는 것을 노키아 경영진이 몰랐던 게 아니다. 세계에서 어떤 일이 일어나고 있는지 관찰하지 못한 것이다. 우리는 휴먼 인터페이스의 변화를 겪고 있었다. 즉, 버튼을 누르거나 마우스로 스크롤 하던 것에서 스크린을 터치하기만 하면 되는, 더 빠르고 더 멋진 기술로 옮겨가고 있었다.

노키아는 다른 실수도 저질렀다. 예를 들어 기존 공급 업체를 과감하게 포기하지 못했고, 소프트웨어보다 하드웨어에 집착했다. 그러나 가장 중대한 실수는 사람들이 버튼 누르기보다 스크린 터치를 선호한다는, 회사 밖 실생활에서 벌어지고 있는 현상의 잠재적 의미를 읽는 데 실패했다는 것이다.

비범한 사람들은 적극적으로 **진리**를 추구한다. 한 회사의 관리자나 임원으로서 또는 지역사회, 국가, 학교, 스포츠 팀, 의료 팀 리더로서 또는 한 가정의 가장으로서 다른 사람들을 이끄는 책임을 맡은 사람이라면 진리를 추구해야 할 더 큰 책임이 있다. 그리고 그 진리를 시험하고 입증할 책임도 있다. 우리는 관찰을 통해서 그 책임을 진다.

이 말이 너무 어렵게 들린다면 리더가 현실을 직시하지 못하거나 진리를 추구하지 않거나 회피할 때 어떤 대가를 치러야 하는지 생각해 보라. 때에 따라서는 파멸을 불러올 정도로 큰 대가를 치러야 할 수도 있다. 게다가 보통 대가를 치르는 사람은 그런 리더를 신뢰한 회사 이해 관계자와 주주, 직원, 학생, 운동선수, 환자, 친구 또는 가족이다.

우리는 함께 일하는 사람이 상황 인식을 잘하기를 바란다. 우리의 안전과 행복에 영향을 끼치는 결정을 하는 리더가 상황 인식의 좋은 본을 보여주기를 기대한다. 청소년이던 내가 세스나 비행기를 조종할 때 보였던 모습을 생각해 보라. 그런 수준의 상황 인식을 하는 사람이 조종사라면 당신은 비행기를 타겠는가? 당연히 아닐 것이다. 우리는 조종사가 무수히 많은 시뮬레이션과 실제 비행 연습을 통해 비상시 대처 훈련과 상황 인식 훈련을 받았으리라 믿는다. 이런 이유로 우리는 2009년, US 항공 1549편 기장 체슬리 '설리' 설런버거Chesley B. 'Sully' Sullenberger에 주목한다. 그는 버드 스트라이크로 엔진이 완전히 고장 난 에어버스 A320을 인근 강에 비상 착륙시키고 탑승자 155명 전원의 목숨을 구했다. 이 사건은 고도의 상황 인식 기술을 보여주는 확실한 예다. 상황 인식 능력이 뛰어난 사람들은 준비성과 기술, 관찰 능력이 있고 우리는 이런 사람들에게서 크게 위안을 얻는다.

비범한 사람들은 어떻게 그런 능력을 발휘할까? 그들은 자신이 이해한 정보를 이용해 변화를 일으킨다. 그들에게는 내가 '**각성한 인식**enlightened awareness'이라고 부르는 능력이 있다.

각성한 인식, 한 단계 더 높은 인식의 차원

우리 부부는 브라질 페르남부쿠의 작은 도시 카루아루에 있는 '그녀'의 아담한 집에 앉아있다. 그녀는 겸손하고 우아했다. 나이 든 그녀의 피부는 얇고 부드러웠다. 연약한 손등으로 혈관이 뚜렷이 비쳐 보였다. 그녀는 정교한 레티첼라reticella 자수로 유명하다. 프랑스 사람들은 푸앵 쿠페point coupé 자수라고 부르는데, 올이 가는 리넨 실을 엮어 레이스나 자수품을 만드는 기술로, 세밀함과 인내심이 필요한 작업이다. 브라질 전국 각지에서 그녀가 만든 세례복을 찾는다. 그녀가 놓은 자수를 보면, 그녀야말로 천사의 손길을 받은 사람의 자수라는 생각이 든다. 도나 세베리나Dona Severina는 어릴 때부터 앞이 안 보이는 사람이기 때문이다.

세베리나는 바늘로 실이 몇 가닥인지 셀 수 있을 정도로 손끝이 매우 예민하다. 직물에서 실 몇 가닥을 정확히 분리할 수 있고, 실을 완전히 빼거나 적당히 잡아당겨서 무늬를 만들 수 있다. 나는 세베리나가 그렇게 가는 실로 외과 수술의 매듭처럼 아주 작은 매듭을 만드는 과정을 옆에서 지켜봤다. 하지만 너무 작아서 보기가 어려웠다. 돋보기가 필요할 정도였다. 도나 세베리나는 촉감만 사용해서 그런 명품을 만들었다.

"나에게는 손가락이 눈이에요." 그녀가 말했다. 매우 놀라워하는 나의 반응이 익숙하다는 듯이 웃고 있었다.

우리 부부가 그녀를 보려고 멀리 미국에서 왔다는 것을 알자 도나 세베리나는 집 안으로 들어오라며 우리를 맞이했다. 그녀는 자수 외에도 아주 많은 점에서 비범했다. 16명의 아이를 낳았는데, 그중 12명만 생존했다고 한다. 그녀는 삶의 대부분을 혼자 아이들을 돌보면서 보냈다. 성인이지만 여전히 함께 살면서 어머니의 일을 돕고 있는 두 딸에 대한 각별한 애정이 우리에게 고스란히 전해졌다. 그때 딸 하나가 의자에서 일어났다. 도나 세베리나는 의자에서 나는 소리와 걷는 소리만 듣고도 어느 딸인지 알고 이름을 부르면서 카페에 커피 주문을 확인해 보라고 했다. 그러면서 우리에게는 그냥 편하게 앉아있으라고 말했다. 우리가 낡은 소파에서 등을 떼고 몸을 앞으로 기울여 앉아있음을 감지한 것이다.

커피가 도착했다. 나는 갈색 사탕수수 설탕을 넣어 티스푼으로 저었다. 도나 세베리나는 티스푼이 커피 잔에 부딪혀서 난 작은 진동 소리를 듣고 조용히 막내딸에게 말했다. "이분께 냅킨 갖다 드리렴." 나는 자수가 놓인 냅킨으로 티스푼을 소리 안 나게 받침 접시에 놓을 수 있었다. 도나 세베리나는 너무도 쉽게 그리고 매우 섬세하게 주변 세상을 감지했다. 그녀의 능력 앞에서 나는 겸허해질 수밖에 없었다.

나는 숙달된 관찰자를 많이 만났고 그들과 함께 일해보기도 했다. 그러나 많은 역경을 겪었어도 목적의식을 품고 배려하는 삶을 살면서 재능을 연마해 명인이 된 이 겸손한 여인은 내가 만나본 중에서도 단연 통찰력과 상황 인식이 가장 뛰어난 관찰자 중 한 명이었다. 1984년 도나 세베리나와의 짧은 만남을 통해 나는 보통의 인식보다 한 단계 높은 인식이 있다는 것을 이해하게 되었다. 그녀는 각성한 인식을 지니고 있었다. **관찰과 상황 인식이 호기심과 배려심과 결합할 때 각성한 인식이 탄생한다.** 이것은 진정으로 비범한 사람들의 영역에 해당한다.

각성한 인식은 할 수 있는 모든 감각을 이용해서 주변 세계를 최대한 편견 없이 관찰하고 해독하는 능력을 말한다. 각성한 인식이 있으면 자신과 타인을 위하여 경험과 학습, 축적된 지식을 근거로 강력한 추론을 끌어내고, 이 추론을 통해 즉각적인 통찰과 단서를 얻고 의미와 행동 방침까지 알 수 있다.

이것은 신시대 연금술이 아니다. 시험을 마친 입증된 방법론이다. 설리 설런버거가 말 그대로 155명의 목숨이 자신의 손에 달린 상황에서 추락하는 A320 제트기를 죽을힘을 다해 조종하면서 여러 선택지를 예리하게 살피고 수십 년간의 비행 경험을 살려 생사를 가르는 순간적인 결정을 내릴 수 있었던 이것이 바로 '각성한 인식'이다. 세계적인 영장류학자 제인 구달이 말라리아모기가 득실대는 정글에서 수천 시간 동안 영장류를 관찰하고 보살피면서 인간과 가장 가까운 종인 영장류를 보는 우리의 관점과 우리 자신을 바라보는 관점에 변화를 일으킨 것도 각성한 인식 덕분이다. 브라질 공예가 할머니가 도자기 찻잔에 티스푼이 부딪혀 내는 진동처럼 대부분 사람에게는 중요하지 않은 소리를 포착해서 지금 무엇이 필요한지를 곧바로 알아채는 것, 그것이 각성한 인식이다.

우리는 각성한 인식을 지닌 사람들에게서 혜택을 받는다. 그러나 그들은 그들 자신도 수혜자라고 말할 것이다. 왜 아니겠는가? 각성한 인식은 짐이 아니라 우리가 자신에게 그리고 세상에 주는 선물이다. 어쩌면 그래서 전 미국 대통령 프랭클린 D. 루스벨트의 아내이자 사회 운동가인 엘리너 루스벨트가 "아기가 태어났을 때 요정 할머니에게 아기에게 가장 유용한 선물을 요청할 수 있다면 엄마는 호기심을 선택할 것이다."라고 말했는지도 모른다.

각성한 인식은 새로운 것, 오래된 것을 포함해 사람들이 경험하고 알고 있는 모든 것을 받아들이게 한다. 편견이나 선입견 없이 헌신적이고 지속적으로 관심을 기울인다면 이해는 더 깊어질 것이다.

처음에는 완벽하게 되지 않을 것이다. 그러나 연습하면서 더 좋아지고 더 쉽게 할 수 있다.

간단히 말해 다음처럼 하면 된다.

▶ 빨리 패턴을 설정하고 설명하려는 유혹에 저항한다. 반에서 가장 똑똑한 아이가 되려고 나서거나 답을 말하려고 손을 들어 올릴 때가 아니다. 대신에 잠시 멈춰 지금 앞에서 벌어지고 있는 일이 당신에게 해주는 말을 듣는다.

▶ 선입관을 벗어던지고 자신의 관찰에 대해 중립적인 질문을 던진다.

- 나는 무엇을 관찰하고 있는가?
- 그것은 무엇을 의미할까?
- 여기에 어떤 맥락이 어떻게 관여하고 있는가?
- 고려해야 할 선행 사건이 있는가?
- 이 관찰은 어떻게 중요하고 유용할 수 있을까?
- 내가 이미 알고 있는 것과 어떤 관련이 있는가?
- 정보나 지식을 더 찾아야 할까?
- 이 관찰은 향상될 수 있을까?
- 주목해야 할 것이 있는가?
- 모든 사람이 편안한가?
- 어떤 반응이 필요할까?

사업을 하기 위해, 특히 사업을 키우기 위해서는 광범위하게 질문을 많이 할 필요가 있다. 비범함을 위해서는 질문이 많을수록 좋다. 끊임없는 질문, 끊임없는 호기심, 끊임없는 확인은 성공한 기업가의 핵심 특징이다.

노키아가 비범한 이해력, 즉 각성한 인식을 추구했다면 어땠을까? 자사 제품에 대한 편향된 생각을 버리고 트렌드를 따르거나 전화기와 상호 작용하는 더 편리한 방법이 있는지 알려고 했다면 어땠을까? '더 좋은 방법이 있을까?' 하고 질문했다면 어땠을까?

각성한 인식은 여러 형태를 띨 수 있다. FBI에서 일할 때 우리는 종종 전에 들은 말을 곱씹고, 이미 아는 것을 질문하고, 오래된 정보를 다시 조사하고, 진실을 확인하기 위해 새로운 방법을 모색해야 했다. 한 간첩 사건을 맡은 적이 있다. 유럽에 주둔한 미국 육군에서 비밀 정보 접근 권한이 있던 한 여성 서기가 용의자로 지목되었다. 그녀가 용의 선상에 오른 이유는 소속 부대에서 여러 문서가 분실되었기 때문이었다. 첫 번째 대면 조사에서 그 여자가 한 말은 어느 정도 그럴 듯하게 들렸다. 증거물이 소련의 수중에 있었기 때문에 그 말을 확인하거나 반증하는 것은 불가능했다.

우리는 용의자가 하는 말을 그대로 믿을 수도 있고, 아니면 아직 집중적으로 다루지 않은 다른 측면을 조사할 수도 있었다.

그러나 간첩 사건에 관한 한, 자의로 조국을 배신하려 하고 실제로 그럴 수 있을 만큼 결함 있는 사람이 기밀 정보에 접근할 권한을 가지고 있는 경우는 거의 없다. 그래서 우리는 다른 질문을 생각했다. "이번 사건에서 위법을 저지를 만한 가능성이나 성격, 과거 이력이나 이유가 있는 사람은 누구인가?"

우리는 이런 맥락의 질문을 체계적으로 좇기 시작했다. 그 기밀 문서에 대한 접근 권한이 있는 사람이 누구인가? 어느 문서가 가장 중요한지 아는 사람은 누구인가? 누가 자유롭게 문서를 외부로 가져 갈 수 있는가? 마약이나 알코올 아니면 자유분방한 생활 때문에 돈 이 필요한 사람은 누구인가? 규칙을 어기거나 악용하거나 반복적으 로 경범죄를 저지른 전력이 있는 사람은 누구인가? 거짓말을 능숙하 게 잘하고 사이코패스 성향이 있는 사람은 누구인가? 즉, 누가 무심 하고 죄책감이 없고 언제고 다른 사람을 위험에 빠뜨릴 수 있는 사 람인가?

모든 질문에 들어맞는 건 오직 한 사람이었다. 한 사람만이 돈 을 위해 기꺼이 조국을 팔아넘길 만큼 냉혹하고 계산적이었다. 그래 서 우리는 집요하게 물고 늘어졌다. 이윽고 그 여자의 이야기는 허물 어지기 시작했고 마침내 그녀는 죄를 인정했다. 죄를 시인하기까지 그 여자는 도덕성, 판단력, 준법성이 없는 한 인간의 모습을 그야말 로 적나라하게 보여줬다. 그녀가 처음에 했던 이야기는 겉보기에는 말이 되었다. 그러나 수사관들의 각성한 인식은 반복적으로 간첩 행 위를 저지르기 위해서는 특정한 성질이 있어야 한다고 우리에게 말 해줬다. 그녀는 무분별한 생활, 약물 중독, 습관적 탈법 행위, 거짓말, 속임수 같은 특성을 전부 지니고 있었다. 우리는 경험에서 얻은 지식 을 선택하고, 그것을 확장함으로써 스스로 적합한 질문을 던졌고, 마 침내 진실을 밝히는 과정으로 나아갈 수 있었다.

각성한 인식은 우리가 관심을 집중하겠다고 선택하면 어느 때라도 일어날 수 있다. 회의를 생각해 보자. 회의를 주재하는 사람은 회의 장소에 도착해서 모두 참석했는지 확인하려 재빨리 머릿수를 센다. 그런 다음에 의제에 대한 논의가 시작된다. 그러나 이런 식으로 접근하면 많은 정보를 놓치기 쉽다.

나는 회의에 참석할 때 지금 무슨 일이 벌어지고 있는지를 먼저 파악한다. 그것은 회의실에 들어가기 전, 사람들이 밖에 모여있을 때 시작할 수도 있다. 사람들은 모두 무엇을 하고 있는가? 사적이고 심각한 대화를 하고 있는가? 아니면 유쾌한 대화를 나누고 있는가? 스트레스를 받거나 걱정이 있어 보이는 사람이 있는가? 회의실로 들어갈 때 누가 앞장서는가? 바빠서 회의를 빨리 끝내고 싶어 하는 사람은 누구인가? 다른 사람과 유대를 쌓는 것보다 휴대전화가 먼저인 사람은 누구인가?

회의실에 들어가면 정보는 더 많다. 누가 누구 옆에 서거나 앉아 있는가? 누가 이메일을 보내느라 바쁘거나 문자메시지를 곰곰이 생각하면서 이마를 문지르고 있는가? 걱정되는 문제가 있다거나 불화나 불안감에 시달린다는 뚜렷한 징후를 보이는 사람이 있는가? 예를 들어 입술을 꽉 다물었거나 손과 팔을 꿈쩍도 하지 않는 모습이 보이는가? 눈 마주치기를 피하는 사람이 있는가? 있다면 그 사람은 누구의 시선을 피하고 있는가? 나란히 있기는 하지만 어깨를 다른 방향으로 돌린 채 앉아있는 사람들이 있는가? 먼저 발언하기 위해 눈에 띄려고 열심인 사람이 있는가?

화상 회의에서도 사람들의 몸짓이나 표정을 살핀다면 많은 정보를 얻을 수 있다. 화상 회의에 참석하려면 훨씬 더 좋은 관찰자가 되어야 한다. 스크린으로 보이는 작은 정보의 창을 하나하나 이해하려고 뇌가 의식과 잠재의식 영역에서 쉬지 않고 일하고 있을 것이기 때문이다.

이제 나는 어떤 회의에 참석하든 문제가 있다는 낌새를 관찰하면 어떻게 조치할지 선택하고, 문제를 처리하는 과정에서 새로 배우고 통찰할 기회를 얻는다. 불편한 기색을 보이는 사람이 있으면 그가 어떤 우려 사항을 의견으로 내놓을지 확인하기 위해 회의하는 동안 피드백을 구할 수도 있고, 피드백을 꺼린다면 우려되는 점을 바로 이야기하라고 권할 수도 있다. 아니면 일단 지켜봤다가 그를 따로 만나서 무슨 일이 있는지 알아볼 수도 있다. 어떻게 행동할지 결정하는 것은 각성한 상태의 관찰이 관여하는 영역이다. 왜냐하면 이런 요구는 더 큰 맥락적 인식에 기반해서 순간적으로 결정되어야 하기 때문이다. 이 인식은 관련된 개인과 상황에 대한 지식이 결합된 관찰 기술을 실행해서 얻는 것이다. 우리는 다른 사람 앞에서 자신을 드러내라는 요구에 당황하는 비교적 내성적인 사람들을 불편하게 만들고 싶은 게 아니다. 물론 차이점을 드러내거나 의견이 다른 사람을 조롱하거나 배척하는 곳에서는 대인 관계 정치가 작용할 수도 있다. 그러나 우리는 다른 사람에게 의견을 말하고 인정받을 기회를 제공하기를 원한다. 그리고 때때로 집단 전체가 이 과정을 이해하고 경험하는 게 중요하다. 답은 하나만 있는 게 아니다. 각 상황을 움직이는 역학 관계는 매일 밝아오는 새로운 하루만큼이나 독특하기 때문이다. 당신이 조직과 상황에 얽힌 역학 관계를 파악하기 위해 관찰 기술을 많이 사용할수록 실시간으로 상황을 평가하는 감각은 예리해지고 더 많이 성공하게 될 것이며 필요할 때면 언제든 그 기술을 사용할 수 있을 것이다. 결국 목표를 달성하기 위해 모든 지식과 기술, 상황 인식을 동원할 수 있게 될 것이다.

각성한 인식은 나에게 100퍼센트 확실하게는 아니더라도 무작정 힘들게 목표와 계획을 밀어붙일 때보다 더 뛰어난 통찰력으로 상황을 인지할 수 있게 한다. 문제를 인식하지 못하고 간과하는 부주의함은 바로 불화를 불러오고, 경영진이 신경 쓰지 않는다거나 잘 모른다고 생각하는 직원들의 믿음(그 믿음이 정확할 때도 있지만)을 더욱 강화하게 된다.

앨빈 토플러는 미래에 대해 이렇게 말했다. "21세기의 문맹자는 읽고 쓰기를 못 하는 사람이 아니라 배우고, 배운 것을 잊고, 다시 배우지 못하는 사람일 것이다." 환경이 복잡해질수록 배움은 더 중요하다. 관찰을 잘할수록 우리는 더 빨리 배운다. 오늘날 삶이 복잡한 게 아니라면 무엇이 복잡할까? 학교에서, 점점 확장되는 긴장된 도시에서, 그리고 디지털 공간에서 매일 아주 많은 일이 일어나고 있다. 우리는 주변에서 일어나는 일을 끊임없이 관찰하고 해독해야 한다. 그것은 고객이 원하는 것을 파악하는 것일 수도 있고, 위기를 헤쳐나가는 것일 수도 있고, 사회적 필요와 욕구와 욕망을 충족하기 위해 변화가 필요하다는 사실을 깨닫는 것일 수도 있다. 그렇게 끊임없는 관찰을 통해 순간적 인지 능력을 키우고 그것을 기반으로 해 경쟁력을 유지할 수 있다.

내가 한창 성장하던 어린 시절에는 뉴욕 금융시장에서 벌어지는 일과 지역 소식이, 유일하게 그런 것은 아니지만 가장 중요한 것임은 분명했다. 하지만 그런 시절은 예전에 지나갔다. 컨설팅 일을 하다 보니 이제는 지역에서 일어나는 사건뿐 아니라 시드니, 베이징, 아테네, 로마, 베를린, 암스테르담, 런던, 퀘벡에서 벌어지는 일까지 이해해야 한다. 그 요구를 충족하기 위해서는 각성한 인식의 기반이 되는 포괄적이면서도 집중적이고 편향되지 않은 관점이 필요하다.

이 말이 아마 고결하고 어쩌면 무서운 사명처럼 들릴 것이다. 하지만 각성한 인식은 우리 모두 가지고 있고 태어난 순간부터 발휘하고 있는 어떤 것―나중에 알게 되겠지만 이것도 비범한 사람들의 기본적인 특성이다―을 깨닫는 데서 출발한다.

호기심은 우리를 배우게 한다

"그렇게 큰 알이 닭에서 어떻게 나올까?" 다섯 살 제인 구달에게 이것은 풀리지 않는 수수께끼였다. 어린 제인은 닭이 알을 낳는 것을 직접 보려고 닭장 안에 들어가서 몇 시간이고 기다렸다. 어머니에게 말도 안 하고 들어가는 바람에 한번은 어머니가 경찰에 실종 신고를 하려 했다고도 한다. 그렇게 지식을 탐구하는 행동은 다른 궁금증을 자극했고, 그 후로 더 많은 궁금증을 불러일으켰다. 어린 제인 구달의 호기심은 끝이 없었고 그것은 지금도 여전하다.

끝없는 호기심에 구달은 자기 집 뒤뜰에서 벗어나 런던동물원으로, 영국박물관으로, 그리고 20대 초반에는 아프리카로 갔다. 아프리카에서 만난 저명한 인류학자 루이스 리키Louis Leakey는 구달의 호기심과 관찰 기술에 깊은 인상을 받았고, 그래서 대학 학위가 없었음에도 구달을 그 자리에서 바로 채용했다.

호기심에서 시작한 연구에서 제인 구달은 유인원들이 도구를 만들고, 감정과 가벼운 질투심이 있고, 다정하고 충실하고 상냥할 뿐만 아니라 포악해질 수도 있고, 동료가 죽으면 며칠 동안 애도한다는 사실을 발견하게 되었다. 그는 자신의 호기심을 통해 영장류에 대한 우리의 이해를 바꿔놓았고, 그 과정에서 우리의 연구 방법과 우리 자신을 보는 관점도 바꿔놓았다.

구달이 보여주는 본보기는 우리 모두에게 영감을 준다. 호기심은 그 자체로 가치가 있다. 벤저민 프랭클린도 무한한 호기심이 있었다. 호기심을 따라 끝까지 연구한 결과, 번개가 전기라는 것을 알아냈다. 프랭클린은 관찰을 통해 단서를 얻었고 전기가 땅으로 흐르게 해서 건물로 벼락이 치는 것을 막는 피뢰침을 발명했다. 프랭클린이 우주의 수수께끼 중 하나를 해결하기 전까지 아무도 '번개의 분노'를 통제하는 법을 몰랐고, 목조 건물에 벼락이 떨어지면 동네 전체에 불이 붙곤 했다. 프랭클린은 더 안전한 세상을 만들기 위해 자신의 발명품을 기꺼이 세상에 내놓았다.

말이 나온 김에 덧붙이자면, 초대 주프랑스 미국 대사로 보스턴에서 배를 타고 프랑스로 가던 프랭클린은 미국 고위도 지역의 강은 얼어붙는데 바닷물은 비교적 따뜻한 이유가 궁금해졌다. 그는 한 시간마다 바닷물 속에 온도계를 담궈 수온을 측정했고, 결과적으로 따뜻한 물이 남쪽에서 올라오고 있음을 알아냈다. 프랭클린의 호기심이 오늘날 멕시코 만류라고 부르는 해류에 대한 첫 과학적 관찰로 이어진 것이다. 멕시코 만류는 카리브해에서 시작된 바닷물이 미국 동해안까지 올라온 다음 시계 방향으로 원을 그리며 영국 제도로 이동하는 순환 해류이다. 한 사람의 호기심은 어류의 이동뿐만 아니라 북대서양에서 자주 발생하는 맹렬하고 치명적인 폭풍우를 설명하는 데도 도움이 되었다.

나는 호기심이 내 삶에 축복이라고 생각한다. 내게 호기심이 없었다면 몸짓 언어를 주제로 하는 책을 쓰지 못했을 것이고 유능한 FBI 요원도 되지 못했을 것이다. 어린 시절, 새들이 전깃줄에 앉을 때 왜 서로 일정한 거리를 유지하는지 궁금해했던 마음은 사람들이 영화관에 들어가려 줄을 설 때 왜 모두 같은 간격을 유지하려고 할까, 라는 생각으로 이어졌고, 그 결과 개인 공간을 침해당할 때 사람들 사이에 어떤 문제가 발생할 수 있는지 탐구하게 되었다. 어릴 때 비언어적 행동에 관해 품은 호기심 때문에 대학에서, 그리고 그 후로도 45년 넘게 비언어적 의사소통을 연구했고, 결국 그것을 주제로 강연과 저술 활동을 하기에 이르렀다.

다행히 부모님은 내 호기심을 격려해 줬다. 어떤 때는 운동, 방과 후 활동, 사교 행사 등에 시간을 크게 빼앗겼지만 나는 한 번도 호기심을 놓은 적이 없었다. 호기심은 모두에게 일어난다. 호기심은 어린 나이에 우리 모두가 품는 것이다. 사실 호기심은 어릴 때 학습의 상당 부분을 이끄는 동력이다. 안타깝게도 시간이 지나면서 많은 사람들이 점차 그 동력을 잃는다. 해야 할 일이 점점 많아지면서 호기심을 잃고, 이상하게 들리겠지만 정규 교육 때문에도 호기심을 잃어간다. 호기심을 추구하지 못하게 다른 사람이 막을 때도 있다.

그러나 호기심은 우리 안에 깊이 뿌리 박혀있고 다시 살아날 수 있다. 연구에 따르면 실제로 호기심이 뇌에 끼치는 효과는 상금이 주는 효과와 같고, 고기를 좋아하는 사람에게는 육즙이 많은 스테이크와 같고, 입소문이 자자한 약에 품는 기대감과도 같다. **흥미롭게도 상을 기대할 때나 호기심을 발휘할 때 모두 뇌에서 도파민이 분비되어 기분이 좋아진다.** 호기심이 많으면 보상을 받도록 자연이 계획한 것이다.

호기심은 배움에 대한 훌륭한 피드백 고리feedback loop의 출발점이다. 우리는 호기심에서 출발해 질문을 시작한다. 질문은 설명으로 이어지고, 설명은 발견이나 새로운 경험으로 이어진다. 새로운 경험은 우리의 지식 기반에 더해서 더 많은 호기심과 질문을 일으킨다. 이 순환은 계속된다. 마치 발판처럼 이해력과 통찰력이 뇌에 구축되고, 우리는 그 발판을 딛고 시간이 지날수록 점점 높아지는 탐구의 언덕을 올라간다.

호기심은 일상의 일부가 될 수 있다. 어려운 시기에도 마찬가지다. 2차 세계대전이 한창이던 1941년 사람들 대부분이 몰두하던 것과 달리, 토목 공학자 조르주 드메스트랄George de Mestral은 시골길을 걷다가 양말과 개의 털에 떼어내기 어려울 정도로 단단하게 붙어있는 우엉 열매를 발견했다. 그가 본 것은 여러 시대 수백만 명의 사람들도 본 것이다. 누구나 숲길을 걷고 난 후에 우엉 열매가 옷에 달라붙는 경험을 했을 것이다. 그러나 드메스트랄의 눈에는 그것이 유독 신기해 보였다.

드메스트랄은 우엉 열매를 현미경 재물대에 올려놓고 관찰했다. 우엉 열매는 현미경으로 봐야만 보이는 갈고리 같은 부분이 있었다. 그 갈고리 때문에 털이나 고리 모양의 물체에 달라붙는 것이었다. 그는 이 관찰에 공학 지식을 적용해서 자연의 경이로움을 재현하기로 했다. 그렇게 8년 동안 정확한 재료 배합을 알아내기 위해 수없이 많은 직조 기술을 실험한 끝에 오늘날 '찍찍이 테이프'라고 부르는 벨크로를 발명했다. 우리는 이 발명품으로 아기 신발부터 우주 공간으로 돌진하는 우주비행사의 무중력 공구 상자에 이르기까지 모든 것을 빠르고 단단하게 고정할 수 있다.

누가 그러라고 한 것도 아닌데 강아지를 데리고 산책을 갔던 한 남자가 그저 약간의 호기심 때문에 오늘날 누구나 사용하는 물건을 발명한 것이다. 우리 모두 그런 호기심을 보인다면 어떨지 상상해 보라. 수백만 명의 사람이 같은 것을 봤지만 관찰을 한 사람은 드메스트랄뿐이었다. **호기심은 그를 각성한 인식으로 이끌었다. 그래서 한 번 더 보고 탐구하고 해독하고 이해했고, 그 결과는 혁신적 발명이었**

다. 관찰할 수 없다면 혁신도 이룰 수 없다.

안타깝게도 호기심은 경영대학원에서 가르치는 게 아니다. 그러나 사실 가르쳐야 한다. 호기심은 감춰진 기회, 상상한 적 없는 기회를 발굴하게 한다. 비범한 사람들이 탐구하는 이유는 호기심이 있어서다. 제인 구달, 벤저민 프랭클린, 드메스트랄, 에디슨, 루이 파스퇴르, 마리 퀴리, 갈릴레오 갈릴레이 같은 사람들은 남보다 똑똑해서가 아니라 호기심이 있었기 때문에 위대한 업적을 이뤄냈다.

호기심을 마음껏 펼친다는 건 멋진 일이다. 하지만 우리는 자신에게 도움이 되도록 호기심을 사용할 수도 있다. FBI 요원으로서 나는 세계 각지에서 온 사람들을 신문할 준비가 되어있어야 했다. 그것이 방첩 활동의 기본이다. 어떤 사람이 문으로 걸어 들어올지 전혀 알 수 없다. 미국 연구 시설에서 일하기 위해 중국 국적의 남자와 접촉한 필리핀 사람일 수도 있고, 러시아에서 탈출한 망명 신청자일 수도 있다. 그래서 나는 FBI에서 일하기 시작한 초반에 **선한 호기심**, 즉 선입견이나 편향적 사고, 편견이 없는 호기심을 발휘하면서 상대방에 관해 알 수 있는 의사소통 기술을 익히기로 했고, 그 이후로 계속 그 기술을 사용하고 있다.

나는 사람들을 이해하려 노력했다. 사람들이 내게 마음을 열어주기를 바랐다. 선한 호기심으로 사람들을 대하면 그들은 마음을 연다. 그러나 조사, 평가, 판결을 받는 것 같거나 초라한 기분이 들면 그들은 입을 다물고 만다. FBI 수사관으로서 나는 그런 상황만큼은 피하고 싶었다.

가끔 편안한 분위기와 친밀감을 조성하려고 음식을 이용하기도 하고, 어디 출신이고 어떻게 생활하는지 정말로 궁금해하고 그들 말에 귀 기울이면서 신뢰를 얻어냈다. 예를 들어 애리조나주 인디언 보호 구역에서 일할 때 나는 효과적으로 소통하고 공감하기 위해 그곳 문화를 철저하게 배우고 분석했다. 어떤 책에서도, 텔레비전이나 영화에서 본 어떤 것에서도 하바수파이 인디언과 함께 식사하고 그들의 문화와 생활 방식을 알게 되는 것만큼 많은 것을 배우지 못했다. 요르단에서 팔레스타인 난민들과 한자리에 있으면서 나는 그들이 '나크바Al-Naqba; 대재앙'라고 부르는 역사적 사건을 어떻게 보는지 이해하게 되었다. 나크바는 이스라엘이 건국을 선언하면서 팔레스타인 사람들이 대거 난민이 된 사건을 말한다. 1915년부터 1917년까지 터키 오스만 제국이 자행한 아르메니아인 집단 학살로 가족을 잃은 한 아르메니아 운동선수의 탄식을 들으면서는 인간이 다른 인간에게 저지를 수 있는 잔악함의 참상을 깨달았다. 내가 그들의 이야기에 귀를 기울이자 그들은 점차 나를 받아들였다. 그들이 보답으로 제공한 정보는 수백 장의 종이를 채웠다.

많은 사건에서 나는 사람들이 품은 역사적 불만이나 문제를 해결해줄 수 없었다. 인디언 보호 구역의 높은 알코올 중독자 수나 계류 중인 살인 사건의 유죄 판결에 대해 내가 할 수 있는 일은 거의 없었다. 그러나 완벽하게는 아니더라도 그들의 관점을 어느 정도 이해할 수 있었다. 선한 호기심으로 그들이 어떻게 세상을 보는지 궁금해하며 그들의 말을 시간 들여 경청한 덕분이었다. 그때나 지금이나 내

일은 누구에게 무언가를 설득하는 것이 아니다. 생각하고 느낄 줄 아는 인간으로서 다른 사람을 더 잘 이해할 수 있도록 선한 호기심을 실행에 옮기는 것이다. 나는 일할 때 언제나 선한 호기심을 발동해서 가치 있는 정보를 끌어낼 수 있었다. 심지어 가장 의심스럽거나 극도로 적대적인 사람에게서도 정보를 얻어냈다. 용의자를 신문할 때 기소된 범죄에 관해 말을 꺼내기 전에 그들의 삶에 관해 이야기하는 시간을 보냈다. 상대를 이해하는 데 초점을 맞춘 친근한 접근 방식과 선한 호기심으로 사람들은 마음을 내려놓고 입을 열었다.

호기심이 있다면 택시에 탔을 때처럼 일상적으로 일어나는 상호작용도 학습의 장이 될 수 있다. 주로 나는 밝은 목소리로 "오늘 하루 어땠어요?"라는 질문으로 대화를 시작한다. 상대방이 어떻게 대답하느냐에 따라 달라지지만, 나는 "일한 지 얼마나 되었어요?"라고 묻는다. 상대방이 흔쾌히 말하고 나면 그다음은 어떻게 일을 시작하게 되었는지를 질문한다. 문제없이 대화가 진행되는 듯하면 나도 그들처럼 미국에 정착한 난민 출신이라는 사실을 털어놓으면서 상대방에게 가족들이 어떤 사람인지 또는 어디 출신인지 묻기도 한다. 흥미롭게도 지금까지 내 질문에 대답을 거부한 사람은 한 명도 없다.

사람들은 고향, 조국에서 먹던 그리운 음식, 자신의 손자, 아이 교육처럼 자신이 가치 있게 생각하는 것들을 말한다. 그들의 이야기는 늘 무언가 깨우쳐 주고, 나를 항상 기분 좋게 만든다. 어쩌면 새로운 것을 배울 때 쏟아지는 도파민 때문인지도 모르겠다.

"그게 왜 중요하지? 그 사람을 다시 볼 일도 없을 텐데."라고 말하는 이도 있을 것이다. 이런 질문을 한다면 그 사람은 중요한 점을 놓치고 있는 것이다. 우리가 다른 사람에게 관심을 보이면 그들도 우리에게 관심을 보인다. 그들은 우리에게 호의를 베풀고 도움을 줄 것이다. 우리가 먼저 관심을 보이지 않으면 그런 일은 일어나지 않는다. 사람들은 나에게 자신이 소중하게 간직하는 가족사진을 보여줬고, 레바논에서 가져온 정말 맛있는 사탕을 내줬고, 내 허리가 빨리 나으라고 기도해 줬고, 혼자서는 절대 알지 못했을 작은 마을 한구석의 멋진 식당으로 데려갔고, 저녁 식사와 차 모임, 연주회 같은 여러 행사에 초대했다. 모두 내가 그들에게 관심을 보였기 때문에 일어난 일이다. 누군가와 긴 대화를 나눌 기회가 있을 때마다 그와 나는 어김없이 친구가 되었다. 장점 하나를 더 말하자면 대화하면서 선한 호기심이라는 강력한 기술을 연마한다는 것이다. 이 기술은 필요할 때 항상 도움이 되었다.(이 '이중 과정'에 관해서는 3장과 5장에서 살펴볼 것이다.)

1936년 데일 카네기는 『인간관계론』을 출판했다. 오늘날 그의 생각이 구식이라고 생각하는 사람도 있지만, 카네기의 말에는 거스를 수 없는 지혜가 담겨있다. 단적인 예가 관심받는 사람이 되고 싶다면 다른 사람에게 관심을 보이라는 말이다. 내 친구이자 동료 작가인 로빈 드리크Robin Dreeke가 그의 책 『정말로 중요한 건 내가 아니다It's Not All About Me』에서 강조하듯이 내 관점이 아닌 전적으로 그들의 관점에서 상황을 보라. 그러면 그들을 내 편으로 만들 수 있다.

우리는 학교에서 배울 수 없는 것을 선한 호기심을 통해 배운다.

관계 맺는 법, 어울리고 상호 작용하고, 논란을 다루고, 두려움이나 의심을 극복하고, 신뢰를 불어넣고 친밀감을 빨리 형성하는 법, 나서지 않고 그저 경청하며 배우는 법을 익힌다. 노먼 슈워츠코프 주니어Norman Schwarzkopf Jr. 장군은 FBI 요원들에게 한 강연에서 1940년대 이란에 주둔했던 아버지에게서 이것을 배웠다고 했다. "다양한 집단과 다양한 종족의 사람들과 말을 많이 나눠볼수록 의사소통이 더 쉬워집니다." 그러면서 특히 미래에 만날 사람들과 수월하게 소통할 수 있을 것이라고 강조했다. 이것은 세상이 하나로 연결된 오늘날 모든 사업가가 새겨들어야 할 교훈이다. 시간을 내서 다른 사람에게 말을 거는 단순한 행위가 미래에 마주치게 될 모든 것에 대한 대비가 된다.

비범한 사람이 되기 위해 호기심을 생활화하자. 호기심을 더 키우고, 호기심을 느낄 시간을 보내자. 한 분야만이 아니라 다양한 분야에 시간을 투자하자. 흥미를 느낄 만한 분야라면 그 어떤 것도 좋고, 흥미를 느끼는지 확신이 서지 않는 분야라 하더라도 괜찮다. 단, 그 분야에서 핵심이 무엇인지 확인하는 것을 잊지 말자.

필요한 것은 몇 가지 간단한 탐구 단계다. 내가 최근에 그랬던 것처럼 산책하러 나갈 때도 탐구하는 것이다. 나는 호수에 놓인 나무 갑판 위로 발을 내디디면서 조카딸 에이자의 손을 잡았다. 우리는 숨을 쉬려 수면 위로 올라오는 악어거북을 찾고 있었다. 시계에 타이머를 설정하고 기다렸다. 과학적 방법뿐만 아니라 관찰에 필요한 인내를 실천하는 중이었다. 47초 뒤 드디어 녀석의 머리가 불쑥 나타났다. 물결은 거의 일지 않았다. 거북이 어떻게 그렇게 조용히 움직이는지 놀라웠다. 분명 생존과 관련된 이유가 있거나 먹이 섭취를 쉽게 하기 위해서일 것이다. 생각이 거기까지 미치자 우리는 거북이 물속에서 숨을 얼마나 오래 참을 수 있는지 정보를 찾아봤다.

정보 검색은 또 다른 호기심으로 이어진다. 우리는 악어가 먹이사냥에 적합하도록 그렇게 부드럽고 조용히, 아무 물결도 일으키지 않으면서 잠수할 수 있는지 그 방법이 궁금해졌다. 다른 날 산책하러 나갔을 때는 내 엄지만 한 벌새에 호기심을 느꼈다. 벌새가 공중에서 정지하고 쉽게 후진하며 꿀을 찾으러 날아다닐 수 있는지 신기했다. 우리는 다시 책과 인터넷을 찾아봤다. 호기심의 놀라운 피드백 고리는 항상 깊이 조사하고 계속 움직이고 탐색하고 상상하도록 동기를 부여하는 인간의 면모를 보여준다. 새로 발견한 지식에 신이 난 에이자가 가족들에게 말했듯이 우리는 학습 '모험'을 한 것이다.

이런 정보가 세상의 문제를 하나라도 해결할 수 있을까? 아니다. 에이자와 내가 세상의 문제를 해결하려고 관찰하고 탐구한 것도 아니다. 여섯 살 조카와 예순여섯 살의 나는 잠시 관찰하고 질문하고 추측하는 시간을 보냈다. 그런 행동을 이끈 것은 순수한 기쁨과 경이로움이다. 하지만 호기심을 품고 깊이 생각하는 시간을 보내면서 우리는 소중한 신경학적 발판까지 세웠다. 그 발판은 미래에 우리에게 도움이 될 변화와 새로운 경험을 위해, 미세한 차이까지 관찰하고 학습하는 평생의 과제를 뒷받침해 줄 것이다.

마음을 알려주는 12가지 몸짓 언어

몇 년 전 나는 플로리다 서해안 사라소타만灣의 웅장한 경관이 내려다보이는 아름다운 리츠칼튼 호텔에서 행동 관련 교육을 하고 있었다. 교육이 시작되기 전, 로비에서 매니저와 모범적 경영에 관한 이야기를 잠시 나누었다. 대화 중간에 매니저가 잠시 실례하겠다고 말했다. 엘리베이터에서 내린 한 부부가 무언가 원하는 게 있다는 사실을 알아차린 것이다. 부부는 입을 꽉 다물고 주위를 살폈다. 보아하니 뭔가 불만이 있는 듯했다. 다른 직원들도 그 부부를 봤겠지만 가장 먼저 반응을 보인 사람은 그 매니저였다. 그는 부부를 벨 캡틴에게 안내했고, 벨 캡틴은 그들을 복도 안쪽으로 바래다 주었다.

"빠르네요." 깊은 인상을 받은 나는 매니저가 돌아오자 말했다. 그러자 그는 비범한 리더들이 따르는 원칙 같은 말을 했다. "무언가 필요한 게 있는 사람을 봤는데 그 사람이 나를 찾을 때까지 가만히 기다린다면 저는 이 분야에서 실패하게 됩니다. 우리 직원들은 도움이 필요한 손님이 우리를 찾을 때까지 기다리는 것이 아니라 도움이 필요한 손님을 먼저 찾도록 교육받습니다. 먼저 다가가는 거죠."

매니저의 말에 담긴 '배려의 기준'을 잠시 생각해 보자. 호텔은 서비스 사업이다. 호텔에서 우리는 세심하게 신경 써주는 서비스를 받기를 기대한다. 그러나 전에 머물렀던 호텔 중에 그런 기준을 충족해 준 호텔을 떠올려 보라. 아마 대부분이 그러지 못했을 것이다.

비언어적 행동에 대한 관찰은 더 유능하고 영향력 있고 효율적인 사람이 되게 돕는 정보의 세계를 열어준다. 대화 중에 갑자기 발을 문 쪽으로 돌리는 사람을 봤을 때 그 사람이 자리를 뜨고 싶다거나 그래야 한다고 내비치는 것임을, 심지어 그가 말로 하기 전에 미리 안다면 유용할 것이다. 만일 이야기를 나누는 사람들 무리에 다가갔는데 그들 발이 꿈쩍도 안 하고 다른 사람이 접근해도 계속 서로의 얼굴을 보고 있다면 그들이 방해받기 싫어한다고 추측할 수 있다. 이런 고차원 인식이 있다면 우리에게 이로울 것이다.

내가 쓴 책을 포함해 몸짓 언어에 관해 많은 책이 있지만(참고문헌을 참조하라) 여기서는 직장에서, 친구들과 같이 있을 때, 가정에서, 그 밖에 어떤 환경에서나 즉시 유용하다고 느낄 만한 행동 12가지를 소개하려 한다. 저서『FBI 관찰의 기술』에서 수백 가지 행동을 다뤘지만 그중에서도 이 12가지가 특히 중요하다. 상대에게 무언가 문제가 있다는 것을 매우 정확하게 알려주기 때문이다. 비범한 사람들은 다른 사람을 이해하는 데 많은 노력을 들인다. 몸이 빛의 속도로 있는 그대로 내보내는 메시지보다 그 사람을 더 빨리 파악할 수 있는 방법은 없다. **몸이 보내는 메시지는 그 사람의 생각, 의심, 소망, 걱정을 실시간으로 파악하는 힌트를 제공한다.** 여기 소개하는 12가지 행동을 이해한다면 가정이나 회사에서 우리도 비범한 사람들이 추구하는 고차원적인 인식을 할 수 있을 것이다.

1. 미간 찡그리기

사람들이 미간을 모으거나 찡그릴 때 보면 그들에게는 대체로 문제나 걱정거리나 싫어하는 것이 있다. 미간 찡그리기는 순간적으로 일어날 수 있어서 알아차리기 어렵기도 하지만 감정을 정확하게 나타내는 보편적인 신호다. 어떤 사람들은 골치 아픈 말을 듣거나 상대방의 말을 이해하려고 애쓸 때 미간을 찡그린다.

2. 눈꺼풀 만지기

눈꺼풀을 잠깐 만지는 행동은 긴장을 완화하는 행동인 '눈 가리기'의 한 형태이다. 보통 어떤 사람이 하지 말아야 할 말을 할 때 그것을 들은 주변 사람이 한쪽 눈을 감고 눈꺼풀을 만지거나 긁을 것이다. 부적절한 말이 나오고 있음을 알려주는 신호다. 정치인들 사이에서 한 사람이 말실수했을 때 그것을 알아챈 사람에게서 자주 볼 수 있는 행동이다. 눈꺼풀을 오래 만진다는 것은 그 사람이 느끼는 스트레스가 크다는 의미다. 동시에 이 행동은 마음을 진정시키고 스트레스를 완화하는 데도 도움이 된다.

3. 눈 가리기

손이나 손가락으로 갑자기 눈을 가리는 행동은 나쁜 소식이나 끔찍한 정보를 접했을 때 부정적인 사건을 차단하고 진정시키는 행동의 한 형태이다. 이 행동은 부정적인 감정, 걱정, 자신감 부족을 암시하기도 한다. 잘못을 저지르다가 걸린 사람들에게서도 이 행동을 볼 수 있다. 한편 눈을 만지거나 감는 행동은 마음을 진정시키는 데도 효과가 있다.

4. 콧등 주름 잡기

'토끼 주름', 즉 일반적으로 콧등을 위로 올리며 찡그리는 이 행동은 혐오감을 나타내는 신호 중 하나다. 그렇게 하면 부정적인 감정에 매우 민감한 코 근육과 피부가 함께 오그라든다. 이 동작으로 종종 코 근처의 눈가가 함께 좁아진다. 아기들은 약 3개월이나 때로는 더 일찍부터 싫어하는 냄새를 맡았을 때 콧잔등을 찡그린다. 일생 동안 우리는 싫어함을 나타내는 이 표정을 자주 짓는다. 좋아하지 않는 것의 냄새를 맡거나 그것을 그냥 보기만 하더라도 근육이 저절로 수축해서 진짜 감정을 고스란히 드러내게 된다.

5. 입술 앙다물기

부정적인 일을 겪거나 불편한 생각, 걱정이 시작되면 우리는 입술을 꽉 다물어 걱정거리가 있음을 아주 잠깐일지라도 정확하게 드러낸다. 이것은 문제가 있음을 순식간에 나타내는 신호이다. 입술을 앙다무는 행동은 감지하기 힘들 수도 있지만, 입술이 사라질 정도로 입술을 안으로 너무 꽉 다무는 극단적인 행동도 있을 수 있다.

6. 오므린 입술

어떤 것에 동의하지 않거나 대안을 생각하고 있을 때 입을 내민 채 꽉 다물어서 입술을 오므리게 된다. 강연을 듣는 청중이 강연자의 말에 동의하지 않거나 그것이 틀렸다고 생각할 때 종종 이런 행동을 보인다. 오므린 입술을 앞이나 옆으로 심하게 움직일수록 대개 부정적인 감정이나 그에 상응하는 감정을 강하게 느낀다는 의미다.(바로 아래 '오므린 입술 삐죽이기'를 참조하라.)

7. 오므린 입술 삐죽이기

이 행동은 오므린 입술을 얼굴이 일그러질 정도로 옆으로 세게 잡아당기는 것이다. 대부분 아주 빨리 일어나고 몇 초만 짧게 유지된다. '나에게 정말 골치 아픈 문제가 있다. 요청받은 일이나 방금 들은 말이나 지금 흘러가는 대화의 방향이 마음에 들지 않는다.'라고 매우 강하게 말하는 몸짓 언어다. 이 행동은 그 사람에게 심각한 문제가 있음을 매우 정확하게 드러낸다. 표정이 더 과장되고 더 오래 유지될수록 불편이나 스트레스가 더 많다는 뜻이다.

8. 턱 흔들기

아래턱을 좌우로 반복적으로 흔드는 것은 긴장을 진정하는 데 효과가 좋다. 그러나 단순한 강박 행동일 수 있으므로 이 행동을 보이는 사람이 언제, 얼마나 자주 그런 행동을 보이는지 주목하고 그가 확실하게 불편함을 표시하는 다른 단서를 찾아볼 필요가 있다. 대부분 사람은 턱을 흔드는 행동을 자주 보이지 않으므로 그런 행동을 목격했다면 그것은 그 사람에게 신경 쓰이는 일이 있다는 뜻이다. 이 행동은 그가 사안에 의심이 들거나 사안을 확신하지 못하겠거나 회의적이라는 말이다.

9. 목아래패임 가리기

목젖과 가슴 상부 사이 옴폭 들어간 부분인 흉골상절흔 또는 목아래 패임suprasternal notch이라 불리는 곳을 만지거나 가리는 것은 그 사람에게 걱정이나 골칫거리, 근심, 불안, 두려움이 있음을 가리킨다. 남성들은 넥타이를 고쳐 매거나 옷깃을 바로잡을 때 목을 단단히 움켜잡거나 목아래패임을 손바닥으로 가리는 경향이 있다. 여성은 남성보다 목아래패임을 더 자주 만지는데, 대부분 더 가볍게 손가락으로 만진다. 누구를 가릴 것 없이 신체 부위에서 가장 약한 곳을 가리는 것은 그에게 문제가 있다는 암시다. 인류가 주로 목을 무는 사자나 호랑이의 포식 행위를 목격한 결과로 위협을 느낄 때 목을 가리는 행동이 생겨났을 가능성이 크다.

10. 양손을 펴서 손가락 교차하기(일명 '손으로 인디언 천막teepee 만들기')

스트레스, 불안감 또는 두려움의 수위가 높아질 때 사람들은 양손 손가락을 교차해서 천천히 비비면서 자신을 달랠 것이다. 그런 식으로 손가락을 마찰하면 신경이 자극되어 긴장감이 완화된다. 이 행동은 행동을 보이는 사람이 심한 스트레스를 받고 있음을 알려주는 가장 확실한 신호이다. 우리는 사실 상황이 좋지 않을 때를 위해 이 행동을 '유보'해 두고, 보통 때는 두 손을 움켜잡거나 맞대고 비빈다.

11. 환기하는 행동

누군가로부터 무엇을 해달라는 요구를 받거나 어떤 질문을 받았을 때 그가 응답하기 전에 환기하는 행동을 한다면, 즉 옷매무새를 가다듬거나 옷깃을 세우거나 양말을 고쳐 신는 등의 행동을 보인다면 그것은 성가시다는 표현이다. 우리 피부의 온도는 4분의 1초도 안 되는 시간에 변할 수 있다. 그런 변화를 가라앉히기 위해 사람들은 무의식적으로 환기하는 행동을 한다. 그런 행동은 종종 무언가가 잘못되었다거나 이 사람이 지금 당황스럽다는 것을 드러내는 행동이다.

12. 다리 떨기

어떤 사람들은 산만함, 반감, 짜증 또는 불안감의 표시로 반복적으로 발목을 좌우로 비틀거나 다리를 떤다. 대체로 서있을 때 다리 떠는 것이 눈에 보이는데, 몸 전체를 떨 수도 있다.

비언어적 행동을 관찰하는 연습을 시작할 때 다음을 명심하자.

▶ 비언어적 행동은 많은 것을 드러내지만 그렇다고 모든 것을 말해주지는 않는다. 우리는 무엇 때문에 상대가 특정 행동을 보이는지를 명확하게는 알지 못할 수 있다. 그러나 우리는 행동을 관찰할 수 있고 이 관찰로 지금 그의 심중을 앞서서 알아차릴 수 있다. 그러면 더 관찰하고, 질문할 수 있고, 리츠칼튼 호텔 매니저가 그랬던 것처럼 필요하다면 개입할 기회가 생긴다.

▶ 확신이 서지 않을 때는 몸을 믿어라. 나는 40여 년의 경험을 통해 말로 표현되는 것과 비언어적 행동으로 전달되는 것 사이 충돌이 일어

나면 몸을 믿어야 한다는 것을 배웠다. 몸은 거의 언제나 솔직하게 의사를 전달한다. 왜일까? 우리 인간이 음성 언어를 사용하기 전에 몸짓 언어를 먼저 사용했기 때문이다. 몸짓 언어는 수천 년 동안 인간의 주요 의사소통 수단이었다. 그래서 야근해 달라는 요구를 받았을 때 요구를 받은 이는 처음에는 당혹스러워하고, 그러고 나서 "그렇게 하겠습니다."라고 말하면서 상황을 넘긴다. 사실 처음에 보인 부정적 반응이 뒤따른 순응적인 말보다 마음을 훨씬 더 정확하게 드러낸다.

▶ 편안과 불편의 문제로 압축하라. 비언어적 행동을 관찰하기 시작하면 처음에는 혼란스러울 수 있다. 많은 비언어적 행동을 보더라도 무슨 의미인지 잘 모를 것이다. 머릿속에 있는 가정을 깨끗이 지우고 지금 눈에 보이는 것에 주목하려고 노력하자. 그러고 나서 스스로 물어보자. '지금 내가 보는 것이 편안함의 신호인가, 불편함의 신호인가?' 처음에는 이것에만 집중하자. 우리 인간은 본래 그렇다/아니다 같은 이원적 방식으로 의사소통을 해왔으므로 편안과 불편을 감정하는 것만으로도 더 발전할 수 있다.

비언어적 행동에 대한 감이 생겼다면 목 가리기나 입술 삐죽거리기같이 한두 가지 행동을 발견하고 확인하는 연습을 하자. 그러면 그런 행동을 봤을 때 행동이 전하는 바를 따로 생각하지 않고도 무엇인가 잘못되었거나 상대방이 다른 생각을 하고 있음을 바로 알 수 있다.

결론적으로 회사, 가정, 대인 관계에서 우리가 곧바로 이용하고 실시간으로 결과를 확인할 수 있는 관찰 기술은 항상 편안과 불편을 감정하는 것이다. 이것이 몸짓 언어를 읽는 열쇠다.

편안과 불편을 감정하는 능력이 향상되면 다른 사람들이 무슨 생각을 하고 어떻게 느끼는지, 그들에게 어떤 의도가 있는지, 주어진 상황은 무엇을 의미하는지 등을 가늠하면서 앞으로 더 나아갈 수 있다. 다음은 비언어적 행동을 관찰함으로써 **간파**할 수 있는 것들의 예다.

- ▶ 위험 그 사람이 또 내 뒤를 따라오고 있나?
- ▶ 타당성 그래. 저 남자는 택배 회사 유니폼을 입고 있고 택배 회사 트럭도 밖에 있다.
- ▶ 불안감 해럴드에게 걱정이 있는 것 같다. 손을 비벼대고 있잖아.
- ▶ 위계 오늘 사장님 바로 옆에 누가 앉는지 보자.
- ▶ 염려 저 오므린 입술은 우리가 마감일을 지키지 못할 것이라 말하고 있다.
- ▶ 두려움 많은 학생이 시험 전에 손톱을 물어뜯는다.
- ▶ 접근성 그 사람하고 미팅을 잘 잡길 빌어! 그 사람, 사무실 문이 항상 닫혀있더라고.
- ▶ 존중 누가 자기 의견에 동의하지 않을 때마다 그 여자는 눈을 굴린다.
- ▶ 욕망 저기 두 사람이 서로를 보는 것 좀 봐. 서로에게 단단히 빠져 있어.
- ▶ 우쭐함 그가 계속 시계를 만지작거리고 셔츠 소매를 잡아당긴다. 자

기 모습이 어떻게 비칠지 신경 쓰는 게 분명하다.

▶ 준비 중임 그는 자기 머리가 괜찮은지 매우 신경 쓰고 있다.

▶ 깊은 생각에 잠김 그가 턱을 쓰다듬는 것을 보니 저이가 아마 다음 주 일정을 짜는 모양이다. 그러니 지금 저 사람 방에 들어가지 말아야 겠다.

▶ 걱정 그녀가 계속 목을 만진다. 이번 시험에서 꼭 A를 받아야 한다는 마음 때문에 저러는 거다.

관찰하는 능력으로 여기 나열된 몇 가지를 넘어 더 많은 것을 파악 하고 지식 기반을 넓히는 것을 상상해 보라. 우리는 할 수 있다! 아는 것이 힘이라고들 말한다. 깊은 이해의 저수지를 형성하는 관찰의 축 적물이 지식이 아니라면 무엇이 지식이겠는가?

비범한 사람들은 지식 기반을 만들고 그것을 실시간으로 이용하 는 법을 알고 있다. 그러기 위해 그들은 관찰에서 얻은 각성한 인식 을 사용한다.

FBI 관찰력 강화 연습

낯선 곳으로 운전해서 가거나 주차 공간을 찾아 끝없이 주위를 맴돌 때, 스트레스를 받거나 심지어 탈진한 듯한 기분이 든 적이 있지 않 은가? 단순히 눈으로 보는 게 아니라 주변을 '관찰'해야 했기 때문에 이런 기분이 든 것이다. 일정 시간 지속적으로 주위 환경을 지각해야 하는데, 우리 대부분은 상황 인식을 몇 분 이상 이어가는 데 익숙하지 않다.

새로운 상황으로 걸어 들어가 모든 정보를 흡수하는 것은 훈련된 사람에게도 매우 힘들다. 나는 FBI 맨해튼 사무실에서 근무를 시작한 첫 주를 지금도 기억한다. 그때 내 나이 스물다섯이었고 애리조나주 유마에서 온 지 얼마 되지 않았을 때였다. 유마에서는 교통 체증이 심한 날이라고 해도 정지 신호에 차 4대가 대기하는 정도였다. 하지만 700만 인구가 밀집한 도시를 관찰하는 일은 나로서는 버거웠다. 다행히 선배 수사관이 나를 여기저기 데리고 다니면서 눈으로만 보고 감각 과부하를 겪는 것에서 관찰로 옮아가도록 도와줬다.

하루는 이스트 51번가까지 걸어갔고, 그곳에서 선배 수사관이 소매치기범을 어떻게 알아보는지를 알려줬다. 소매치기범은 무리를 지어 조직적으로 움직였고 서로 다른 스타일의 옷을 입었다. 그들의 수법은 인도를 걸어가다가 갑자기 멈춰 서서 길 가던 사람들이 부딪히게 하고, 혼란한 틈을 타 다른 조직원이 핸드백이나 뒷주머니 등을 뒤져 물건을 훔치는 것이었다. 지하철 소매치기범은 혼자 일했고, 신문을 읽고 있는 정장 차림의 남자들을 표적으로 삼았다. 소매치기들은 마치 무언가에 주의를 빼앗긴 듯이 뒷걸음으로 범행 대상 가까이 갔다. 그러다 지하철 문이 열리면 사람들이 밖으로 일제히 나가는 틈을 타서 한 손가락으로 표적의 바지 주머니에서 지갑을 밀어 올리고 나머지 손가락으로 잡아서 빼냈다.

어떤 행동을 관찰해야 하는지 알게 되자 전에는 눈치채지 못했던 것들이 확연하게 눈에 들어왔다. 그때 그 경험을 바탕으로 결국에는 간첩들이 어떻게 행동하는지 관찰하는 법도 배웠다. 그로써 나의 관찰 기술과 상황 인식 기술은 완전히 새로운 수준까지 올라갔다. 탁트인 장소에서 자신을 숨기려고 건물 쪽 인도를 따라 걷는 용의자, 아주 짧은 시간에 이뤄져야 하는 거래가 자칫 엎어지지 않도록 정확한 시간에 정확한 장소에 있어야 하므로 시계를 자주 들여다보는 사람, 교감 신경계가 활성화되어 과민해진 변연계 뇌가 언제고 도주할 수 있게 경계를 늦추지 않아 몸을 약간 더 세우고 걷는 사람 등 사람들의 매우 사소한 점까지 찾아내는 훈련을 하기에 방첩 활동만 한 게 없었다.

관찰하는 법을 배우는 것과 관찰 기술을 실행하고 유지하는 것은 별개의 문제다. 관찰 기술은 연습하고 발전시키지 않으면 녹슨다. 한 외상외과 의사가 나에게 털어놓은 것처럼 말이다. "심각한 장기 손상을 입은 자동차 사고 환자가 들어올 때, 그의 죽음을 막을 수 있도록 내게 주어진 시간은 단 몇 분뿐입니다. 내가 얼마나 빨리 처치를 하느냐는 증상을 관찰하고 환자의 흉강으로 진입하는 내 기술에 달려있습니다. 그런데 출산 휴가를 마치고 응급실로 복귀한 첫날 내가 뒤처져 있다는 걸 느꼈어요. 몇 달 사이에 기술이 녹슬어 버린 거죠." 비즈니스에서도 같은 일이 벌어질 수 있다. 연습하지 않거나 다른 일에 주의를 빼앗길 때 관찰 기술을 잃게 된다.

만일 상황 인식이 익숙하지 않거나 준비가 되지 않았는데 오랜 시간 억지로 하려고 한다면 에너지를 소진해 버릴 수 있다. 그러나 상황 인식을 매일 연습한다면 근육 운동을 하는 것처럼 관찰력과 지구력을 키우는 일이 쉬워진다.

관찰과 상황 인식 연습이 익숙하지 않을 수도 있다. 그러나 연습하면 더 쉬워질 것이다. 조금의 인내와 노력이 있다면 관찰자로서 기술을 향상하지 못할 이유가 없다.

그러니 이제 일어나서 즐겁게 연습해 보자. 관찰 기술을 발전시킬 수 있는 비법과 요령이 있다.

연습 - 시야 범위 확인하기

▶ 실외나 넓은 방에서 정면을 보고 선다. 앞쪽으로 멀리 떨어져 있거나 벽면에 있는 물체나 지점을 목표물로 고르고 그것에 초점을 맞춘다. 조용히 숨을 몇 번 고르고 얼굴 근육과 눈 주위 근육을 이완하려 노력한다. 선택한 목표물에 계속 초점을 맞춘다.

▶ 이제 팔을 들어 옆으로 뻗어 T자로 선다. 팔은 어깨와 수평을 이룬다. 옆에 있는 것을 보려고 눈이 좌우로 씰룩거리는 것이 느껴질 수도 있다. 처음에는 그러는 게 정상이다. 그래도 앞에 있는 목표물을 보는 것에 집중한다.

▶ 시선은 똑바로 앞을 향하고 눈의 긴장을 푼다. 천천히 두 손을 앞으로 가져오면서 손가락을 부드럽게 움직인다.

▶ 처음에 선택한 목표물에서 눈을 떼지 않은 채 계속 앞을 보면서 손과 손가락을 문제없이 볼 수 있을 때 곧바로 팔과 손을 멈춘다. 그것

이 주변시peripheral vision다. 손을 볼 수 있는 지점에서 몸 바로 앞까지가 모두 명시 거리visual range다. 앞에 있는 목표물에 초점을 맞추면서도 눈 옆으로 얼마나 멀리까지 볼 수 있는지 확인하면 아마 놀랄 것이다.

처음에 주변시로는 세부 정보를 얻기에 부족하겠지만 움직임은 감지할 수 있다. 하지만 그것만으로도 매우 효과적이다. 예를 들어 정지 신호가 있는 사거리에서 어느 자동차가 먼저 정지선에 도착했고 누가 더 빨리 움직이는지 분간할 수 있다.

우리는 눈 옆으로 보이는 사물보다 명시 거리 중심부에 있는 사물을 더 정확하게 식별한다. 사물을 본다는 것은 인지 과정이므로 그런 의미에서 이것은 당연하다. 그러나 우리가 인지하지 못하더라도 잠재의식도 정보를 처리하고 있음을 알아두자.

하루에 한두 번 일주일 동안 이 연습을 반복하면 눈꼬리 밖의 사물도 알아챌 수 있다는 자신감이 생길 것이다. 앞에 있는 사람과 얼굴을 보며 대화하면서도 명시 거리 가장자리에서 다른 사람들이 무엇을 하고 있는지 보는 훈련은 혼자서도 할 수 있다. 이 연습은 어떤 공간에 들어섰을 때 공간 전체를 더 빨리 스캔하고, 사물이나 사람을 관찰할 때 의도가 드러나지 않게 하는 데도 도움이 된다.

연습 – 스캔

▶ 다시 한 번 얼굴 근육의 긴장을 풀고 몸이 T자가 되도록 팔을 뻗은

채 멀리 앞에 있는 물체를 똑바로 본다.

▶ 이제 다른 사람에게 부탁해 단어가 하나 이상 쓰인 카드나 그림 같은 물건을 시야 가장자리에 보이게 한다. 직접 보고 싶겠지만 참는다. 긴장을 풀고 눈은 계속 앞을 향한다.

▶ 초점은 계속 앞에 두면서 물건을 들고 있는 사람에게 단계적으로 천천히 물건을 앞쪽으로 이동하게 한다. 그림이나 글자가 완전히 선명하게 보일 때 이동을 멈추라고 말한다. 언제 그리고 어느 지점에서 멈추느냐는 그림인지 한 단어가 쓰인 카드인지 아니면 여러 단어가 쓰인 카드인지에 따라 다를 것이다.

눈과 몸의 긴장을 풀고 편안히 있을수록 그림이나 단어가 더 많이 보이기 시작한다. 명시 거리 가장자리에 있는 물체는 절대 선명하게 보이지 않는다. 그러나 이렇게 연습하면 시야 가장자리를 통해 더 넓은 범위를 관찰할 수 있다.

이 연습은 예리한 명시 거리가 전체 시야에 비해 얼마나 좁은지 잘 보여준다. 우리가 생활 속에서 관찰하는 것은 대부분 초점 밖에 있다. 그래도 괜찮다. 우리 뇌는 주변시를 통해 흐릿하게라도 여전히 많은 것을 분간할 수 있다. 우리는 보이는 많은 것이 조금 흐릿한 상태에서 걷고 운전하고 바쁘게 생활한다. 잠재의식은 그것들을 분주하게 구별한다. 잠재의식이 구별해 주는 상태에서 우리는 힐끔 보기도 하고 쳐다보기도 하며 본질적으로는 활동할 수 있는 것이다.

물론 진정한 관찰을 위해서는 초점을 집중해야 한다. 그렇다면 특히 초점을 맞춰야 할 것들이 많은, 야외와 같은 넓은 영역을 본다면 우리는 어떻게 집중할 수 있을까? 바로 '스캔'을 한다.

한눈에 더 많이 파악하기, 스캔

작은 배를 찾아 상공에서 드넓은 바다를 수색하는 비행기 조종사이든 100명이 넘는 참석자 앞에서 연설하는 연설자이든 살펴볼 게 많을 때는 더 빠르고 더 포괄적으로 관찰하기 위해 **스캔**scan이 중요하다. 우리는 한 번에 하나에 집중하려는 경향이 있지만 그렇게 하는 것보다는 **나무가 아닌 숲을 보듯 전체를 훑어보는 스캔법**이 한눈에 더 많은 정보를 흡수할 수 있다.

명시 거리 확인 연습과 스캔 연습을 한다면 시야의 가장자리에서 흡수할 수 있는 정보가 더 많아진다. 스캔할 때는 고도로 집중해서 보는 것보다 청중의 행동이나 넓은 바다 위 배 파편을 더 빨리 포착할 수 있다. 특히 정보를 빨리 포착하는 능력은 상황 인식에 중요하다.

스캔하는 비법은 눈을 계속 움직이는 것이다. 어느 장소에 있느냐에 따라 다르겠지만 더 넓은 범위를 처리하기 위해 고개를 돌려야 할 수도 있다. 만일 여러 사람 앞에서 연설하고 있다면, 당신은 스캔하라는 말을 아마 한 번에 한 사람씩 청중 각각의 얼굴에 초점을 맞춘다는 의미로 받아들일 것이다. 스캔은 눈을 공간의 각 지점별로 계속 움직이면서 해야 한다. 물론 사람마다 눈을 앞뒤, 좌우 또는 위아래로 다 다르게 움직일 수 있다.

스캔하는 동안 잠재의식은 청중의 얼굴에 비친 표정과 전반적인 몸짓 언어를 등록한다. 강연장을 몇 차례 스캔하고 나면(청중의 규모가 작다고 가정하자) 눈 근육을 혹사하지 않고 남들 눈에 이상해 보이지 않도록 긴장을 더 풀고 속도를 낮춰서 스캔할 수 있다. 더 천천히 더 많은 정보를 흡수하는 것이다. 그러면 뇌는 흡수한 정보를 이전에 본 것과 대조해 볼 수 있다.

다양한 환경에서 스캔하는 것을 연습해 보라. 복도를 걸어가다가 맞은편에서 다가오는 사람들을 보면서 할 수도 있고, 약속이나 회의 시간을 기다릴 때 지나가는 사람들을 구경하면서도 할 수 있다. 연습 초반에는 처음에 놓쳤던 세세한 정보를 습득하기 위해 여러 차례 스캔하는 것이 필요하다. 우리의 눈은 우리가 의식적으로 깨닫기 전에 많은 정보를 습득하고 있으니 스캔할수록 더 정확해질 것이다.

심지어 눈을 움직이지 않고도 스캔 연습을 할 수 있다. 회사 동료와 가까이에서 대화를 나누고 있다고 가정하자. 이때 눈을 움직이지 않고 상대방을 스캔할 수 있다. 말을 하는 동안 눈을 계속 맞추면서 속으로 이렇게 질문하는 것이다. '무슨 색 신발을 신고 있는가?' '발을 움직이는가?' '손은 무엇을 하고 있나?' '가만히 있지 못하고 꼼지락거리는가?' '어떤 시계를 차고 있나?' '주머니에 펜이 있는가? 있다면 어떤 종류인가?' '이 여자가 스카프를 하고 있다면 어떤 디자인인가?' 만일 스캔을 제대로 하고 있고 눈이 긴장하지 않은 상태라면 상대의 신발을 보려고 발을 보거나 시계를 보려고 직접 손목을 볼 필요가 없다. 정신 집중을 해서 눈을 움직이지 않고도 앞이나 옆에 있는 특정 영역을 겨냥해 볼 수 있다. 직장 동료를 상대로 한번 시험해 보자. 시간이 지날수록 동료와 대화하는 동안 점점 더 많은 시각적 정보를 모을 수 있음을 알게 될 것이다. 정치 관련 이야기가 나왔을 때 상대가 환기하는 행동으로서 갑자기 옷깃을 세운다면 그것은 우리에게 피해야 할 사안이 있음을 알리는 신호일 것이다. 같이 모여 있던 사람 중 누군가 어떤 질문에 대한 반응으로 턱을 흔든다면 우리는 살펴야 할 문제가 더 있는지 한 번 더 평가할 것이다. 대화 중에 동료가 출입문 쪽으로 발을 돌리면 우리는 그것이 자리를 떠야 한다는 신호임을 알 것이고, 그래서 말을 마무리하기 시작할 것이다.

스캔을 연습할 때 꼭 그래야 하는 상황이 아니라면 특정한 물체 하나에 시선을 고정하지 마라. 모든 것을 흡수할 수 있는 여지를 두자. 주변 환경을 두세 번 빠르게 스캔했을 때 얼마나 많은 정보를 흡수할 수 있는지 알면 놀랄 것이다. 만일 야외에서 걸으면서 스캔하고 있다면, 또는 만일 무엇인가가 움직이거나 우리 길을 막고 있다면 그 것이 주변시에 있는 것이라 할지라도 우리는 눈을 레이더처럼 가동해서 더 넓은 주변 지역을 스캔하면서 더 잘 탐지할 수 있다.

스캔 연습은 일상생활 속에서도 쉽고 재미있게 할 수 있다. 식당이나 사람들이 모여있는 장소 어디에서든 재빨리 스캔해서 그 자리에 사람이 대략 몇 명 있는지 추측해 보자.

처음에는 완전히 틀릴 것이다. 예를 들어 12명이 있는데 20명이 있다고 할 수 있다. 그러나 우리 뇌는 연습을 통해 수를 세지 않고 눈으로 가늠하는 법을 배울 수 있다. 실제 계산을 해야 하는 부담스러운 일을 잠재의식이 하도록 맡기는 것이다.

결국에는 한 번의 짧은 스캔으로 일일이 셀 필요 없이 정확하게 몇 명인지 알 수 있게 된다. 한번 해보자. 뇌가 이렇게 세상을 보는 새로운 방식에 적응하기 시작하면 우리의 눈은 뇌와 공조해서 훨씬 더 많은 세부 정보를 습득할 것이다.

여러 사람 스캔하기

나는 항상 이런 질문을 받는다. "동료들에게 둘러싸여 있으면서 모든 사람이 뭘 하고 있는지 어떻게 알 수 있습니까?" **응시가 아니라 스캔하는 법**을 배우면 된다. 스캔을 통해 얼굴 특징, 움직임, 발동작, 혹은 다른 중요한 비언어적 행동을 찾는 연습을 할 수 있다.

스캔의 장점 중 하나는 다른 사람의 사적 영역을 침범하지 않고 대상을 관찰할 수 있다는 것이다. 만일 당신이 누군가를 너무 자주 또는 너무 오래 쳐다본다면 당신의 평판에 좋지 않은 영향을 끼칠 것이고 그 결과 그 사람이 당신을 대하는 행동도 달라질 것이다. 누군가 자신을 응시하고 있다고 생각하면 사람들은 당연히 의심하고 긴장한다. 그러므로 다른 사람을 직접 쳐다보기보다 스캔함으로써 침해성 관찰을 피할 수 있다. 시선을 한곳에 너무 오래 집중하기보다 눈을 계속 움직이면서 관찰 대상을 훑고 지나가는 것이다.

처음에는 가족이나 친구 같은 가까운 사람들에게 이 방법을 써보도록 하자. 제대로 실행했다면 사람들은 아무런 변화도 눈치채지 못할 것이다. 만일 그들이 뭔가를 알아차린다면 방법을 바꿀 필요가 있다. 한 사람에게서 다른 사람으로 순조롭게 시선을 옮기는 동안 스캔하는 사람의 표정이 자연스러워야 한다.

아니면 다른 방법으로 연습할 수도 있다. 전에 본 적 없는 10~15초짜리 재미있는 영화 클립을 다른 사람에게 찾아달라고 부탁한다. 그리고 각 클립을 2배속으로 본다. 개인적으로 나는 등장인물이 어떤 문제로 고민하거나, 나쁜 소식을 듣거나, 오랫동안 감춰졌던 진실을 알게 되는 짧은 장면을 좋아한다. 다음 단계로 자신이 무엇을 봤다고 생각하는지, 2배속 영상에서 어떤 사건이 벌어지고 있는지 설명한다. 그러고 나서 영상 내용과 비교해서 설명이 얼마나 일치하는지 확인한다. 게임처럼 두 사람이 번갈아 가며 할 수도 있다. 영화 클립을 이용해 누가 가장 정확하게 보는지 겨루면서 서로 스캔 기술을 연습하는 것이다.

다양한 영화의 다양한 장면으로 충분히 여러 번 연습해 보라. 그러면 얼굴에 초점을 맞추지 않고도 스캔하기 시작할 것이다. 이 기술을 연마하면 사람들 표정을 읽을 수 있을 뿐만 아니라 그밖에 벌어지는 일도 알아차릴 수 있고, 관찰한 것을 더 명확하게 표현할 수도 있다.

연습 – 색깔 순서 게임

다음에 주차장에 차를 몰고 들어갈 때 이 연습을 해보라.

▶ 왼쪽을 스캔하고 오른쪽을 스캔한다. 그리고 좌우에 있는 자동차 각각에 초점을 두지 말고 자동차 색이 무엇인지 파악한다.

▶ 주차를 마친 후에 자신에게 묻는다. 왼편 처음 세 대의 자동차와 오

른편 처음 세 대의 자동차 색은 무엇이었고, 색깔 순서는 어떻게 되는가?

처음에는 어렵겠지만 연습하면 점차 실력이 쌓여 단 한 번 스캔으로도 좌우 양쪽 각각 예닐곱 대의 색을 기억할 수 있다. 실력을 유지하는 데 유용한 일상 훈련이다.

연습 – 보지 않고 관찰하기

▶ 밖에 나가서 반드시 팔을 쭉 펴고 눈을 감은 채 앉는다.

▶ 가만히 듣기만 한다. 처음에는 마음을 가라앉히기 어려울 수도 있다. 하지만 그런 느낌은 금방 지나갈 것이다. 이제 시각적 자극이 그리워지기 시작한다. 사람 주먹만 한 무시무시한 시각겉질visual cortex이 정보가 전달되기를 기다리고 있기 때문이다. 우리는 눈으로 보고 싶은 욕구를 이겨낼 수 있다. 숨을 깊이 들이마셨다가 내쉬자.

▶ 자신의 숨소리에 귀를 기울인다. 그렇게 시간을 조금 보낸다.

▶ 마음이 더 편해진 것 같으면 눈을 감은 채로 숨소리에서 주변 소리로 주의를 옮겨 간다. 주변의 모든 소리를 들으며 그것이 어떤 소리고 어디에서 나는 것인지 생각해 본다. 같은 곳에서 나는 듯한 소리가 있는가? 점점 가까워지는 소리나 점점 멀어지는 소리가 있는가? 곧 사물을 보고 싶은 욕구를 한편으로 미뤄두고 소리를 식별하고 소리의 출처를 정확히 짚어낼 수 있을 것이다. 다시 숨을 내쉰다. 눈은 계속 감고 있자.

▶ 이제 얼굴, 목, 머리, 팔에 난 털의 움직임에 주의를 집중하자. 바람이 불거나 온도가 변하거나 자동차가 지나가거나 주변에서 사람들이 움직이면 우리 몸의 솜털도 자극을 받는다. 각각의 차이를 감지할 수 있는지 보자. 예를 들어 길고 일정하게 감싸는 바람결과 트럭이 지나가면서 갑자기 느껴지는 공기압의 차이 같은 것 말이다. 눈을 감은 채 관찰하는 즐거움을 느낄 수 있다면 누군가 옆으로 지나가거나 방에 들어오는 것을 감지할 수 있게 된다.

이처럼 우리는 눈을 감고도 관찰할 수 있다. 우리 몸 곳곳에는 신경 형태의 감지기가 있다. 신경 말단은 습기, 열, 소음, 냄새, 압박, 공기 흐름, 진동 등 모든 종류의 자극을 감지한다. 이 사실이 내 머릿속에 강하게 새겨진 날이 있다. 그때 나는 엘리베이터에 타고 있었다. 갑자기 지진이 일어났고, 진동과 굉음이 서로 경쟁을 벌이는 듯했다. 나의 모든 감각이 완전히 압도되었다. 몸에 걸친 옷이 흔들리면서 온몸의 신경 단말을 자극했다. 한 번도 경험하지 못한 자극이었다. 지진의 진동이 발을 타고 위로 올라와 다리가 떨렸다. 엎친 데 덮친 격으로 엘리베이터가 고속으로 하강했고 문의 작은 틈으로 공기가 세차게 밀려들었다. 너무 많은 감각 정보가 밀어닥쳤고, 나는 상황을 파악하기 위해 그 자리에 멈춰있어야 했다. 내 모든 감지기가 완전히 낯선 방식으로 한꺼번에 울리는 것처럼 느껴졌다. 감각 정보 과부하였다.

다른 연습과 마찬가지로 감각을 이용해 관찰하는 연습도 어디서나 할 수 있다. 식당에서 누군가를 기다릴 때 휴대전화를 보고 싶은 충동이 들더라도 잠깐만 참고, 그저 눈을 감고 가만히 귀를 기울여 보자. 어떤 소리가 들리는가? 그 소리는 어디에서 오고 있나? 병원에서는 어떤가? 박물관 벤치에 앉아있을 때는 또 어떤가? 예를 들어 사무실이나 잠에서 막 깼을 때의 침실이나 뒷마당과 같이 우리가 귀를 잘 기울이지 않는 친숙한 장소에서는 어떤가? 주의를 기울임으로써 어떤 정보를 얻을 수 있는지 안다면 모두가 놀랄 것이다.

이처럼 다양한 관찰 연습과 게임을 하기 시작하면 바로 그 순간부터 관찰과 정보 수집을 돕는 시냅스가 강화되기 시작한다. 주변 환경과 활동 그리고 비언어적 행동을 스캔하는 능력이 길러지면서 주어진 순간에 우리에게 유입되는 다양한 정보를 평가할 수 있게 된다. 예를 들어 거리에서 휴대전화나 시계를 보지 않고 지금 몇 시인지 알 수 있고, 자기 기준으로 해가 어디에 있는지, 근처에 다른 무엇이 있는지, 자동차가 몇 대 있는지 가늠할 수 있다.

사무실에서는 회의에 들어오는 사람들 얼굴을 모두 재빨리 스캔할 수 있게 된다. 누가 웃고 있고 기분이 좋은가? 누가 문제가 있거나 피곤해 보이거나 눈을 마주치지 않으려고 하는가? 사람들을 판단하는 게 아니다. 우리는 그저 그들이 내보내는 정보를 관찰할 뿐이다. 여기에 선한 호기심의 원칙을 적용해야 한다. 우리는 무언가 암시하는 정보를 평가하지만, 그 정보는 그것 자체로 결정적이지는 않다.(5장에서 다른 사람과 상호 작용할 때 더 명확한 결론을 내리기 위한 모델을 소개할 것이다.) 스캔하는 동안 사람들이 비언어적 방식으로 무언가를 말하도록 두자. 때가 되면 그들의 비언어적 행동을 점점 빨리 해독할 수 있을 것이다.

관찰 기술은 연습을 많이 할수록 더 좋아진다. 하지만 기술이 높은 수준에 이르고 그 수준을 유지하기 위해서는 꾸준히 연습해야 한다. 연습하지 않으면 농구에서나 피아노 연주에서처럼 실력이 점차 떨어진다.

그러니 자신을 시험하고 꾸준히 연습하자. 게임처럼 즐기자. 우리가 매일 만나는 세상을 이해할 수 있는 길을 열어보자. 그 길은 관찰이라는 멋진 기술을 통달하는 데 있다.

배려로 사람을 얻는다

여기에 남기고 싶은 생각이 있다. 비범한 사람이 된다는 것은 관찰의 힘을 그저 최대의 효과를 얻기 위해 쓰는 게 아니라는 거다. 문제는 이 힘을 **어떻게** 쓰느냐이다.

우리가 세상을 어떻게 바라보고 다른 사람을 어떻게 관찰하느냐 하는, **관점과 방식**은 정말 중요하다. 다정하고 친절하게 할 수도 있고 냉정하고 무심하게 할 수도 있다. 제인 구달은 많은 선배 과학자들이 그런 것처럼 냉담한 우월감을 품고 영장류 동물을 보지 않았다. 동물들의 가치를 이해하고, 그들에게 관심을 품고 조심스럽게 관찰했고, 각성한 인식을 통해 영장류 고유의 특성을 이해했다. 그 결과

어미 침팬지와 새끼 침팬지 사이 강한 유대감, 새끼들이 놀고 넘어지고 성질을 드러내도록 허용하는 어미 침팬지의 양육 태도, 어른 침팬지들이 관계를 형성할 때 보이는 희롱과 부적절한 관계, 과학자들을 충격에 빠트린 도구 제작 능력과 교실에서 가르치듯 그 기술을 자손에게 전수하는 과정, 사랑하는 가족을 잃었을 때 슬퍼하고 애도하는 행위, 질투, 때로는 무시무시한 공격성, 다정함, 사회 질서를 유지하기 위해 조심스레 허용되는 가벼운 포옹과 입맞춤 등 침팬지의 습성을 아주 예리하고 자세히 관찰할 수 있었다.

제인 구달 이전의 어떤 과학자도 이런 식으로 영장류를 보지 않았다. 특히 흥미로운 점은 유인원들이 제인 구달의 선의와 공감적 관심을 알아보고 그가 여느 인간보다 더 가까이 접근하게 허락했다는 것이다. 구달의 애정 어린 관찰은 그들 사이에 신뢰를 만들었고, 그래서 구달은 아주 가까운 위치에서 유인원을 관찰하고 훨씬 많은 정보를 수집할 수 있었다.

인간이 태어나는 순간부터 그런 신뢰의 과정이 시작된다. 그저 지켜보기만 하는 것이 아니라 이해하기 위해 애정으로 관찰하는 누군가가 있지 않은가. 갓 태어난 자녀를 보는 부모들을 보라. 그들은 감탄하며 바라보기만 하는 게 아니라 예리한 시선으로 아이에게 집중한다. 무언가를 움켜쥐거나 꼼지락거리는 작은 움직임부터 불편한 게 있으면 일그러지는 입술, 화장지처럼 얇은 눈꺼풀을 가로지르는 미세한 혈관, 부드러운 옹알이 소리까지 갓 태어난 인간에게서 보이는 모든 세세한 차이를 알아차리고 기억한다. 이런 관찰은 앞으로 며칠, 수개월에 걸쳐 수천 번 반복된다. 관찰은 아기가 언제 배고프거나 추운지, 무엇을 좋아하는지(예를 들어 젖을 먹인 뒤 안아주거나 낮잠 자기 전에 가볍게 흔들어 주면 좋아하는지) 아는 데 도움이 된다. 부모가 아기를 관찰하는 동안에 아기도 부모를 자세히 관찰하고 지식 신경 네트워크를 형성하고 부모의 표정을 읽고 평가한다. 부모에게서 지속적으로 애정 어린 보살핌을 받으면서 아기는 부모를 신뢰하게 된다. 얼마 후 그 작은 아기는 울고 울먹이고 인상 쓰고 웃고 낄낄거리고 안아달라고 손을 뻗으면서 의사를 전달하고 부모와 유대를 형성할 것이다.

우리는 서로를 보살필 준비가 되어있다. 그러나 그러기 위해 다른 사람의 요구, 욕구, 욕망, 기호를 관찰할 수 있어야 한다. 그리고 그렇게 관찰하는 것을 스스로 원해야 한다.

우리 주변에는 다른 사람의 요구를 전혀 알아차리지 못하는 사람들이 있다. 그들은 우리가 기침해도 물을 권하지 않는다. 누군가가 전화 통화를 하면서 모두가 들을 수 있게 큰 소리로 "이거 메모해야 해."라고 말해도 종이와 펜을 건네지 않는다. 유모차를 밀면서 또는 양손에 짐을 잔뜩 들고 가게로 들어가는 사람에게 문을 잡아주지 않는다. 딱 봐도 복잡한 업무에 집중하고 있는데 그 사실을 전혀 모르는지 작업 공간으로 갑자기 들어와 말을 걸기 시작한다.

그래서 실제로 우리를 배려하는 사람, 즉 우리에게 무엇이 중요한지 자세히 관찰하고, 우리 삶을 더 편하게 만들어 주고, 그래서 우리를 '얻는' 사람을 만났을 때 우리가 그 사람 편이 되는 것이다. 남을 배려하는 사람들에게 공통으로 있는 특성 중 하나는 상황을 관찰하고 분석해서 그 순간 무엇이 필요한지 이해하는 능력이다. 다시 말해 **배려하려는 의도가 있는 상황 인식 능력**이 그들에게는 있다.

잘 관찰하는 삶은 얼마나 더 보람되고 더 흥미롭고, 한마디로 얼마나 더 행복하겠는가. 당연한 것이다. 상대방의 요구와 감정을 인지하고 그것에 응대해 주면 관계가 공고해지기 마련이다.

재택근무를 하는 아내가 세 시간 동안 책상에 꿈쩍도 하지 않고 앉아 일하고 있다. 마감일을 맞추기 위해 고군분투하며 여러 번 한숨을 내쉰다. 그것을 듣고 남편이 음료수를 가져다 준다. 이 얼마나 흐뭇한 그림인가! 물건을 사려고 아기를 안고 줄지어 서있는데 아기가 보채기 시작한다. 아기가 울음을 터트리기 전에, 먼저 사라며 누군가가 순서를 양보해 준다. 얼마나 좋은가! 회의 시간에 평소보다 조용한 직원이 있다. 그것을 알아챈 상사가 그가 괜찮은지 물어보려 그 직원에게 들른다. 이 또한 얼마나 멋진가!

기업 경영자들을 만날 때면 대화는 어느새 인적 요소에 관한 이야기로 흘러간다. 모두 사람과 관련된 일을 하고 있으므로 어떤 분야의 산업인지는 중요하지 않다. 특히 경영자들이 가장 고민하는 문제는 사람에 관한 것이다. 경영자는 실무자들이 겪는 갈등을 파악하고 더 나은 일터를 만들기 위해 직원들과 교류하고 그들의 요구, 문제, 관심사를 살펴야 한다. 인간답다는 것은 배려할 줄 안다는 것이다. 배려하려면 지식이 필요하다. 다시 말해 관찰하고 이해할 수 있는 능력이 있어야 한다.

사람들은 나에게 무엇을 관찰하는지 묻는다. **나는 중요한 것은 무엇이든 관찰한다.** 그것이 내 대답이다.

그렇다면 무엇이 중요한 것일까? 바로 **사람의 요구와 욕구, 욕망, 두려움 또는 의도와 관련된 모든 것이다.** 어떤 상황에서 무언가 다른 것, 새로운 것, 이례적인 것, 심리적 불안을 일으키는 것, 다른 사람을 더 편안하게 하는 데 도움이 되는 것 모두 중요하다.

능숙한 관찰자가 되기 위해 벤저민 프랭클린이나 토머스 에디슨, 라이트 형제, 마리 퀴리처럼 될 필요는 없다. 그저 중요한 것을 볼 수 있고, 자기가 본 것을 기반으로 해 추론할 수 있으면 된다. 매일 연습한다면 관찰은 삶의 일부가 될 수 있다. 우리는 그렇게 남에게 관심을 보이고 동시에 남의 관심을 끄는, 그래서 우리가 매우 동경하는 그런 사람이 된다. 선한 호기심을 품고 더 많이 궁금해하고 더 많이 관찰하고 더 많이 알려고 할 때 우리의 영향력은 더욱 커진다.

이것을 가장 잘 요약한 표현이 "**우리는 이해해야만 배려할 것이고, 배려해야만 도와줄 것이다.**"라는 제인 구달의 말이다. 이렇게 간단하다. 진정으로 비범한 사람이 되고 싶은가? 이해의 문을 열어주고 통찰과 배려를 낳는 강력하고 필수적인 기술, 바로 관찰력이 그 출발점이다.

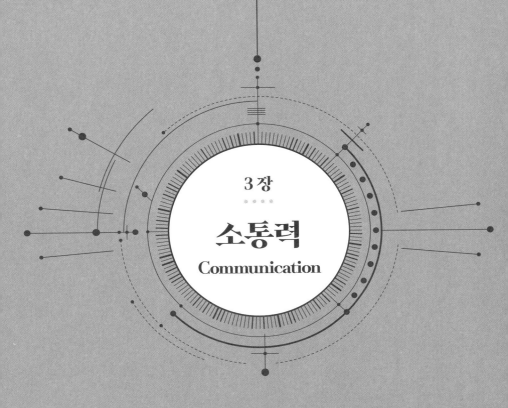

3 장
· · · ·

소통력
Communication

사람을 움직이고
변화를 만들어 내는 힘

의사소통 능력은
삶에서 가장 중요한 기술이다.

— 스티븐 코비, 『성공하는 사람들의 7가지 습관』 중에서

버지니아주 콴티코에는 FBI 아카데미가 있다. 직무 연수차 입소한 나 같은 현장 요원과 훈련 중인 FBI 신입 요원들은 매주 금요일 8시 15분, 수업이 시작되기 전에 아침 달리기를 했다. 어떤 때는 되는 대로 몇 명씩 무리 지어 달렸고 어떤 때는 각자 달렸다.

어떻게 달리든 전 FBI 국장 에드거 후버J. Edgar Hoover 이름을 딴 '후버길'을 따라 달리기 시작하면 곧바로 누군가 뒤에서 다가오는 것이 느껴졌다. 그 사람은 우리를 뒤쫓아 와서 "안녕하세요." 하고 인사하고 남은 시간을 우리와 함께 달렸다.

그렇게 아침 인사를 한 사람은 다른 연수생이나 교관이 아니었다. 그는 나의 상사이자 3만 명 넘는 FBI 직원을 책임지고 있는 루이스 프리Louis Freeh FBI 국장이었다.

프리 국장은 짧은 머리에 동안인 데다 움직임이 민첩해서 훈련 중인 일반 요원으로 착각할 만했다. 그는 왜 금요일마다 워싱턴에서 120킬로미터나 떨어진 이곳까지 오는 것일까? 사실 프리 국장은 금요일 오전에 예정된 신입 요원 훈련 수료식에 참석하러 오는 것이었다. 물론 워싱턴과 그곳의 정치를 싫어해서 잠시나마 그곳을 벗어나고 싶어 한다는 이유도 있었다. 그러나 그가 말한 진짜 이유는 FBI 요원들이 어떤 생각을 하는지 알고 싶다는 것이었다. 그는 본부 국장실에 앉아서 반장이나 팀장, 부부장에게서 일반 요원들의 생각을 전해 듣고 싶지는 않았다.

프리 국장은 본부의 누구도 자신과 같이 달리게 하지 않았다. 걸러지지 않은 명확한 정보를 얻을 수 있는 가장 좋은 방법은 장병들과 함께 '참호' 안에 있는 것임을 잘 알고 있었다.

같이 달리며 우리는 망설이지 않고 프리 국장에게 말했다. 뉴욕 생활을 더는 감당할 수 없는 뉴욕 지부 요원들이 어째서 FBI를 떠날 수밖에 없는지, 모든 요원이, 특히 자녀가 고등학교에 들어갈 나이가 된 요원들이 이른바 '선호 사무국'에 배정받으려 얼마나 오래 기다리는지, 그리고 그것 때문에 갈등을 겪고 이혼하기도 한다는 것을 설명했다. 특히 배우자들이 대부분 이제는 FBI 요원들보다 소득이 더 높아서 근무지를 따라 계속 이사 다니는 번거로움을 참지 않는 상황이라고 말했다.

프리 국장은 그 외에도 주변 사람들과 의논하지 않는 책임 특수 요원 이야기나, 자격을 갖춘 조종사에게는 아무 문제가 되지 않는데도 항공기 착륙 시 굳이 좌측 조종석에서의 조종만 허용하고 우측 조종석은 불허하는 터무니없는 규정, 부피가 커서 옷 속에 넣어도 용의자에게 쉽게 들킬 수 있는, 실제로는 무용지물인 감시 장비 등 많은 이야기를 들었다.

고위 간부를 통해서는 절대 국장의 귀까지 닿지 않을, 일반 요원들이 늘 품고 있는 불평이었다. 연수생들은 불만 사항이 다 해결되리라고는 기대하지 않았다. 중요한 것은 프리 국장이 시간을 내서 우리 말을 들어주고 있다는 사실이었다. 그는 아무 여과 장치도 거치지 않고 우리와 함께 있었다. 어떤 국장도 그렇게 한 적 없었다. 프리 국장과의 달리기는 그렇게 우리의 소속감을 높여줬다.

소통은 사회를 하나로 묶어주는 접착제다. 관계를 생성하고 발전시키는 데 없어서는 안 된다. 사랑하는 사람과 함께 보낼 하루를 계획하든, 힘들어하는 아이를 돕든, 지구 반대편에 있는 동업자와 함께 일을 하든 소통은 다른 사람과 의미 있는 관계를 맺을 수 있게 해준다. 우리는 정보, 설명, 필요조건, 생각, 통찰, 발견만이 아니라 요구, 기호, 감정 또는 욕망도 다른 사람에게 전한다. "표 2장 주세요." "더 큰 치수로 교환하고 싶어요." "월요일 직원회의 때 이 보고서가 필요해요." "이렇게 해보면 어떨까요?" "막 뭔가 깨달았어요." "이건 제가 기대한 것과 달라요." "급한 일이에요." "기분 좋아 보이네요." "보고 싶어요."라고 말하면서 끊임없이 소통한다.

　그런데 다친 아이가 도와달라고 소리치는데 아무도 대답하지 않을 때, 누군가 우리를 완전히 무시할 때, 방향을 읽기 어려울 때 길을 찾는 데 도움이 될 만한 표지판이 보이지 않을 때, 정부에서 유행병의 심각성을 알리지 않았을 때처럼 소통이 실패하거나 부족하다고 느끼기 전까지 우리는 소통을 당연한 것으로 생각한다.

　우리 인간은 자기 속마음을 매우 잘 털어놓는 종족이다. 그래서 소통이 부재하거나 제대로 이뤄지지 않을 때 곧바로 당혹스러워하고 실망하고 좌절하고 화가 날 수 있다. 하지만 소통은 우리에게 제2의 본성이다. 때때로 의사소통을 명확하게 했다고 생각했는데 그러지 않았음을 알게 되었을 때 매우 낙담한다. 극작가 조지 버나드 쇼의 말처럼 "소통의 가장 큰 문제는 서로 소통이 잘되었다고 착각하는 것이다."

이 장은 순전히 사실적이고 기능적인 소통이 아닌 그것을 넘어선 소통에 관해 이야기한다. 비범한 사람들이 실행하는, 변화를 만들어내고 관계의 질을 높이는 소통이 이 장의 핵심이다. 그런 소통은 협력과 협업을 가능하게 하고, 관련된 모든 사람에게서 최선의 것을 끌어낸다. 삶의 질을 높이고 심지어 삶을 바꾸기도 한다. 소통을 어떻게 하느냐는 구체적인 상황에 따라 다를 것이고, 그 순간의 감정과 종합적인 상황에 맞춰 일어날 것이다. 그런 까닭에 이 장에서 나는 소통과 친밀감 형성을 위해 복잡한 전략이나 처방전 대신에 어떤 환경에서든 유연하게 적용할 수 있는 지침을 제공할 것이다.

특히 다양한 상황에서 비범한 사람들이 다른 사람과 소통할 때 보이는 세 가지 특성을 탐구하려 한다.

배려: 보편적 인간성에 기반을 둔 지속적인 공감 능력

인정: 다른 사람의 경험, 지각, 감정을 알아줌으로써 공감을 표현하는 능력

올바름: 좋은 본보기가 되어 다른 사람에게 영감을 주고, 믿음과

신뢰를 전하고, 도덕적·윤리적인 가치를 위해 헌신하는
삶을 사는 것

우리는 항상 소통한다

엄마 배 속에서 발을 차면서 내가 그곳에 있음을 세상에 알리던 그
때부터 우리의 소통이 시작되었다. 인간은 정보를 전달하는 살아있
는 트랜스미터다. 우리는 존재를 통해 의사를 전달한다. 심장 박동부
터 피부 온도, 욕망과 공포를 보여주는 눈동자까지 모든 것이 소통에
관여한다. 더욱이 입으로 말하거나 디지털 장비를 꺼내기도 전에 소
통이 일어난다. 실제로 한순간도 정보를 전달하지 않는 상태가 없다.
심지어 잠을 자면서도, 예를 들어 렘수면을 하는 동안에도 자신에 관
한 정보를 드러낸다. 숨을 쉬고 있다면 그것도 의사소통이다.

우리는 지구상에서 의사소통을 가장 잘하는 종족이다. 그러나 이
렇게 자신을 표현하는 능력이 월등한데도 치료사나 관리자라면 누
구나 대인 관계와 업무에서 의사소통이 인간이 겪는 가장 큰 문제라
고 말할 것이다.

우리 대부분은 건설적이고 정확한 소통을 간절하게 원한다. 그러
나 최선의 노력을 기울였는데도 잘 안 될 때가 있다. 메시지를 잘못
해석하는 것부터 이메일을 보낼 때 메일을 보지 말아야 할 사람을
참조에 포함하는 부주의까지 소통 실패의 예는 매우 많다.

소통 실패로 신문의 앞면을 장식한 사례도 있다. 1999년 화성 궤도 탐사선이 궤도를 벗어난 사고가 그중 하나다. 미국 덴버의 항공 우주 기술 회사 록히드 마틴의 공학 기술 팀은 측정 단위로 인치를 사용했고 캘리포니아 패서디나의 미 국립항공우주국NASA 공학자들은 밀리미터를 사용하는 바람에 일어난 사고였다. 의사소통 실패로 나사는 결국 국민이 낸 세금 1억2500만 달러(한화 약 1621억 원)를 날려버렸다.

2019년 3월 런던 공항을 출발해 독일 뒤셀도르프로 비행하기로 예정된 영국 항공British Airways 항공기가 스코틀랜드 에든버러로 날아가는 사건이 벌어졌다. 에든버러는 원래 목적지에서 500마일(약 805킬로미터) 이상 떨어진 곳으로 엄청난 차이였다. 항공사는 누군가 잘못된 비행 계획을 발송해 '소통 오류'가 발생했다고 밝혔다.

우리는 이런 사례를 듣고 놀라워하거나 때로는 비웃는다. 하지만 우리가 영향을 받거나 피해를 본다면 이야기는 달라진다.

숙달된 소통 능력은 위기의 순간에 더욱 중요하다. 다국적 기업의 CEO가 있다고 하자. 그리고 그 기업의 직원 11명이 어느 날 작업 중 일어난 사고로 갑자기 목숨을 잃는 비극이 일어났다고 하자. 모든 사람은 당연히 책임자인 CEO에게 뒷수습을 기대할 것이다. 며칠이 지나 CEO는 직원 11명의 유족을 위로하러 찾아간다. 참사를 정리하며 온갖 성가신 일을 겪은 탓일까? CEO는 유족들을 앞에 두고 "내 삶을 되찾고 싶습니다."라고 말한다. 이 사람은 대체 어떤 생각을 전한 것일까?

믿기 어렵겠지만 실제로 2010년 영국 석유회사 BP의 CEO 토니 헤이워드Tony Hayward가 루이지애나주로 유족들을 찾아갔을 때 일어난 일이다. 그는 유족들 앞에서 "내 삶을 되찾고 싶습니다."라고 말했다. 미국 역사상 최악의 기름 유출 사고로 기록된 멕시코만 원유 유출 사고를 두고 길이 잊히지 않는 한마디를 남긴 것이다. 그에게는 '성가신' 일이었는지 모르겠지만 그 사고로 시추선 갑판에서 일하던 직원 11명이 목숨을 잃었고 2억 갤런(7억 7천만 리터) 넘는 원유가 멕시코만으로 흘러 들어가 해양 생태계에 극심한 손상을 입혔다. 훼손된 해양 생태계가 복구되려면 수십 년은 걸릴 것이다. 소통 실패로 헤이워드는 사실상 곧바로 일자리를 잃었고 BP 사의 명성은 추락했다. 당연한 결과였다. 앞으로 수십 년 동안 분명 모든 경영대학원에서 이 사례를 연구 자료로 사용할 것이다.

다행히 우리 대부분은 그렇게 끔찍하고 큰 대가를 치르는 의사소통 실패를 경험하지 않을 것이다. 그러나 안타깝게도 인간이기 때문에 이런 일이 누군가에게 일어나고 있고 앞으로도 일어날 것이다. 결과가 미미하든 엄청나든 소통의 실패는 어쨌든 실패다.

나는 수십 년 동안 비범한 사람들의 소통 패턴을 연구했다. 그들의 소통 기술은 얼마나 완벽하게 소통을 하느냐에 있는 게 아니라 **사람들에게 감동을 주고 동기를 부여하는 능력**에 있다. 비범한 사람들은 언어적 또는 비언어적으로 솔직하고 명확하게, 자기 신념을 담아 소통을 하려 적극적으로 노력한다. 이른바 **진심에서 우러나는 말**을 하려고 한다. 그들은 자신의 말과 행동이 중요하다는 사실을 매우 잘 알고 있고, 위안을 주고 걱정을 덜어주고 관계를 강화하고 영감을 주는 방법을 찾는다. 그들의 말에는 울림이 있다. 생산적인 의사소통을 가능하게 해주는 중요한 메시지, 바로 **배려하고 있다**는 메시지를 전하는 힘이 있기 때문이다.

배려, 울림 있는 소통의 조건

나는 프리 국장이 우리와 나란히 달리던 그때를 생생하게 기억한다. 프리 국장은 아주 많은 이야기를 들었지만 결코 부담을 느끼는 듯 보이지 않았다. 이유는? 바로 우리를 **배려**하고 있었기 때문이다. 그것이 비범한 리더들이 보이는 자질이다.

우리는 방법을 안다면 쉽게 배려를 실천할 수 있다고 생각한다. 그러나 관찰과 마찬가지로 배려는 그 구성 요소를 이해해야 향상할 수 있는 기술이다. 프리 국장은 자신이 상대를 배려하고 있음을 알리기 위해 정확히 무엇을 했을까?

프리 국장이 요원들 말을 경청하는 것으로 배려하는 마음을 보였다고 생각한다면 문제의 핵심을 제대로 보지 못한 것이다. 비범한 사람들이 어떻게 경청하는지 이해하기 위해 프리 국장의 행동을 살펴보자.

시간을 들인다

먼저 가장 중요한 것은 프리 국장이 시간을 냈다는 점이다. 시간은 돈보다 더 중요하고 가장 소중한 재화이다. 우리에게 주어진 시간은 제한되어 있다. 시간을 어떻게 쓰는지를 보면 그 사람이 무엇을 소중하게 여기는지 알 수 있다.

극도로 바쁜 일정 속에서도 국장은 우리와 함께 시간을 보내며 자신이 우리를 소중하게 여긴다는 것을, 즉 우리를 배려한다는 것을 보여줬다. 덧붙이자면 그것은 내가 강연 주제로 자주 삼는 이른바 '페이스 타임face time'이라는 귀중한 요소이다. '얼굴을 보는 시간'은 우리에게 아주 세세한 정보까지 교환할 기회를 제공한다. 서로 얼굴 보는 시간이 많을수록 소통을 더 잘할 수 있고, 더불어 성공할 가능성도 커진다. 우리가 왓츠앱WhatsApp이나 줌Zoom 같은 화상 회의 서비스에 기대게 된 것도 당연하다. 팬데믹 시기에도 얼굴을 볼 수 있는 황금 같은 기회를 제공하지 않는가.

삶에서 중요한 사람과 함께 보내는 시간은 무척 소중하다. 프리 국장은 우리에게 그런 시간을 만들어 준 것이다. 그는 연수생들이 달리기하러 나와있으리라는 것을 알고서는 그들과 함께 달리기 위해 새벽 4시 30분에 일어나 워싱턴 DC에서 콴티코까지 운전해 왔다.

기회를 만들고 가까이서 소통한다

프리 국장은 우리의 이야기에 관심이 있었고 자신이 관심이 있음을 알리기 위해 기회를 만들었다. 그는 우리에게 고민이 무엇인지 이메일로 보내라고 요구하지 않았다. 온라인 설문지를 돌리지도 않았다. 회의를 소집해 '뭐든 질문하라'고 말을 유도하지도 않았다. 그는 우리의 습관과 행동을 관찰했고, 솔직한 소통이 일어날 수 있는 곳으로 찾아오는 수고를 마다하지 않았다. 우리처럼 방첩 활동에 종사하는 사람들도 반대편 정보 요원(스파이)과 마주칠 기회를 일부러 만든다. 그래야 그들과 대화할 기회가 생긴다. 그들의 식사 습관이나 관심 스포츠를 지켜봄으로써 술집이나 식당에서 '우연히' 부딪히거나 즉석에서 테니스 파트너가 되는 기회를 잡을 수 있다. **비즈니스에서도 비범한 사람들은 관계 형성을 지원하면서 되도록 여과되지 않은 정보를 최전선에서 직접 수집할 기회를 만든다.**

프리 국장은 우리와 함께할 기회를 만들기 위해 공간과 거리 문제를 극복했다. 그는 우리가 편하게 느끼고 더 솔직하게 말할 수 있는 장소로 직접 찾아왔다. 우리를 본부로 호출한 게 아니었다. 자기 사무실로 불러 일대일 면담을 한 것도 아니었다. 누구와 이야기했는지 명부를 남기는 것도 없었고, 아무도 대화를 방해하지 못하게 했다. 공식 기록이 남지 않는 사적이고 친밀한 소통이었다. 국장과 나란히 달리면서 우리는 강력한 조직의 일원으로서 우리가 함께하고 있다는 느낌을 받았다. 절차, 형식, 명령 체계, 직위 등의 측면에서 다른 국장들이 장벽을 만들었다면 프리 국장은 그 장벽을 없앴다. 그는 어느 모로 보나 '우리와 함께' 있었다.

현명한 부모가 청소년 자녀를 대하는 태도와 크게 다르지 않다. 아이를 가족 '대화 방'으로 부르거나 사적 공간인 아이 방에 무턱대고 들어간다면 아이가 민감한 주제에 대해 입을 열지 않으리라는 것을 현명한 부모는 안다. **중립 지대**에서 대화한다면, 또는 같이 농구를 하거나 드라이브할 겸 할인 행사장에 가보자고 하거나 좋아하는 음식을 먹으러 외출하는 것같이 아이가 좋아하는 것을 하면서 대화한다면 진짜 생각을 주고받는 소통이 이뤄질 가능성이 더 크다. 이렇게 하는 데 더 많은 노력이 들어갈까? 그렇다. 하지만 우리가 배려할 때, 우리가 이해하려고 하는 게 중요한 것일 때 노력은 그만한 가치가 있지 않을까?

상대의 관심사를 질문한다

프리 국장은 답을 들고 오지 않았다. 그는 질문을 들고 우리를 찾아왔다. "어느 사무국 소속인가?" "그곳은 어떤가?" "근무지를 마지막으로 옮긴 게 언제인가?" "이사 다니는 스트레스를 자네 부인은 어떻게 처리하나?" 등 **우리가 대답하고 싶어 하는 질문을 했다.** 아마 그는 그 유명한 뉴욕 남부지방 연방 검찰청 검사로 있을 때 질문하는 기술을 배웠을 것이다. 하지만 제일 중요한 사실은 그가 가정적인 남자라는 것이었다. 그 역시 늘 이사 다니느라 힘들었고, 그의 아내는 남편의 일이 가족의 삶을 방해할 때 주저하지 않고 바로바로 말하는 성격이었다. 가족이 행복할 때 FBI 요원들이 일을 더 잘한다는 것을 프리 국장은 알고 있었다. 그래서 우리에게 중요한 것에 관한 질문을 신중하게 골라서 물었다.

최근 상사가 찾아와 인사를 건네며 가족의 안부를 묻거나 상황을 개선할 수 있는 좋은 방법이 있는지 물은 때가 언제인가? 다른 사람에게 진정한 관심을 기울임으로써 배려하는 마음을 전달하는 것은 생각만큼 흔히 있는 일이 아니다. 건의함도 별 효과가 없다. 단체 이메일도 마찬가지다. 상사가 개인적으로 직접 의견이나 생각을 물어주거나, 가감없이 제안해 주기를 요청하거나, 아니면 그저 약간 사적인 질문을 해준다면 우리 마음에 얼마나 강렬한 인상이 남을지 생각해 보라. 마지막으로 그런 요청이나 질문을 받은 때가 언제인가? 아니면 그런 요청이나 질문을 다른 사람에게 한 때가 언제인가? 이렇게 묻는 이유는 이것이 바로 비범한 사람들이 하는 행동이기 때문이다.

요원들이 프리 국장에게 직접 말하는 게 도움이 되었을까? 몇몇 경우는 그랬다. 하지만 의회에서 충분한 금액의 예산을, 그것도 제때 통과시키지 못했을 때처럼 국장이라도 아무것도 할 수 없는 경우도 있었다. 그러나 문제가 해결되고 안 되고는 중요한 게 아니었다. 프리 국장은 구성원에게 주의를 기울이고 배려하면서 직접 우리의 말을 들어줬고, 그러면서 많은 사람이 하지 못한 일을 했다. 바로 우리의 고민을 알아줬다는 것이다. 우리에게는 그것이 중요했다.

인정, 경청하고 알아주는 태도

내가 다니는 YMCA의 수영장은 어린이 놀이 공간을 지나야 갈 수 있다. 그곳을 지날 때마다 많은 아이가 근처에 있는 부모나 돌보미에게 보여주기 위해 여러 행동을 하는 것을 보면서 깊은 인상을 받는다. 안타깝게도 어른들 대부분은 안드레아가 방금 옆으로 재주넘기를 완벽하게 했고 노아가 처음으로 턱걸이에 성공했다는 것을 알아볼 시간이 없다. 순간 벌어진 일이기도 하지만 부모들이 스마트폰에 정신이 팔려있기 때문이다. 더 최악은 처다보지도 않으면서 무미건조한 목소리로 "잘했어"라고 말하는 것이다. 그런 반응은 아이들이 이미 알고 있는 사실, 즉 어른들은 정말 자기에게 마음 쓰지 않는다는 사실을 다시 한 번 확인해 줄 뿐이다. 때로 아이들은 어른들의 관심을 포기하거나 아니면 관심을 끌기 위해 더 요란한 시도를 하기도 한다.

내가 본 부모들과 아이 돌보미들은 **인정**Validation, 그러니까 **주의 깊게 보고 알아**주는 데 실패한 것이다. 사실 우리 모두 그럴 때가 있다. 그러나 인정에 자주 실패한다면 나중에는 쉬 사라지지 않는 감정적인 상처와 갈등을 남길 수 있다. 기업 경영자가 계속해서 직원들을 인정해 주지 않는다면 직원들은 기회가 될 때 회사를 떠나버릴 것이다. 인간은 정당하게 인정받기를 원한다. 인정받음으로써 자존감이 높아지기 때문이다.

나는 바쁘고, 여러 일을 한꺼번에 처리하고, 과집중하는 것이 어떤 느낌인지 잘 안다. 말하자면 그곳에 있지만 있지 않은 것 같은 느낌이다. 그러나 한편 많은 사람과 대화를 나누면서 주변 사람들을 인정해 주고 긍정하는 것이 얼마나 중요한지도 알게 되었다. 열심히 일했는데 제대로 인정을 받지 못한 사람이나, 온전한 관심을 받기 위해 끊임없이 경쟁해야 했던 아이들의 이야기를 수없이 많이 들었다. 인정받지 못했을 때 느끼는 고통은 수십 년이 지나도 쉽게 사라지지 않는다.

물리적으로 옆에 있어주는 것은 충분한 배려가 아니다. 옆에 있어주는 것은 최소한의 행동이다. 부모로서 또는 직장에서든 당연히 해야 하는 일이다. 비범한 사람이 되기 위해서는 상대의 행동과 감정을 인정해 주려는 의지가 담긴 행동으로 공감을 표현하여 내가 상대를 배려하고 있다는 사실을 보여줘야 한다.

'인정'은 누군가가 말이나 행동으로 수행했거나 전달한 것을 경청하고 목격하고 관찰하고 알아주고 받아들이는 행위다. 이 과정에는 인정받는 사람이 누군가 자신을 알아주고 이해하고 위로해 주고 있다고 느끼거나, 그 자신이 가치 있는 존재이고 적어도 한 사람—바로 앞에서 귀 기울여 주는 사람—이 자신을 배려하고 있음을 인지하는 상호 작용이 필요하다.

인정은 여러 형태로 일어난다. 어떤 때는 드러내 놓고 표현된다. 예를 들어 아이가 멍든 부위나 깁스한 팔을 보일 때 얼마나 아프겠냐고 말하거나 어쩌다가 다쳤는지 묻는 것이다. 이것은 우리가 마음을 쓸 때 하는 일상적인 인정의 유형이다. 걱정하는 일이 있다거나 중요한 일이 생겼다고 말하는 사람에게는 가능한 한 최대로 온전한 관심을 보여주면서 상대의 마음을 확인해 준다. 또 어떤 때는 교류 결과나 아이디어, 조직에 대한 헌신을 인정해 주기도 한다. 우리가 아는 어느 문화에나 공식적인 인정 절차가 있다. 사냥에 성공한 영응을 칭찬하기 위해 모닥불 주위에서 춤을 추는 관습이나 공을 세운 사람에게 훈장을 수여하는 것도 그런 절차다.

인정은 우리가 경청하고 있고 이해하고 있고 상대방이 말하는 것을 중요하게 생각하고 있음을 보여주기 위해 관찰하는 동안 적극적으로 자신의 의사를 전달하는 과정이기도 하다. 정말 중요한 것은 **상대방의 관점에서 상황을 이해하는 것**이다. 우리는 그것을 **공감**이라 부른다. 인정은 상대가 무엇을 하고 경험했는지 또는 무슨 말을 할지에 크게 관심을 두는 것이다. 그것은 우리가 **다른 사람의 가치를 긍정하는 방식**이다. 많은 연구에 따르면 사람들은 직장에서 귀중한 존재로 여겨지고 높이 평가되기를 바라며, 개인에게 동기부여가 되는 것은 대부분 돈이 아니라 인정과 긍정이다.

인정하는 일이 항상 쉬운 것은 아니다. 다정한 부부 사이라 할지라도 가끔은 시시콜콜한 설명을 피하고 싶을 때가 있고 상대방이 말하는 것에 집중하지 않을 때도 있기 마련이다. "들어봐야 뻔해." 혹은 "그 얘기 또 듣고 싶지 않아."라고 생각할 수도 있다. 회사에서도 마찬가지다. 집중을 방해하는 사안과 우선 처리해야 하는 업무, 갑자기 발생하는 골치 아픈 문제들이 종종 인정을 방해한다. 안타깝게도 비범한 사람이 되기 위한 과정에서 인정해 주기는 선택 과목이 아니다. 흔히 사람들이 회사를 그만두는 이유는 회사 자체에 있는 게 아니라 책임자가 그들의 고민을 알아주는 시간을 전혀 내지 않기 때문이다.

들려오는 말이 처리하기 어렵거나 불쾌하거나 심지어 고통스러울 수도 있다. 하지만 비범한 사람이 되려면 기꺼이 귀 기울여 들어야 한다. 상대의 말을 인정해 주지 않는다는 것은 그가 틀렸다고 말하는 것이고, 틀렸다고 말하는 것은 상대를 보잘것없게 만드는 것이다.

FBI 요원으로서 나는 무수히 많은 피해자들이 아무도, 심지어 가족도 자기 말을 들어주지 않았기 때문에 스스로 아주 보잘것없는 존재처럼 느껴졌다고 한탄하는 소리를 들었다. 성당에서 신부가 손을 자기 허벅지 안쪽으로 가져갔다고 부모에게 말한 소년이 있었다. 그러나 부모는 아이의 말을 믿지 않았다. 인정해 주지 못한 것이다. 이제 힘 있는 어른이 된 그 소년은 49년이 지난 지금도 그때의 성 학대를 기억한다. 그런데 그보다 더 생생하게 남아있는 것은 자기 말을 믿지 않고 조사를 거부한 부모에게 받은 지울 수 없는 상처였다. 부모가 자기 말을 인정해 주지 않았기 때문에 그는 아주 오랜 시간 상처를 안고 살아왔다.

다른 사람을 알아주지 못하는 것은 개인의 문제만이 아니다. 집단, 기관, 정부도 그럴 수 있다. 정부가 시민에게 고통을 안겨줬거나, 어떤 경우 살인이나 대량 학살의 책임이 있는데도 그것을 시인하지 않는다면 단순히 역사적 사건을 인정하지 못한 것으로 끝나는 게 아니다. 피해자의 고통을 이해하지 못하고 인간 생명을 존중하지 않은 것이다. 그것은 치유될 수 없는 깊은 상처를 남긴다. 무능, 혹은 잘못된 결정과 행동으로 타인에게 상처를 준 데 대해 사과하지 않는다면 그 상처는 더욱 깊어진다. 마찬가지로 곤경에 처한 이에게 관심을 보이지 않는 것만큼 그 사람이 스스로 하찮은 존재처럼 느끼게 만드는 빠른 방법도 없을 것이다. 인정 실패, 이것이 흑인 인권 운동 '흑인의 목숨도 소중하다Black Lives Matter' 운동을 일으킨 원인 중 하나가 아닐까?

작가 엘리 위젤Elie Wiesel은 이런 말을 남겼다. "사랑의 반대는 증오가 아니라 무관심이다." 나치 강제수용소에서 살아남은 유대인으로서 그는 인간이 쓰레기처럼 내동댕이쳐지는 것이 어떤 것인지 잘 알고 있었다. 세계 여러 정부와 그 시민들이 600만 유대인이 겪어야 했던 고통을 당시는 물론이고 그 후에도 이해하거나 인정해 주지 않았을 때 어떤 기분인지도 너무나 잘 알고 있었다.

인정은 단순히 귀 기울여 말을 들어주는 것 이상이다. 누구나 말을 듣고 그냥 지나가 버릴 수 있다. 인정해 주기 위해서는 다른 사람에게 충분한 주의를 기울여야 한다. 그들이 자신에 대해 그리고 자신의 경험에 대해 마음껏 표현할 수 있는 시간과 공간을 제공하고, 심지어 최적의 장소를 찾아줘야 한다. 이처럼 상대를 인정하고 있음을 알리는 적극적인 행동을 할 때 비로소 제대로 된 공감을 할 수 있다. 스티븐 코비가 말했듯이 "인간 영혼의 가장 깊은 욕망은 인정받는 것이다." **인정은 현재, 바로 지금 시인하는 것이다.**

미국 여자 체조 국가대표팀 주치의 래리 나사르Larry Nassar에게 선수들을 성폭행한 혐의로 유죄 판결이 내려졌을 때, 많은 피해자는 마침내 오랫동안 고대하던 순간을 맞았다. 그들의 고통과 비통함과 정신적 외상이 드디어 법정에서 확인받고 인정받는 순간이었다. 수십 년의 고통 끝에 얻은 승리였다. 그들의 목소리에 마침내 누군가 귀를 기울였고, 그 결과가 빛을 본 것이다. 수십 년 동안 어린 신도들에게 성적 학대를 저지른 가톨릭 신부들에게도 같은 판결이 내려졌다. 지금은 대부분 어른이 된 피해자들은 수십 년 전에 시작된 고통을 끝내는 데 필요했던, 그래서 그들이 오랫동안 추구했던 인정과 시인을 드디어 받아냈다.

2020년 전 할리우드 영화 제작자 하비 와인스틴Harvey Weinstein은 여성들에게 저지른 성 학대로 유죄 판결을 받았다. 피해 여성들은 마침내 고통을 인정받았고, 이 사건은 미투 운동#MeToo의 신호탄이 되었다. 빠르게 성장하고 있는 미투 운동의 본질을 자세히 들여다보면, 중요한 것은 힘을 지닌 남성들이 그 힘을 이용해 여성들을 성적으로 학대해 왔고 사회가 그것을 방관하고 있었다는 사실을 마침내 확인하고 인정했다는 뜻이다. 개인이든 단체든 기업이든 국가든 '눈을 돌린다'는 것은 인정 실패를 의미한다. 끔찍한 일이 벌어졌는데 아무도 주목하지 않는다는 사실을 알았을 때 느끼는 울분과 억눌린 긴장감, 그것이 바로 우리가 인정받지 못했을 때 경험하는 감정이다.

인정은 우리에게 벌어진 가장 긴급하고 민감한 여러 문제를 해결할 대화의 기회를 열어준다. 우리는 이를 통해 카타르시스를 느끼고 몸과 마음의 치유를 얻는다. 게다가 업무 차원에서도 구성원의 노고나 배려 또는 공헌이 인정받으면 긍정적이고 협력적인 환경이 만들어진다. 기관, 기업, 공동체, 학교, 가정 어디서든 리더 자리에 있는 사람들은 시간을 들여서 '인정'해 주기 위한 노력을 해야 한다. 우리는 가장 친한 친구가 우리를 알아주기를 원한다. 하지만 그것에 만족하지 않는다. 우리가 회복된 듯한 기분이 들 때는 다름 아닌 높은 권한을 가진 사람이 우리를 인정해 줄 때다.

인정과 시인은 정신적 외상을 일으킬 정도로 충격적이거나 중대한 사건에만 하는 게 아니다. 성공적인 업무 수행과 과업에 충실하게 전념하는 태도도 마땅히 인정의 대상이다. 때에 따라서는 일상적인 문제—예를 들어 친구들에게 놀림당하고 있는 아이나 숨 쉴 틈 없이 바쁘게 일하는 직원—에도 인정을 해줄 필요가 있다. 그것이 비범한 사람이 하는 것이다. 비범한 사람들은 관찰하고 알아차리고, 내면의 힘을 발휘해 다른 사람에게 신뢰를 심어주고 그 사람을 존중하고 인정해 준다.

타인이 다가갈 수 있는 사람이 되기

인정은 노력이 필요하다. 솔직하게 소통할 수 있는 환경을 조성하려면 상대방을 기꺼이 대화에 참여시키려는 의지가 있어야 한다. 기회는 순간적으로 발생하거나, 뜻밖에 그러나 필연적으로 누군가 우리의 사무실 문을 두드릴 때 생긴다. 그리고 프리 국장이 말했듯이 우리 스스로 기회를 만들어야 할 때도 있다.

미국 CBS에서 오랫동안 인기를 누리며 방영되고 있는 「언더커버 보스」라는 프로그램이 있다. 매주 한 회사의 경영주나 CEO가 자기 회사의 말단 직원으로 위장해서 일하는 내용이다. 각 에피소드는 업무 현장을 직접 관찰할 때 얻을 수 있는 세 가지 이점을 잘 보여준다. 첫째, 다른 방식으로는 절대 얻지 못할 지식을 얻는다. 둘째, CEO가 직원의 관심사와 요구를 이해하고 인정하고 확인할 강력한 기회를 제공한다. 셋째, 직원들에게 높은 자리에 있는 사람이 그들에게 깊이 마음 쓰고 있음을 알릴 수 있다.

모든 에피소드에서 예외 없이 경영주 또는 경영자는 출연하는 수고에 비해 더 좋은 결과를 얻는다. 그들은 직원들과 더 끈끈한 유대를 느끼고, 그 경험에 감사하고, 상황을 더 명확하게 볼 수 있게 된다. 우리 같은 시청자들은 직원들이 함께 일한 사람의 정체를 알게 되는 '대 폭로'의 순간에 환호한다. 우리가 처한 상황을 상사나 힘 있는 사람이 알아준다는 데 공감하기 때문이다. 하지만 실제로 그러는 경우는 매우 드물다. 그렇기에 인정이 비범한 사람의 영역인 것이다.

조지 로고데티스George Logothetis는 재생 에너지, 항공 산업, 해운업, 부동산, 호텔 및 환대 산업을 포함해 다양한 분야에서 사업을 운영하는 세계적인 대기업 리브라 그룹Libra Group의 회장이자 CEO이다. 내가 조지와 알고 지낸 지는 20년이 되었다. 그동안 나는 조지가 한 남자로, 아버지로, 세계적인 기업가로, 박애주의자로 성공하는 것을 지켜봤다. 내가 조지에게 처음으로 깊은 인상을 받은 것은, 그러니까 우리가 서로 알게 된 계기는 효과적으로 의사소통하고 사람들에게서 최고를 끌어내고 사람들 마음을 열려고 하는 그의 강렬한 바람과 능력 때문이었다. 조지는 세계를 돌아다니며 리브라 그룹의 지사와 자회사를 방문한다. 그는 이렇게 말한다. "나는 의무로 각 지사를 방문하는 게 아닙니다. 우리 회사의 구성원이 무슨 말을 하는지 직접 듣는 것이 내게 매우 중요하기 때문에 그렇게 합니다. 사람들

눈을 보고, 그들의 말을 듣고, 반드시 모든 사람에게 말할 기회를 주기 위해서 직접 움직입니다."

조지는 신입 직원이나 인턴부터 로비 보안 요원, 경영대학원을 졸업한 노련한 이사까지 모든 사람과 대화한다. 대화를 통해 그는 일이 잘되고 있음을 확인하거나 어떤 문제를 처리해야 하는지 확실히 알게 된다. 그는 모든 사람에게 말할 기회를 제공하고 힘을 불어넣고 그들의 말에 귀를 기울인다. 배려하는 마음을 전하고 인정한 대가로 조지는 소중한 정보를 얻는다. 그의 말처럼 어떤 때는 그룹의 성공에 "막대한 긍정적 영향"을 끼치는 정보를 얻기도 한다. 이런 식의 밀접한, 현장에서 이뤄지는 쌍방향 소통은 즉각적인 효과뿐만 아니라 장기적인 효과를 낸다. 이것이 조지 로고데티스의 최측근이 그의 방식을 지지하는 이유이다. "어느 때고 조직의 생명력은 이메일 소통이 아니라 사람 대 사람으로 얼굴을 보면서 하는 소통에서 느껴지기 때문"이다.

오늘날 어느 지위에 있든 공유할 지식이 있는 사람의 의견을 무시할 수 있는 조직은 없다. 농장을 떠나 도시로 몰려들어 일자리를 찾게 되어 행운이라고 생각하는 부하 직원들에게 상사가 귀를 기울일 필요가 없었던 시대, 엄격한 수직적 위계 구조가 지배하던 산업화 시대는 지나간 지 오래다. 지금은 IT 부서를 운영하는 부장이 회사를 유지하는 시스템에 관해 CEO보다 더 많이 알고 있다.

리더들은 회사의 미래상을 품고 있다. 그러나 독일의 한 제조 회사 사장이 내게 말했듯이 리더들이 귀를 열지 않으면 "자신을 스스로 방해"하게 된다. 비전을 실행에 옮기는 사람들은 무엇이 효과가 있고 효과가 없는지, 어디에서 문제와 기회가 발생하고 트렌드가 시작되는지에 관한 최전선 정보를 알고 있다. 내가 컨설팅을 제공하는 회사의 경영자들은 대개 지위와 직급에 상관없이 그들이 소중하게 여기는 사람들과 나누는 일대일 대화에서 회사에 영향을 끼치는 사안과 사건을 계속 알게 된다고 말한다.

나와 수년 동안 함께 일한 한 CEO의 말이 이를 가장 잘 표현한다. "나는 인터넷이나 경영 컨설턴트에게서 내가 품은 질문에 대한 답을 얻을 수 있어요. 하지만 주문받은 시간부터 상품 발송까지 왜 처리가 늦어지는지 파악하려면 물류팀 직원들과 얘기해야 해요. 우리 직원들이 아는 것을 컴퓨터는 모르거든요."

가장 중요한 사람들, 즉 최신 동향을 잘 알고 있는 사람들과 친밀한 신뢰 관계를 맺지 않는다면 당신은 빠르게 도태될 수 있다. 아침 달리기를 하러 먼 곳까지 온 프리 국장처럼 **현장으로 들어가지 않는 리더는 조직의 생명력을 느끼지 못한다.**

불만을 말하는 사람이 없으니 모든 게 잘되고 있다는 '**자기 만족**'**은 근본적으로 배려심 부족에서 나온다.** 이것은 귀를 기울여 다른 사람의 의견을 듣지 않고 그들의 지식과 창의력을 인정하려 하지 않는 아집으로 표현된다.

더 큰 대가도 뒤따른다. 사람들은 상대가 자신을 배려하지 않는다고 생각하면 똑같이 그를 배려하지 않는다. 열린 소통 체계가 갖춰져 있지 않다면 우리에게 정말로 무슨 일이 일어나는지 누군가가 진실을 말해줄 것이라 기대할 수 없다.

'인정'은 어려운 도전일 수 있다. 하지만 가정과 직장에서 구성원과 신뢰를 쌓고 건강한 관계를 형성하는 데 꼭 필요하다. 그런데 배려하는 마음을 전하고 변화를 이끌 기회를 만들기 위해 비범한 사람들이 사용하는 또 다른 무언의 도구가 있다.

올바름, 신뢰할 만한 사람이라는 신호

옆에 있는 것만으로 기분 좋게 하는 사람과 같이 있어본 적이 있는가? 원래부터 좋은 성품을 지닌 것처럼 느껴지고, 따라 하고 싶고, 존재만으로 영감을 받는 그런 사람이 있는가? 나에게는 있다. 그들은 사회 각계각층에 있다. 그들은 겸손하고 친절하고 신뢰를 주며 다른 사람에게 쉽게 행복감을 준다. 그들에게 그것은 일이 아니다. 그저 살아가는 방식이다.

그런 사람을 만났다면 그들에게서 볼 수 있는 것, 곧 그들이 전하고 있는 것이 **올바름**Rectitude이라고 생각한 적이 있는가? 올바름은 케케묵은 개념이 아니다. 올바름은 **옳은 일을 행하는 태도**를 말한다. 도덕적이고 강직하고 윤리적이고 고결한 행위다. 우리는 우리가 기댈 수 있는 충직한 사람들에게서 항상 올바름이라는 자질을 찾는다. 우리는 왜 부패한 공무원이나 코치, 정치가나 기업 리더들을 혐오하고 처벌하는 것일까? 그들이 올바르지 않기 때문이다. 우리는 그들을 신뢰했는데 그들은 우리를 실망하게 했다. 올바른 사람들은 절대 우리를 실망시키지 않는다.

올바름은 매일의 행동 양식에 관한 것이다. 자신이 책임감이 있고, 목적의식을 품고 살아가고, 비굴해지거나 요령을 피우거나 거짓말하거나 남을 속이거나 의도적으로 해치는 행동을 하지 않을 것이고, 비도덕적이거나 비윤리적이거나 불법적인 일을 배척한다는 것을 세상에 확실하게 보여주는 방식이다. 올바름은 1장에서 다룬 자기 통제력이 일상에서 표현된 것이다. 올바름은 좋은 하루를 보낼 때나 편리할 때만이 아니라 삶의 선택으로서 우리가 하는 행동을 통해 전해지는 가치이다.

올바른 삶을 사는 사람들은 **윤리적인 삶을 사는 것이 옳은 일**일 뿐더러 막강한 영향력도 있음을 알고 있다. 그들은 종교적인 이유에서든 가족이나 멘토에게서 배운 기준을 지키기 위해서든 아니면 자신의 명성을 위해서든 올바른 삶을 목적으로 삼고 꾀하며 그러면서 다른 사람에게 긍정적인 영향을 끼친다. 동기보다 중요한 것은 오직 일관되게 바르게 행동하고 살아간다는 것이다. 이것이 그들을 아주 비범하고 영향력 있는 사람으로 만들어 준다.

다른 사람이 나를 어떻게 보든 내가 매일 하는 행동이 나의 본모습이다. 비범한 사람들은 날마다 언어적, 비언어적으로 올바름을 보이는 모범적인 삶을 산다. 카메라가 돌아갈 때, 사무실 문이 열려있을 때, 재무제표가 괜찮아 보일 때만이 아니라 문 뒤에서도, 아무도 보지 않을 때도, 퇴근 후에도, 그리고 대부분 원치 않을 때도 올바른 삶을 산다.

올바름은 마음가짐에서 시작된다. 하려고만 마음 먹으면 그것은 삶의 철학이 된다. 그러나 말과 행동으로 적극적으로 실천할 때만 현존하는 것이다. 우리가 습관처럼 매일 올바름을 실천한다면 도움이 필요할 때 사람들은 반응을 보이고 우리를 믿어주고 주의를 기울여 줄 것이다. 그것은 올바름이라는 가치에 대해 확고하게 명성을 얻은 덕분이다. 이것이 **영향력**이다. 알베르트 슈바이처가 말했듯이 "**본보기는 다른 사람에게 영향력을 끼치는 데 주요한 것이 아닌 유일한 것이다.**" 올바름은 그만큼 강력하다.

우리가 올바름이라는 가치를 지니고 있다는 것은 어떻게 전해질까? 바로 스스로 올바름에 대한 높은 기준을 지키고, 규칙과 법을 마음대로 주무르지 않으며, 경계선을 지키고, 모든 사람을 마땅히 존중하고, 내가 무언가 옹호하고 있음을 말과 행동으로 보여주는 것이다. 그뿐 아니라 우리 자신의 성품과 명성이 누군가 제공할지 모르는 세속적인 가치보다 중요하다는 것을 알고, 도덕적·법적 경계를 침범하지 않으며, 그와 비슷한 어떤 행동도 하지 않는다는 것을 보여줌으로써 올바름이라는 가치를 드러낸다.

간단히 말해 자신을 항상 점검하면서, 당신 자신이 실제 그렇기 때문에 늘 본이 되는 삶을 살면서 스스로 올바르다는 것을 알리는 것이다.

우리 아버지는 올바름이 몸에 밴 분이었다. 마이애미에서 작은 철물점을 운영하셨는데, 울타리 수리에 못 여덟 개가 필요했을 때 다른 손님들과 똑같이 줄을 서서 값을 치르고 가져갔다. 그냥 가져갈 수도 있었고 그러더라도 아무도 뭐라 하지 않았을 것이다. 어쨌든 그건 아버지 가게였으니 말이다. 그러나 아버지는 정직이 습관처럼 몸에 배어있었다. 아버지는 나에게 진실함에 관해 훈계하지 않았다. 아버지의 삶 자체가 진실함의 본보기였다. 지금까지 살면서 사람들이 먼저 다가와 "아버지가 참 좋은 분이십니다. 정직한 분이세요."라고 말하는 것을 무수히 많이 들었다. 아버지의 올바름은 아는 사람이나 모르는 사람 모두에게 좋은 본보기였다. 아버지는 욕설하지 않고 남을 험담하지도 않고 정당한 일이기만 하면 가족을 위해 무엇이든 하는 겸손한 사람이었다.

올바름은 얼마나 큰 영향력이 있을까? 넬슨 만델라가 정치적 탄압을 받아 수감된 감옥에서 어떤 것을 견뎌냈는지 생각하게 된다. 만델라는 자서전 『자유를 향한 머나먼 길』에서 가혹하기로 악명이 높은 교도소장이 있던 수감 시절을 이야기했다. 교도소장은 재소자들의 삶을 지옥으로 만들었다. 수감자가 완전히 탈진할 때까지 강제 노동을 시켰고 추위를 막기 위한 침구류나 담요도 지급하지 않았다. 그러나 만델라에게는 아무도 빼앗아 갈 수 없는 것이 있었다. 바로 올바름이라는 가치였다. 그는 자신의 주장이 옳고 자신을 감옥에 가둔 사람들은 역사의 잘못된 편에 서 있는 것이라는 확고한 믿음이 있었다. 넬슨 만델라는 뜻을 굽히지 않았다. 교도소장은 그를 굴복시키려고 아내의 면회를 금지하고 따뜻한 옷을 지급하지 않거나 배식량을 제한했다. 그러나 만델라의 생각은 확고했다. 배식량이 제한될 때 그는 꼭 다른 재소자들이 먼저 식사하게 했다. 담요가 충분히 지급되지 않을 때는 본인이 힘들더라도 가장 어려운 사람이 먼저 몸을 덥힐 수 있게 했다. 간수들이 그의 명성을 망치려고 했지만 모든 시도는 실패로 돌아갔다. 그는 자신과 다른 정치범들이 지키려는 가치를 절대 포기하지 않았다.

만델라의 올바름은 그를 포함한 정치범들에게 가해지는 어떤 압박보다 강했다. 간수들은 아무리 비인간적인 취급을 받아도 자신을 억류하는 사람들을 인간적으로 대하는 특별한 사람이 있음을 알게 되었다. 만델라가 32년 투옥 생활을 마치고 석방될 무렵 그를 억압했던 사람, 그에게서 자유를 앗아간 사람들 모두 그의 열렬한 지지자가 되었다. 그의 순수한 목적, 모든 사람이 평등하다는 신념은 굽힐 줄 모르는 그의 성격에 잘 나타났다. 만델라는 변화를 일으키는 올바름의 본을 통해 심지어 적까지도, 즉 자신을 억류했던 사람들까지 자기편으로 만들었다.

우리 대부분은 만델라가 겪었던 고난을 맞닥뜨릴 일이 결코 없을 것이다. 만델라와 다르게 일상 속에서 올바름이라는 가치를 전할 방법 몇 가지를 살펴보자.

언어와 비언어로 목소리를 내다

비범한 사람들은 옳은 것을 옹호하기 위해 거침없이 말한다. 그들은 주장을 밝히는 데 완벽한 장소나 시간을 기다리지 않는다. 마틴 루서킹 목사는 링컨 기념비 앞에서 역사에 길이 남는 멋진 연설을 하여 자신의 신념을 밝혔다. 그저 평등을 주장할 뿐인 흑인 시민들을 공격하기 위해 백인 경찰이 입마개도 채우지 않은 셰퍼드를 풀어놓고 곤봉을 휘두르는 미국 남부 어느 도시에서도 자기 신념을 외쳤다. 그는 언제 체포되거나 구타당하거나 총에 맞거나 화염병에 맞을지 알 수 없고, 한밤중 인종차별주의자 폭력단에게 린치당하는 또 다른 흑인이 될 수도 있는 무서운 상황에서도 계속 목소리를 냈다.

킹 목사가 말했듯이 "안전하지도 않고 사람들이 좋아해 주지도 않는 자리에 있어야 할 때가 있다. 하지만 양심이 그것이 옳다고 말하기 때문에 그 자리를 맡아야 한다." 그는 자신을 존중하지 않는 사람들까지 존중하면서 위엄 있게 그 자리를 지켰다.

마하트마 간디와 비폭력 투쟁에 기반한 인도 독립운동을 연구한 킹 목사는 메시지를 보낼 때 언어만이 아니라 행동으로 드러나는 모습, 즉 비언어적 존재감nonverbal presence도 중요하다는 사실을 알고 있었다.

킹 목사는 그림자 속에 웅크리고 숨지 않았고, 그를 증오하는 두건 쓴 KKK 단원들처럼 어둠을 틈타 폭력 행위를 펼치지도 않았다. 최전선에 서서 본을 보이며 비폭력 시위를 이끌며 인간 평등에 관한 자신의 신념을 분명하게 알렸다.

킹 목사는 어디를 가든 주일 예배에서 설교할 때처럼 깔끔하게 차려입었다. 운동은 어떤 면에서는 설교이기도 했다. 날이 아무리 덥고 습해도, 경찰의 물 대포가 그와 그의 추종자들을 기다리고 있어도, 아무리 많은 셰퍼드가 옷과 살을 물어뜯으려고 달려들어도, 성난

백인 군중이 그에게 침을 뱉고 쓰레기를 던지리라는 것을 알더라도 킹 목사는 외침을 멈추지 않았다. 그는 언제나 위엄 있고 차분했고 두려움을 내비치지 않았으며, 잘 다려진 셔츠를 입고 깨끗하게 광을 낸 신발을 신었다. 킹 목사는 잘 준비된 연설을 통해 미국의 인종 차별은 "증오로 가득 찬 암적인 생각"이라는 것을 무척 위엄 있고 확신에 찬 목소리로 전했다. 좋든 싫든 미국은 킹 목사의 외침을 들어야 했다.

킹 목사는 과장 없이, 그를 파멸하려는 사람들마저 존중했기에 모두가 그에게 경의를 표하지 않을 수 없었다. 자신을 해하려는 사람들 사이로 묵묵히 걸어가고, 거리 시위를 이끌고, 권력에 맞서 진실에 대한 절대적 헌신을 보여주었다. 마음을 움직이는 킹 목사의 이미지는 전 세계로 퍼져나갔다. 킹 목사의 이야기는 비언어적 행동이 타인에게 얼마나 힘을 불어넣을 수 있는지 보여주는 좋은 예다. 또한 대의명분을 위해 필요할 때 분명히 의견을 밝히는 것이 얼마나 중요한지 가르쳐 주는 교훈이다.

진정으로 훌륭한 비범한 리더들은 자신의 신념을 말할 완벽한 순간이 올 때까지 기다리지 않는다. 그들은 가장 필요한 순간에 망설임 없이 외친다. 중요한 문제가 있을 때 거침없이 말하는 것, 약자를 괴롭히는 사람, 독재자, 해를 가하려는 이 세상의 사회적 포식자나 그러려는 국가 권력을 막는 것, 이것이 우리의 의무다. 기업가가 "나는 우리 회사에서 일어나는 어떤 종류의 괴롭힘이나 성희롱도 용납하지 않겠습니다."라고 말할 때 이 말은 강력한 메시지를 전한다. 이렇게 말하는 리더들은 자신이 직원들에게 마음 쓰고 있음을 알리면서 동시에 잠재적 가해자에게 경고를 하는 것이다. 우리가 귀하게 여기는 사람은 누군가 괴롭힘을 당할 때 옆에서 보기만 할 뿐 아무것도 하지 않는 방관자가 아니라 "그만해!"라고 거침없이 외치는 사람이다.

자폐 스펙트럼의 한 형태인 아스퍼거 증후군 진단을 받은 환경운동가 그레타 툰베리는 세계 지도자들에게 기후 변화의 위험에 관한 자기 생각을 말하는 것을 망설이지 않았다. 다른 비범한 사람처럼 툰베리는 현명하게도 지금이 기후 변화에 대해 말해야 하는 순간임을 직관적으로 알고 있다. 되돌릴 수 없을 때가 올 것이므로 그레타는 대학을 졸업할 때까지나 미래의 어느 순간까지 기다리는 게 아니라 바로 지금 말하고 있다.

지금이 외쳐야 할 때다. 지금 하지 않으면 누가 우리를 대신해 말하겠는가? 세상을 바꾸거나 더 나아지게 하고 싶다면 지금 외치자. 비범한 사람이 되고 싶다면 가장 필요한 때, 바로 지금 외치자.

배려 없는 거짓말

비범한 사람들 사전에 거짓말이란 없다. 개인이나 기업 또는 정부가 거짓말을 한다면, 특히 불신의 씨앗을 뿌리거나 진실을 말하는 사람을 공격하거나 다른 의사소통의 장벽을 높인다면 비범해지려는 사람들에게 공격받을 것이다.

담배 산업을 생각해 보자. 담배 산업은 수십 년 동안 흡연의 위험성에 관해 거짓말을 했다. 게다가 흡연이 암을 유발한다는 것을 알면서도 흡연을 부추기는 거짓된 연구 결과를 내놓았다. 아니면 신뢰를 잃고 사이클 대회 '투르 드 프랑스Tour de France' 7회 연속 우승 기록을 박탈당한 랜스 암스트롱Lance Armstrong의 사례를 보자. 암스트롱은 기량을 높이기 위해 약물을 투약했지만 거짓말로 사람들을 속였다. 게다가 거짓말이 드러나자 그의 퇴출을 요구하는 사람들을 공격했다. 암스트롱의 행동은 '부끄러운' 행동이 아니다. 부끄럽다는 말은 아이 생일 선물 사는 것을 깜박했을 때나 쓰는 말이다. 진실을 말하는 사람을 공격하고 위협하는 것은 범죄 행위다.

어떤 동기로든 기업이, 정부가, 대통령이 거짓말할 때 결국 사회의 안정을 해치는 분위기가 만들어진다. 우리는 냉소적으로 변하게 되고 우리가 속한 제도에 대한 믿음을 잃는다. 결국 알베르트 아인슈타인이 말했듯이 "작은 문제에서 진실에 신경 쓰지 않는 사람이 있다면 단연 중요한 문제가 있을 때 누구도 그를 신뢰할 수 없다." 그러므로 올바름이 위태로운 환경은 인류를 위태롭게 하는 환경이다.

거짓을 맞닥트렸을 때 우리가 해야 할 일은 거짓을 지적하고 반복되지 않게 하는 것이다. 그래서 2002년 「타임」은 권력을 쥔 사람들의 거짓말 때문에 일어난 결과를 목격하고 그에 대해 진실을 밝힌 것을 높이 평가해서 최초로 여성 세 명을 '올해의 인물'로 선정했다.

FBI 변호사 콜린 롤리Coleen Rowley는 FBI 본부 고위 관리들이 9·11 테러 계획의 초기 징후를 무시했고 나중에는 테러 징후가 없었다고 거짓말한 사실을 밝혔다. FBI 본부 관계자들은 옳은 행동을 하기를 주저했지만 FBI 현장 요원들은 최선을 다해 일했고 사건의 흩어진 조각들을 끼워 맞춰 그림을 완성했다는 사실을 세상에 알리기 위해 목소리를 냈다.

신시아 쿠퍼Cynthia Cooper는 미국 유선 통신 기업 월드컴WorldCom에서 일어난 38억 달러에 달하는 회계 부정(우리는 이것을 거짓말이라 부른다)을 혼자 힘으로 파헤쳤다. 한 주식회사의 고위 경영진이 자행한, 경악할 정도로 뻔뻔한 부정부패이자 대형 사기극을 폭로한 것이다. 쿠퍼의 노력으로 주주들에게 훨씬 더 큰 손해를 입힐 수 있었던 사기 행각이 만천하에 드러났다.

미국 천연가스 기업 엔론Enron의 직원이었던 셰런 왓킨스Sherron Watkins는 상사에게 회사가 재정 붕괴 위험에 처했다고 말했다. 실제로 엔론은 재정 파탄 위기에 있었다. 회사 중역들은 부정을 저질렀고 그에 대해 직원들에게도 거짓말하고 있었다. 회사는 기본적으로 지급 불능, 회복 불가능 상태로 침몰하고 있었지만 투자를 유도하기 위해 회사 자산 규모와 안정성에 관해 허위 사실을 유포했다. 결국 왓킨스의 말이 옳았다.

권력 앞에서 진실을 말하는 선택을 함으로써 세 명의 양심적 내부 고발자는 스스로 비범한 사람임을 증명했다. 그들은 윤리의 본질이(곧 윤리의 정의가) 그 대상이 국가든 직원이든 주주이든 평범한 시민이든 **사람들에게 이로운 일을 하는 것**임을 절대 잊지 않았다. 이는 자신보다 더 힘 있는 사람이 분노한다 하더라도, 그것과 상관없이 진실을 밝힐 수 있을 만큼 타인을 깊이 생각하는 태도를 의미한다. 세

내부 고발자들은 입을 닫고 아무 말도 하지 않을 수도 있었다. 그러나 그것은 비범한 사람의 방식이 아니다. 올바른 사람은 위기에 처했을 때 기지를 발휘한다. 그것이 그들이기 때문이다. 그것이 권력 앞에 진실을 말해야 할 때만이 아닌, 그들이 매일 보여주는 모습이기 때문이다.

영감을 주는 의사소통

우리 대부분은 세상을 살면서 도덕성을 시험받거나, 넬슨 만델라나 킹 목사 같은 사람들처럼 도전을 견뎌야 하거나, 내부 고발자가 될 것인지 아닌지 선택의 갈림길에 서는 일을 겪지 않을 것이다. 그러나 스스로 자신을 과소평가하고 있을지 모르겠지만 **우리 모두에게는 소통을 통해 다른 사람에게 영감을 줄 힘이 있다.**

나는 운이 좋게도 강연과 동영상, 블로그 포스팅, 책, 인터뷰 등을 통해 세계 여러 사람들의 이야기를 듣고 있다. 내 글이나 강연이 삶을 변화시키고 통찰을 전하고 더 많이 배우도록 독려하는 데 얼마나 도움이 되었는지 이야기하는 메시지를 수천 통 받았다. 이런 식으로 사람들을 도울 수 있어서 영광이라고 생각한다.

의사소통으로 다른 사람을 격려하는 일은 고결한 미사여구나 영웅적인 삶을 선택하는 문제가 아니다. 매일 아침 상대의 이름을 부르면서 인사를 하는 것만큼 간단한 것일 수 있다. 때로는 "옳은 결정을 내렸군요. 잘하셨습니다."처럼 간단한 말이 낙담하거나 자괴감에 빠진 사람에게 큰 힘이 될 수 있다. "자신감을 가지세요. 정말 고생하셨습니다."라는 긍정의 말이 누군가를 행복하게 할 수 있다.

우리가 전하는 말이 다른 사람들에게 어떤 영향을 끼칠지 우리는 절대 모른다. 몇 년 전 FBI 탬파 사무국에서 일하던 때, 워싱턴 DC FBI 본부 전화 교환원에게서 전화 한 통을 받았다. 흔치 않은 전화였다. 콴티코 FBI 아카데미에서 신입 요원 연수 중인 여성 훈련생이 요청한 통화로, 당장 나와 이야기해야 한다고 했다는 것이다.

수화기 너머로 처음 듣는 목소리가 전해졌다. 상대가 말했다. "내버로 요원님. 기억하지 못하시겠지만, 저 카일리입니다." 기억이 나지 않았다. "따님과 중학교 때 같은 반이었습니다." 여전히 얼굴을 떠올릴 수 없었다. "내일 신입 요원 훈련 과정을 수료한다는 말을 전해드리고 싶었습니다. 제가 FBI 요원이 될 수 있게 격려해 주셔서 감사합니다. 이 말을 꼭 전하고 싶었습니다."

그 말을 듣고 얼마나 기뻤는지 말하지 않을 수가 없다. 25년 넘게 FBI에서 일하면서 새로운 근무지로 배정되어 갈 때마다 그 지역 학교에서 여러 번 강연을 했다. 누군가 내 강연을 듣고 "저 아저씨처럼 되고 싶다."라고 결심했으리라고는 상상도 하지 못했다. 내가 무슨 말을 했기에 이 젊은 여성이 앞으로 25년을 FBI에 바치겠다고 마음먹었을까? 이것은 우리가 다른 사람에게 끼치는 이로운 영향이 지닌 아름다운 미스터리다. 그런 영향을 끼치면서 소통하는 사람은 타인에게 오래도록 기억된다. 그리고 우리 모두 다른 사람에게 이로운 영향을 끼치면서 소통할 수 있는 힘이 있다.

코로나19가 터졌을 때도 그랬다. 사람들은 서로 온라인 회의를 진행하는 방법, 시스템을 재조직하는 방법을 가르쳐 주었다. 또 어떤 사람들은 노래, 기도, 시, 예술 작품, 기분 전환용 유머를 공유했고, 우리 대부분이 지금껏 한 번도 겪어보지 못한 너무도 위압적인 상황에서 서로에게 기운을 북돋기 위해 할 수 있는 모든 것을 했다.

우리는 삶이 무엇을 담고 있는지 전혀 모른다. 그러나 우리 삶의 방식이 다른 사람에게 영감을 줄 수 있다는 것은 안다. 어떻게 하느냐는 우리 자신에게 달려있다. 과연 누가 우리에게 와서 "당신은 내가 닮고 싶은 특별한 사람입니다."라고 말할까? 절대 알 수 없다.

리더십 강연에서 나는 종종 이런 질문을 던진다. "여러분은 컴퓨터 화면이나 책상의 어디에 '도움 폴더Help Folder'를 둡니까?" 도움 폴더는 다른 사람을 돕기 위해 현재 공들이고 있거나 계획하고 있는 일을 담아두는 폴더이다. 그것은 힘든 시간을 보내는 누군가에게 격려의 편지를 쓰는 일일 수도 있다.(내 친구는 치료를 위해 병원에 장기 입원 중인 이웃에게 매주 짧은 손 편지를 보냈다.) 온라인으로 학생에게 개인 교습을 해주거나, 업계에 이제 막 발을 들여놓은 신입에게 멘토링을 제공하거나, 동료가 곤란한 일을 피하도록 돕는 일일 수도 있다. 집 밖으로 나올 수 없는 이웃을 위해서 장을 보는 김에 필요한 물건을 사다주거나 몸이 불편한 사람이 가구를 재배치하는 것을 돕는 등 혼자 감당할 수 없는 어려운 문제를 맞닥트린 사람을 돕는 일도 도움 폴더에 넣을 수 있다. 우리의 도움 폴더가 두툼해지면 그것은 우리가 누구인지, 그리고 우리 인격이 어떤지 많은 것을 말해줄 것이다.

세상을 더 나아지게 만들고 싶은가? 비범한 사람이 되기를 원하는가? 그렇다면 올바른 삶을 삶으로써 배려하는 마음을 전하자. 오늘, 지금 시작하자. 누구의 허락이나 승인도 필요 없다. 게다가 대부분 돈이 들지 않는다. 이제 직접 행동을 통해 다른 사람에게 영향을 주자. 장담컨대 그러면 우리 자신과 우리의 삶, 그리고 주변 사람들이 더 나은 모습으로 바뀔 것이다.

나는 그동안 인간 행동을 연구하고 경영 코칭을 하면서 비범한 의사소통 능력자들이 우리가 앞에서 이야기한 것들을 잘하는 이유에 관해 많은 깨달음을 얻었다. 단순한 업무에서는 물론이고 협력, 협업, 협상처럼 민감성이 필요한 일을 할 때도 소통을 잘할 수 있는 몇 가지 비법이 있다. 앞에서 다룬 원리와 이 비법을 결합한다면 우리의 영향력을 크게 높일 수 있을 것이다.

소통 능력자는 감정부터 다룬다

효과적이고 원활한 의사소통의 첫 번째 원칙은 **감정을 먼저 다루라는 것**이다. 다른 것들은 모두 그다음이다.

감정이 먼저다

감정이 먼저라니, 많은 사람에게 이것은 받아들이기 어려운 말이다. 우리는 논리에 따라 일을 진행하기를 원한다. 감정이 소통을 먼저 지배하게 하는 것은 때로 불편한 일이다. 하지만 논리로 소통을 이끌기 전에 감정을 먼저 돌봐야 한다. 인간의 마음과 감정이 지닌 생존 역할을 알고 있다면 무슨 말인지 이해가 될 것이다.

어떤 사람과 논쟁을 벌였는데 논쟁이 다 끝나고 마음을 진정하고 난 후에야 뒤늦게 '이렇게 말했어야 했는데' 하고 후회해 본 적이 있는가? 논쟁을 벌이는 동안 '변연계'의 '감정 납치'가 일어났기 때문이다. 마음이 심란하고, 화가 나고, 놀라고, 불쾌할 때처럼 강한 심리적 불편함이 느껴지면 생존을 위해 '감정적 뇌'인 변연계가 우위를 차지한다. 변연계가 신경 회로를 '납치'하면 우리는 논리적 생각을 덜 하게 되므로 더 긴급한 요구를 다룰 수 있다. 더 긴급한 요구에 직면하면 우리는 달리기, 나무 올라가기 같은 도주 전략으로 위험 인자에서 거리를 두거나, 필요하다면 생존을 위해 투쟁을 벌일 수도 있다. 이것은 생물 종으로서 우리 인류가 생존할 수 있었던 유일한 방법이다. 그러나 신경 전기 화학적 연쇄 반응이 즉각적으로 일어나기 시작하면 감정 납치로 인해 뇌가 인지된 위협에 늦게 반응하거나 이성적 반응이 억제될 수도 있다.

우리는 많은 상황에서 **감정 우위**primacy of emotions를 자연스럽게 이해한다. 아이가 친구와의 일로 울면서 집에 들어오면 우리는 반사적으로 아이를 안아주고 달래준다. 교사들은 "아이들은 화가 나거나 슬플 때는 단순한 덧셈도 하지 못한다."라고 말한다. 이것은 어른에게도 적용된다. 감정적일 때나 스트레스를 받을 때는 생각이나 행동을 제대로 할 수 없다.

이번에는 다른 방향에서 생각해 보자. 관찰한 바에 따르면 직장에서 사람들은 대부분 무언가 신경 쓰이는 게 있으면 앞에 나서서 말로 하기 전에 표정으로 드러낸다. 비언어적 방식으로 괴로움을 표현하는 것이나 "지금 힘들다."라고 직접 말하는 것이나 사실 아무 차이가 없다. 인간은 비언어적으로 감정을 전달할 수 있게 진화했고 소리 내어 말하지 않더라도 자기 마음을 드러낸다. 내면의 고통이 행동으로 드러나고 있다면 누군가 말로 "짚고 넘어갈 게 있어요."라고 표현할 때와 꼭 마찬가지이다. 말로 표현되지 않았다 하더라도 눈으로 보이는 것을 무시해서는 안 된다. 그 일을 다루는 것은 우리의 책임이다.

다음은 한 동료의 이야기다.

어느 날 아침 근무 중에 나보다 상급자지만 내가 보고를 해야 하는 직속 상사는 아닌 어느 임원에게서 전화를 받았다. 그는 말 그대로 나를 위협했다. 내가 그 임원이 생각하는 만큼 신속하게 상황을 처리하지 못했다는 이유였다. 나도 고위 간부고 장기 근속자고 수년간 많은 성과를 이뤘다고 평가받는 사람인데 그런 식의 말은 충격이었다. 나는 전화를 끊고 나서 말 그대로 얼빠진 채 멍하니 책상을 바라보았다. 그 순간에 무엇을 해야 할지 혼란스러웠지만 어쨌든 업무를 이어갔다. 그때 갑자기 상사가 전화해서 나를 자기 사무실로 불렀다. 드문 일이었지만 잘된 일이라 생각했다. 오늘 같은 날 아침에 더 나빠질 게 뭐가 있겠나 싶었다.

터벅터벅 걸어 사무실로 들어갔다. 평소처럼 인사를 하고 자리에 앉았다. 상사와 나는 잠시 말없이 앉아있었다. 그러다 상사가 갑자기 안부를 물었다. "그래, 요즘 일은 어떤가?" 나는 속으로 '도대체 뭐지? 수다나 떨자고 부른 건 아닐 텐데. 무슨 말을 하려는 거지?' 하고 생각하면서 "아, 괜찮습니다."라고 대답했다. 다시 침묵이 흐른 뒤 그는 아침에 무슨 일이 있었냐고 물었다. 말하기 창피하지만 그 말에 나는 갑자기 울음을 터트리고 말았다.

오전의 통화 내용을 상사에게 모두 말하지는 않았다. 알고 봤더니 그럴 필요도 없었다. 아침에 내게 전화했던 임원이 이미 내상사에게 전화해서 우리가 통화한 내용에 대해 말한 상태였다.(그임원은 내가 상사에게 상황을 보고하리라 생각한 것일까? 어쩌면 자기가 한말이 마음에 걸렸는지도 모른다.) 상사와 나는 다음에 무엇을 해야 할지 의논했다. 그의 차분한 표정은 나에 관해서 또는 우리 관계와 관련해서 오전의 사건은 걱정스러운 일이 아니라고 말하고 있었다. 나는 사무실로 돌아가서 상사와 논의한 대로 계획을 실행했다. 그 뒤에 그것을 다시 의논할 일은 없었다.

나는 상사가 충분히 배려해 주고 내 기분에 대해 먼저 나서서 이야기해 준 것이 정말 고마웠다. 그는 내가 그 일을 보고해서 그에게 문제가 될 것인지 가만히 지켜보지 않았다. 그는 나를 잘 알았고 그래서 내가 감정을 잘 다스리고 넘어가리라는 것도 알았을 것이다. 어찌 되었든 그는 자신이 아침의 사건을 알고 있다는 사실을 내게 먼저 드러낼 필요는 없었다. 그럼에도 상사는 나에게 직접 확인한 것이다.

자, 이렇게 간단하다. 상대의 감정을 다룬 후에 일을 처리하거나 사업적 거래를 시작하는 것이다.

논리적으로 설득하기 전에 먼저 감정을 달래야 한다. 감정에는 수도꼭지가 없다. 분출되는 감정을 마음대로 잠글 수 없다. 변연계의 감정 납치는 우리가 정상으로 돌아가기 전까지 자연스러운 포물선을 그리며 전개되는 전기 화학적 연쇄 반응이다. 그런 까닭에 우리가 힘들 때 듣고 싶은 말은 "도와줄까요?" "괜찮으세요?" "이건 다음에 할까요?" "뭔가 할 말이 있나요?" "걱정하지 마세요. 이걸 얻었잖아요." 같은 진정시키는 말이다. "그냥 받아들여요. 우리는 모두 한배를 탔잖아요. 그러니 이해해야죠." "상관한테 지적받기 전에 정신 바짝 차리세요." 또는 더 심한 경우 "나한테 징징거리지 마세요."라는 말이 아니다. 나는 이런 말을 모두 들어봤다.

후자와 같은 반응에는 배려나 인정 또는 공감이 부족하다. 감정 부정은 종종 사람 마음을 더 상하게 한다. 감정적 욕구가 충족되지 않은 채 방치된다면 이런 식으로 감정을 인정받지 못한 사람은 사안을 금방 잊지 못한다.

동료와 고객을 관찰해서 2장에서 이야기한 불편함의 표시가 보이지 않는지 보자. 꽉 다문 입술, 가늘게 뜬 두 눈 사이로 찌푸린 미간, 단단히 고정되거나 흔들리는 턱 이런 것들 말이다. 불편함을 느끼는 이유는 복합적일 수 있다. 회의에 늦었는데 차도 막히고, 회사 로비에서 신원을 확인받기 위해 기다리면서 시간이 더 지체되어 짜증이 났을지 모른다. 이런 경우 의사소통을 잘하는 비범한 사람들은 상대가 보이는 불편함의 표시를 알아보고 "여기까지 오는 길이 어땠습니까?"라면서 무엇이 문제인지 묻는다. 그러면 상대가 한숨을 내쉬며 "늦어서 죄송합니다. 큰길에 사고가 있어서 차가 막혔습니다."라고 말할 기회를 줄 수 있다. 그것은 우리가 상대의 경험을 받아들이고 인정하고 있다는 신호다. "저런! 오느라 고생하셨네요. 저도 그 도로에서 꼼짝 못 한 적이 있습니다." 그러고 나서 "자리에 앉으세요. 물 좀 드릴까요?"라고 말하면서 상대의 불편함을 개선하려고 노력하는 것이다.

때때로 사람들에게 필요한 것은 "맞아요, 근처에 주차할 데도 없었고 게다가 비까지 와서 잔뜩 짜증이 났습니다." 하고 순간의 감정을 분출할 수 있는 시간이다. 우선은 상대방의 기분을 인정해 주자. "와! 저도 그랬어요. 외투 이리 주세요. 가서 좀 씻고 오실래요? 화장실은 왼편으로 복도를 따라가면 있습니다."라고 말하는 것이다. 그런 다음에 일을 시작하자.

결론은 이렇다. 어려움을 겪을 때는 어쩔 수 없이 감정이 따른다. **우리는 상대가 무엇 때문에 힘들어하는지 털어놓게 만들어야 한다. 어떤 일이 있었든 그게 얼마나 사소하든 간에 그것을 무시하거나 가벼이 여기지 말아야 한다.** 오늘 그 사람이 경험한 감정은 전부터 누적된 것일 수도 있다. 지금 당신과 접촉하며 저 사람이 감정을 보이기까지 일련의 사건들이 더 있었을지 모른다. 그러므로 상대방의 감정을 인정해 주자. 그들의 말에 귀를 기울이고, 그게 무엇이 되었든 지금 상대가 겪고 있는 감정이 무엇인지 밝혀내자. 일은 기다렸다 해도 된다. 우선은 오해가 없도록 감정을 밝히고 푸는 데 집중하자.

만일 기회를 줬는데 상대방이 받아들이지 않는다면 밀어붙이지 말자. 일시적인 짜증은 곧 사라질 것이다. 혹은 원래 말을 잘 하지 않는 사람이거나 인내심이 강한 사람일 수도 있다. 그러나 상대가 계속해서 불편함을 표시한다면 분명 적절한 때에 다시 살펴야 할 중요한 문제가 있다는 뜻이다. 만약 상대가 의자에 더 편하게 앉고, 경청하는 동안 긍정의 표시로 고개를 옆으로 기울이거나 끄덕이고, 손을 꽉 쥐지 않고 편안하게 두고, 얼굴에 미소가 돌아오고, 이쪽의 행동을 따라 하기 시작한다면 그때가 문제를 해결하기 가장 좋은 시간이다.

감정을 먼저 다루면 사회적 친밀감이 형성되고 강화된다. 우리가 배려하고 귀 기울이고 있음을 알린다면 상대방은 우리가 단순히 업무적 관계만이 아니라 그 사람의 안녕에도 진심으로 관심이 있다는 사실을 인지한다. 그 결과 신뢰의 기반이 다져지고 소통은 더 좋아진다. 감정 확인이 이 정도로 힘이 있을까 의심이 든다면 많은 사람의 생명을 빼앗아 간 BP사 원유 유출 재난 현장에서 토니 헤이워드가 한 그 유명한 실수를 기억하자. "내 삶을 되찾고 싶습니다." 한번 뱉은 말을 도로 주워 담을 수는 없다.

친밀감은 협상력을 높인다

어떤 사람은 왜 옆에 있기만 해도 기분이 좋을까? 그들은 우리를 미소 짓게 하고, 기운 나게 하고, 안심시켜 주고, 이해하고, 보살펴 준다. 다른 사람들에게서 찾을 수 없는 그들만의 특징적 행동은 무엇일까?

그들은 상대에게 세심히 마음 쓰면서 **친밀감**rapport; 라포르을 형성하고 강화한다. 우리는 한번 친밀감을 쌓으면 끝인 것처럼 생각하는 경향이 있다. 주로 처음 만나 서로 알게 되었을 때만 친밀감을 쌓기 위해 노력한다. 그렇지 않다. 비범한 사람들은 다른 사람과 교류하는 매 순간 친밀감을 쌓는다. 상대가 지금이 편안하고 스스로 특별하다고 느끼도록 도와주는 것이다.

내가 아는 어떤 부모는 청소년 자녀와 매일 친밀감 형성을 위한 활동을 한다. 그들은 아이의 기분과 요구에 맞춰 매일 다른 방식으로 친밀감을 형성하며 자녀와의 관계에 양분을 공급해야 한다는 것을 알고 있다. 그들은 '내가 여기 있고, 너에게 마음을 쓰고 있다.'라고 항상 말한다. 어떤 날에는 아이에게 기회를 주고, 의견을 묻고, 고민을 이해하고, 욕구와 욕망의 차이에 대해 의견을 나눈다. 또 어떤 날에는 '너는 귀중하다. 네 생각은 귀중하다. 그 어떤 것보다 나에게는 네가 가장 중요하다.'라고 말하는 여러 활동을 한다.

부부 사이도 마찬가지다. 현명한 부부라면 이따금 친밀감 형성을 위한 노력을 해야 한다. 어떤 가정에서는 전자 기기 없는 식사 시간을 보냄으로써 대화에 집중하며 친밀감을 강화한다.

우리 주변에는 바쁜 일정이나 전자 기기처럼 집중을 방해하는 것들이 넘쳐난다. 그러나 소통에서 공감, 이해, 인정을 가능하게 하는 친밀감을 형성하고 싶다면 어떤 것도 집중을 방해하도록 놔둬서는 안 된다. 내가 컨설팅하는 어느 금융 기관의 고위 간부는 심각한 사안에 관해서나 개인적인 문제에 관해 누군가와 대화할 때 반드시 그 사람 앞에서 아주 잘 보이게 스마트폰 전원을 끈다. 어느덧 그 간부 밑에서 일하는 모든 직원이 그 본을 따르고 있다. 그들은 상사가 주의를 다른 데로 돌리지 않고 대화하며 직원 개개인과 팀 전체에 집중하는 모습에 고마움을 느낀다. 많은 기업 경영자들은 대화 상대 앞에서 스마트폰의 전원을 끄는 행동이 '당신은 나에게 중요하므로 나는 당신에게 오롯이 주의를 기울이고 있다.'라는 메시지를 보내는 간단하지만 강력한 행동이라고 말한다.

직장에서 사람들은 구성원 간의 도움에 의존하지만 사실 서로를 알 수 있는 시간이 충분하지 않고 만날 기회도 적다. 그러나 우리는 기회가 될 때마다 관계 개선을 시도해야 한다. "친밀감을 형성한다고 워크숍만 기다리는 것은 어리석은 일입니다. 우리는 할 수 있는 한 자주 친밀감을 쌓아야 합니다." 어느 가전제품 서비스 회사의 경영자가 한 말이다. 그는 친밀감을 쌓겠다고 1년에 한 번 있는 회사 야유회 같은 완벽한 시간만 기다리지 않는다. 그저 전화 통화할 때마다 또는 복도에서 마주칠 때마다 인사를 건네며 친밀감을 쌓는다. **왜? 친밀감 형성은 배급제가 아니기 때문이다. 당신은 할 수 있을 때마다 친밀감을 쌓아야 한다.**

친밀감 형성은 감정의 차원에서 시작한다. 친밀감을 암시하는 메시지는 이렇다. "당신이 지금 겪고 있는 일은 내게도 중요합니다. 그래서 생각과 감정 면에서 내가 당신과 **하나**라는 것을 알아줬으면 합니다. 나는 당신이 감정적으로 어떤 상태인지 확인하려 노력할 겁니다." 나는 동료들과 회의 중에 "이봐. 지금 마음 상했지. 속상하다는 거 알아. 자네 생각이 뭔지 말해봐. 시간을 줄게."라고 말하곤 했다. 그러고 나면 많은 이야기를 들을 수 있었다. 우리는 계속해서 함께 일해야 하는 동료이므로 이런 대화 과정을 거칠 필요가 있었다. 게다가 등 뒤에서 뒷말하기보다 내가 있는 데서 터트리는 게 나았다. 속 시원히 말할 수 있을 때 늘 일이 잘 풀렸다.

누군가와 '하나가 된다'는 표현이 어색하게 느껴질지 모르겠다. 그러나 어떤 면에서는 친밀감 형성을 가장 잘 묘사하는 말이다. '**하나가 된다**'는 것은 우리가 지금까지 다뤄온 모든 역량을 종합한다는 의미도 담는다. 당신이 사람들을 관찰하고 선한 호기심을 발휘하고 비언어적 의사소통 기술을 터득하기 위한 연습을 계속 해나갈 때 이해심과 친밀감이 있는, 더 높은 차원의 소통을 확고히 할 수 있다.

하나가 된다는 것은 범죄자의 협조를 끌어내거나 외국인 간첩을 회유하는 일을 담당하는 사람으로서 내가 매일 해야 하는 일이었다. 이런 사람들과 같이 있을 때 나는 그들의 아이디어, 생각, 관심사, 두려움을 모두 받아들인다. 그 순간 모든 것을 '너'와 '나'가 아닌 '우리'로 봐야 한다. 상대방이 깊이 생각하는 것을 나 역시 깊이 생각한다면 그와 나는 하나가 된다. 그리고 상대방도 그것을 느낀다. 상대가 두려움 때문에 말하기를 주저한다면 그 점을 이해하고 공감할 수 있어야 한다. 그가 협조할지 말지를 두고 어떤 결정을 내리든 간에 결정 내리는 것 자체가 어려운 일임을 인정해야 한다. 이런 상황에서 결국 두 사람 중 한 명은 감옥으로 가고 한 명은 수사를 마치고 집으로 가게 되겠지만, 나는 임무 완수에 도움이 되는 친밀감을 얻었고, 비록 결과 측면에서는 실망스럽더라도 그 순간 우리는 서로를 이해했다. 그것은 오직 친밀감을 형성하고 서로 하나가 되어 협조할 때 이룰 수 있다.

언어적·비언어적 의사소통, 관심사와 욕구의 공유, 위험과 결과에 대한 상호 이해를 통해 우리는 상대방의 관점을 이해하고 합의에 이를 수 있다. 여기 그 예를 보여주는 대화 내용이 있다. 다음은 애리조나주 파커에 위치한 콜로라도 인디언 보호구역에서 살인 혐의로 기소될 예정인 남자와 나눈 대화이다.

"자백한다면 감옥에 가겠지요."

"그렇습니다. 하지만 내가 당신 앞에 있다는 건 당신을 재판에 넘길 증거가 이미 충분하다는 뜻이지요."

"유죄 판결이 나지 않을지도 모르잖습니까?"

"맞습니다. 그렇지만 알다시피 항상 운이 좋을 수는 없죠."

"혹시 모르잖아요."

"'혹시'라는 것은 없어요. 내가 여기 당신 집에 있다는 것은 당신 운이 좋지 않다는 의미예요." [조용히 웃는다.] "데니스, 내가 하는 일이 뭐라고 생각합니까?"

"범죄자를 잡는 거요."

"아닙니다. 나는 사실을 수집하고 그것을 검사에게 넘기는 일을 합니다."

"그러면요?"

"그러면 검사가 내게 물어볼 겁니다. '피의자가 협조적이었습니까, 비협조적이었습니까?' 데니스, 검사에게 당신에 대해 뭐라고 말해야 할까요? 당신은 지금 협조적인가요, 아니면 비협조적인가요?"

"어쨌든 진술서에 서명하지 않을 겁니다."

"좋습니다. 그런데 내가 곤란해하는 거 보이죠? 당신에 대해 검사에게 뭐라고 말해야 할까요? 나는 '네, 데니스는 제정신이 아니었습니다. 하지만 자기 실수를 인정하고 시인했습니다.'라고 말하고 싶어요." [침묵이 흐른다.] "데니스, 이 도시에서 당신에게 화가 나지 않은 사람은 아마 내가 유일할 겁니다. 시장부터 부족장들, 당신 이웃들까지 모두 화가 났다고요. 하지만 난 아니에요. 당신도 알잖아요. 난 여기 당신 앞에 앉아있고 당신한테 화가 나지도 않았어요. 우리는 대화를 나누고 있는 겁니다. 하지만 지금 이 대화는 너무 일방적이에요. 이 모든 게 끝나길 바라나요? 끝날 리 없고, 그렇게 되지도 않을 겁니다. 그러니 우리 함께 지금 이 시간을 잘 보내야 해요. 나는 그럴 목적으로 지금 여기에 있는 거고요. 자, 우리가 어떻게 할지 말해보세요. 내가 이 일을 처리할 수 있게 도와주세요." [더 오랜 침묵이 흐른다.]

이제 비언어적 의사소통이 시작된다. 나는 머리를 조금 비스듬히 기울이고 데니스를 본다. 내 얼굴은 무표정이다. 우리는 말없이 서로 쳐다본다. 데니스는 본능적으로 침묵을 지킨다. 하지만 그는 감옥에 가고 싶지 않다. 나는 자백을 꺼리는 그를 이해하고 있고, 그 점을 그도 알게 했다. 그리고 내가 어떤 곤경에 부딪혔는지도 알렸다. 내 일은 사회를 안전하게 유지하는 것이기 때문이다. 내 노력은 개인적인 것이 아니다. 나는 그에게 적대감이 없고, 게다가 이번 사건은 증거가 확실했다. 나는 그의 관점을 받아들이면서도 데니스에게 이 점을 확실하게 알렸다. 그가 내 말을 고민하기 시작한다.

드디어 그가 책상을 밀어낸다. 팔짱을 끼고 깊은 한숨을 내쉬고 나서 말한다.

"수사관님이 쓰세요. 난 어떻게 하는지 모릅니다."
"알겠습니다. 내가 쓰지요. 하지만 당신 말이어야 합니다, 데니스."
"좋아요."

그 대화는 다 해서 2시간 정도 걸렸다. 대화를 하면서 나는 데니스가 자백을 꺼린다는 것을 점차 인식했다. 하지만 또한 나는 그에게 내 입장을, 그러니까 그가 감옥에 가기 싫어하는 마음은 이해하지만 동시에 나는 내 일을 해야 한다는 점을 이해시켰다. 마침내 우리는 서로 악수를 했고, 내가 수갑을 채울 수 있도록 데니스는 두 손을 모아 앞으로 내밀었다. 우리는 서로 '하나'가 되었다.

　회사에서 친밀감 형성은 여러 형태로 일어난다. 눈코 뜰 새 없이 바쁜 동료를 도우려 나서는 것부터 회의에서 동료의 발표를 지원하거나 프로젝트를 함께 진행하면서 협조하는 것까지 다양하다. 친절한 태도, 강력한 기술, 좋은 평판은 내게 플러스가 된다. 그러나 신뢰감을 주는 것만큼 강력한 것이 없다. 내가 살인 용의자와 같이 있었을 때처럼 협력하든 대립하든 간에 신뢰는 친밀감을 형성해 성공에 이르는 길을 열어주는 유일한 특징이다.

　인맥을 동원해 장차 상사나 고객이 될 사람에 대해 알아볼 때, 우리는 대개 그 사람이 신뢰할 수 있고 원만하게 같이 일할 수 있는 사람인지, 즉 친밀감을 형성할 수 있는 사람인지를 알아본다. 앞으로 상대해야 할 사람의 '결점'을 알아보기 위해 그 사람이 함께 일한 이전 동료나 회사에 전화해서 아마 "그 사람, 믿을 만합니까?" "그 사람은 어떻게 대해야 합니까?" "같이 일하기 좋은 사람인가요, 아니면 피해야 하는 사람인가요?" 같은 질문을 하기도 한다. 그러나 모든 질문의 핵심은 두 가지다. 그는 친밀함을 어떻게 쌓는가? 그는 신뢰할 수 있는 사람인가?

　물론 함께 일하기 어렵고 신뢰할 수 없고 분명 해롭기만 한 사람도 만나게 된다. 그런 사람들은 자기 선택으로 그렇게 행동하는 것이므로 안타깝지만 그들을 상대하는 비법은 따로 없다. 이런 이들과는 어쩌면 친밀한 관계를 절대 형성하지 못할지도 모른다. 그래도 괜찮다. 자신을 위태롭게 하지 않으면서 일을 해나가고, 좋은 상호 작용을 쌓아가고, 자기 몸을 스스로 지키기 위해 할 수 있는 것을 하자. 그리고 더 좋은 날이 오리라는 것도 기억하자. 신뢰할 수 있는, 우리가 자랑스럽게 내 동료, 내 이웃, 친구라고 말할 수 있는 더 좋은 사람이 있으리라는 것도 기억하자. 그런 사람을 만났을 때 우리가 지닌 신뢰감과 친밀감 형성 기술은 서로 화합하고 유대를 빨리 형성하고 함께 이룰 수 있는 것을 즐기도록 도와줄 것이다.

눈을 보고 냄새를 맡아라

사람들이 대부분 '스파이'라고 부르는 구소련 정보 요원을 대면 조사한 적이 있다. 우리에게는 숙적이지만 사람 자체는 품위 있고 박식하고 멋졌다. 나는 그에게 질문했다. "여기 파일을 보니 불필요하게 신분을 노출하면서까지 정보원을 만나려고 빈으로 갔네요. (그를 도와 간첩 행위를 한 정보원은 미군 장교였다.) 왜 그랬습니까? 굳이 그럴 필요는 없었는데요." 그가 대답했다. "직접 만나볼 필요가 있었어요. 그 사람의 눈을 보면서 그 사람한테 직접 이야기를 듣고 싶었습니다. 아무리 잘 작성된 보고서나 좋은 사진이 있어도(당시에는 비디오가 없었다) 가까이서 직접 보는 것만 못하죠. 친구라 해도 제대로 평가하기 위해서는 냄새를 맡아볼 수 있어야 합니다."

"**친구라 해도 제대로 평가하기 위해서는 냄새를 맡아볼 수 있어야 합니다.**" 나는 이 말을 절대 잊지 못할 것이다. 함께 있는 것, 직접 겨어보는 것, 사적인 친밀감을 쌓는 것을 망라하는 멋진 은유가 아닌가! 그 스파이는 자기가 고용한 미국인 정보원과 장기적으로 관계를 맺고 싶었고, 그 정보원을 직접 만나는 것이 가치 있는 일이라고 생각했다. 그것이 첩보 활동을 하는 사람에게 일어날 수 있는 최악의 상황, 곧 신분 노출의 위험을 동반하더라도 말이다.

친밀한 관계를 쌓고, 배려하는 마음을 전달하고, 다른 사람을 정말로 이해하기 위해서는 함께 있어야 한다. **공감이란 함께 있고 보고 느끼고 열심히 관찰하고 경험의 부분이 되는 것과 관련이 있다.** 프리 국장이 우리와 함께 달리는 것을 중요하게 여기고 우리에게 전하려던 메시지가 바로 그것이다. 국장은 우리와 함께 있다는 것을 통해 말로 하는 것보다 더 강력하게 요원들을 '배려하고 있다'는 메시지를 전했다.

함께 있기 위해서는 시간을 들여야 한다. 먼 거리를 이동해야 하고 물리적으로 옆에 있어줘야 할지도 모른다. 영상 통화 일정을 잡는다고 하자. 시간대가 다른 지역 사람과 통화하려면 일찍 일어나거나 늦게까지 깨어있어야 한다. 그들 시간에 맞춘다는 것은 그와 함께 하려고 헌신하고 하나가 되기 위해 노력한다는 의미다. 조지 로고데티스가 전 세계 리브라 그룹 지사를 돌면서 직원들을 직접 만나 그들에게 전하는 게 바로 이것이다.

말 이상의 의미를 전하는 10가지 방법

말은 중요하다. 그러나 진심으로 배려하고 있음을 보여주는 데 중요한 것은 대부분 비언어적 의사소통이다. 눈을 마주치자마자 보이는 아주 따뜻한 미소, 누군가를 보고 기뻐하는 목소리 톤, 무섭거나 슬프거나 아플 때 등을 도닥여 주는 손에서 느낄 수 있는 섬세한 감각까지 배려하는 마음이 표현되는 방법은 처음부터 끝까지 비언어적이다. 이처럼 지워지지 않는 긍정적 인상을 남기는 비언어적 표현 방법 10가지가 있다. 다음 방법들은 적어도 상대가 보이는 차갑거나 회의적인 반응에 온기를 더해주고, 잘하면 친밀감 형성의 길로 순조롭게 안내해 줄 것이다.

1. 작은 몸짓에도 많은 의미가 있다

길 건너편에 있는 아는 사람에게 손을 흔들어 보이거나 눈썹을 재빠르게 올리면서 눈인사하는 것처럼 우리가 보내는 작은 신호가 상대방에게 우리가 그에게 마음 쓰고 있음을 알려준다. 팔 동작을 써서 소속감을 전할 수도 있다. 예를 들어 누군가와 이야기하던 중에 다른 사람이 가까이 다가오면 손을 뻗어 '와서 우리와 함께해요. 우리와 같이 얘기 나눠요.'라는 메시지를 전한다.

심지어 발로 포용성을 전할 수 있다. 보통 대화를 나눌 때 사람들은 발을 상대방 쪽으로 놓는다. 다른 사람에게 인사할 때는 허리를 돌려 몸을 그쪽으로 향하게 한다. 하지만 정말 환영하면서 함께하기를 바라는 듯한 인상을 주는 것은 발이 그 사람을 향해 있을 때다.

비범한 사람들은 다른 사람을 편안하게 해주고 배려하는 마음을 전하기 위해 말 그대로 자신의 방식을 벗어나기도 한다. 누군가를 맞이하려고 또는 사람들에게 인사하려고 일부러 그 앞까지 걸어간다면, 특히 관리자나 고위직 경영자가 그렇게 한다면 이 행동 하나로 아주 많은 것을 전할 수 있다.

2. 즉각적으로 소통한다

시의적절하게 소통하자. 상대방에게 주의를 기울이고 빠르게 소통할 때 상대를 귀하게 여긴다는 것을 보여줄 수 있다. 이것은 친밀감 형성과 인정의 한 부분이다. 상대에게 중요한 것은 나에게도 중요하다는 것을 알릴 수 있기 때문이다. 어떤 사람은 '아니오'라고 말하는 것마저 미룬다. 그러나 시의적절한 부정은 늑장 부린 대답이나 무반응보다 훨씬 낫다. 어떤 내용을 전해야 하는지 분명히 이해했다면 나쁜 소식이라도 전달을 미뤄서는 안 된다.

3. 감정을 분출하게 한다

감정이 고조되고 긴장감이 돈다면 분위기를 바꿀 가장 좋은 방법은 감정을 분출하게 두는 것이다. 감정 우위를 기억하자. 말로 달래기 전에 감정부터 달래야 한다. 인정이 사람들에게 긍정적인 영향을 끼친다는 점도 기억하자. 얼마 전 나는 공항에서 연결 항공편을 놓친 한 여행객을 봤다. 그 사람은 화가 나 있었고 탑승 수속 담당 직원에게 감정을 그대로 드러냈다. 경험에 따르면 누군가 변연계의 감정 납치 상태에 있을 때는 감정을 분출하도록 놔두는 게 상책이다. 그러나 당신이 그런 일이 벌어지는 자리에 있거나 신랄한 독설의 대상이 되었다면 다음처럼 해보자.

- 상대방과 거리를 둔다. 조금 뒤로 물러나고, 몸을 옆으로 돌려 얼굴을 정면으로 보지 않도록 한다.
- 눈을 보기보다 얼굴에 초점을 맞추는 것이 상대의 화를 누그러트리는 데 도움이 될 것이다.
- "진정하세요."라고 말해도 효과는 거의 없지만, 목소리를 낮추고 차분하게 말해본다.
- 심호흡한다. 우리는 감정 통제를 잘한다고 생각되는 사람에게 끌린다. 내가 연구한 바에 따르면 깊게 들이마시고 길게 내쉬는 심호흡은 상대방에게 진정하라는 잠재의식적 지시를 보낸다.
- 선을 지키자. 상대방을 배려하는 것일 뿐 우리는 아무렇게나 대해도 되는 장난감이 아니다. 상대의 감정 분출이 합리적인 선을 넘었다면 비록 완벽하지 않을지라도 대화를 논리적으로 매듭짓거나 아니면 거리를 둬야 할 때다. 『위험한 사람들』에서 내가 언급했듯이 우리는 피해자가 되어야 할 어떤 사회적 의무도 없다.

4. 앉는 위치를 고려한다

유인원 연구를 포함한 의사소통 연구에 따르면 사람들은 일반적으로 상대가 바로 맞은편에 앉아있을 때보다 조금 비스듬히 앉을 때 더 편안하게 느낀다고 한다. FBI에서 일할 때 나는 피조사자 바로 맞은편에 앉는 것은 되도록 피했다. 그리고 대부분 효과가 있었다. 비스듬히 앉거나 서있으면 확실히 사회적 위안이 더 커지고 상대의 얼굴을 보는 시간이 더 많아진다. 경영 분야에도 이와 관련된 연구 결과가 매우 많다. 그러므로 중요한 회의라면 회의를 진행하기 알맞은 장소와 최적의 앉는 위치를 고려하도록 하자.

5. 고개를 신경 쓴다

상대방이 말할 때 고개를 기울이면 우리가 대화에 참여하는 시간이 늘어나고, 우리가 수용적이고 개방적이라는 느낌을 줄 수 있다.

6. 행동을 따라 한다

거울 보듯 상대방을 따라 하는 미러링mirroring은 신체 모방 또는 동조적 행동isopraxis이라고도 불린다. 동시성synchrony이 곧 화합이라는 말은 이미 여러 차례 증명되었다. 바꿔 말하면 다른 사람과 대화할 때 서로 생각이나 기분이 상당 부분 일치하면 몸이 알아서 상대방의 행동을 그대로 따라 한다는 것이다. 이것은 심리적 편안으로 이어진다. 미러링은 엄마와 아기 사이, 생산적인 대화를 나누고 있는 좋은 친구나 동료 사이, 동시에 서로를 응시하며 카페에 앉아있는 연인들 사이에서 볼 수 있다.

우리가 다른 사람의 행동을 따라 하면 상대방은 더 자유롭게 더 개방적인 마음으로 소통하게 된다. 모든 동작을 판박이처럼 모방하라는 말이 아니다. 움직임의 일반적인 패턴과 리듬을 따르라는 말이다. 상대방이 몸을 뒤로 젖히면 우리도 그렇게 하는 것이다. 상대방이 음료를 주문하면 우리도 음료를 주문하는 것이다. 프리 국장이 FBI 요원들과 동시에 달리기했던 것처럼 활동 자체를 미러링할 수도 있다. 대화는 누군가의 심적 공간을 방문하는 손님이 되는 것이다. 아는 사람 집을 방문했을 때처럼 편안하게 있으면서 주의를 기울이고 그 집 규칙에 관심을 보이며 다정한 태도로 그것을 따르는 것이다.

7. 말을 따라 한다

말을 따라 하는 것에도 매우 강력한 힘이 있다. 만일 누군가와 대화할 때 나는 '문제' '가족' '성격'이라는 단어를 사용하는데 상대가 '골칫거리' '아내와 아이들' '인성' 같은 단어들로 대답한다면 실제로 동시성을 보이는 게 아니다. 나는 '문제' '가족' '성격'이라는 단어에 중요성과 무게를 두었지만, 나의 잠재의식 속에서는 상대가 그것들을 중요하게 여기거나 제대로 이해하고 있지 않다고 인지할 것이다. 실질적으로 의사소통을 하기 위해서는 상대방이 특정 단어에 부과한 가치를 인정함으로써 서로를 이해하고 있음을 보여줘야 한다. 대화 상대가 '교회'나 '손자' 또는 '아기'(반려견)에 대해 말할 때 이 단어들은 그에게 특별한 무게와 중요성을 지닌다. 그러므로 내가 바로 이 단어들을 사용해 말하는 것으로 상대방이 중요하게 생각하는 것에 가치를 부여한다면 더 공감적인 소통 창구를 여는 데 도움이 될 것이다. 이것이 저명한 심리학자 칼 로저스Carl Rogers가 60여 년 전 발견한 것이다.

미러링이라고 해서 다른 사람이 사용하는 모든 단어를 따라 해야 한다는 말이 아니다. 사람들은 혐오스럽고 비인간적인 단어도 사용한다. 그저 다른 사람이 어떤 단어를 중요하게 여기는지 파악할 수 있어야 한다.

8. 앞서 말하는 것과 자주 말하는 것을 파악하자

상대방이 말하는 내용을 주의 깊게 듣는 것은 물론이고 특정 단어와 주제가 어떤 순서로, 얼마나 자주 언급되는지 생각하면서 들어야 한다. 그것이 상대방이 생각하는 우선 과제나 신경 쓰고 있는 문제가 무엇인지를 알려준다. 한 가지 주제가, 심지어 한 단어라 할지라도 자주 반복된다면 그것에 주의를 기울이도록 하자. 반복은 해결되지 않은 문제나 겉으로 드러나지 않은 근본적인 문제를 밝혀줄 수 있다.

9. 메모한다

중요한 대화를 하고 있다면, 특히 당신이 사업 관련 대화를 나눈다면 메모를 하는 것이 좋다. 세계에서 가장 진취적인 기업가로 손꼽히는 버진 그룹의 회장 리처드 브랜슨Richard Branson은 그냥 듣기만 하지 않는다. 그는 어디에서든 직원을 만나면 꼭 말을 건다. 한발 더 나아가 직원의 말을 명확하게 이해하려 메모도 한다. 그는 자신이 직원의 말에 많은 관심을 두고 있고 그래서 잊어버리지 않으려 노력한다는 것을 행동으로 보여준다. 브랜슨이 행동으로 전하는 메시지는 분명하다. '당신의 말을 이해했고, 이것은 당신뿐만 아니라 나에게도 중요한 문제이므로 이에 대해 조치가 있을 것이다.'라는 의미다. 직장 상사나 경영자, 관리자, 리더가 그렇게 한다면 소통의 질과 친밀감이 얼마나 향상될지 상상해 보라. 상사가 메모하지 않는 사람이라면, 그 부하 직원은 자신이 보고해도 달라지는 게 있기는 한지, 상관이 보고를 기억하기는 할지 궁금해하지 않겠는가?

메모가 좋은 또 다른 이유가 있다. 골치 아픈 문제가 있다면—어느 조직이든 그런 문제가 있을 것이다—그게 누가 되었든 가장 탄탄한 증거가 있는 사람이 이긴다. 이것이 내가 FBI에서 일하면서, 그리고 지난 18년 동안 여러 기업에 컨설팅을 제공하면서 배운 점이다. 단기 기억을 처리하는 작업 기억working memory은 완벽하게 작용하지 않는다. 끝마쳐야 할 일을 상기시키고, 스스로 자신감을 불어넣고, 때로는 망각에서 자신을 보호하기 위해 메모하자. 꼭 메모하자.

메모의 장점이 하나 더 있다. 컨설팅을 할 때, 나는 고객들의 말을 모두 들은 후에 관련된 모든 사람에게 자기 생각을 글로 쓰라고 요청한다. 메모를 통해 사람들이 자기 생각을 분명하게 정리하고 자신이 말하고 있는 것, 이전에 보거나 들은 것, 기록해 뒀다가 실제로 반영하고 싶은 것에 관해 생각해 보는 경험을 하길 바라기 때문이다.

내 고객들이 컨설팅 초반에 자기 문제를 이야기하면서 강조했던 것은 쓰기를 통해 반성과 약간의 비판적 사고를 거치며 항상 더 나은 쪽으로 변했다. 거리를 두고 다시 살피면 처음에 1순위로 언급했던 문제가 2순위가 될 수 있다. 문제를 메모하며 다른 요인이 밝혀지기도 한다.

감정적일 때 우리의 관찰 능력도 영향을 받는다. 나는 고객들과 대화할 때 그들이 문제의 핵심을 더욱 정확하게 볼 수 있도록 먼저 감정을 분출하게 한다. 이 경우 쓰기가 그 방법이다.

한 인간으로서 또는 리더로서 우리는 명확하게 이해하기 전까지 명확하게 소통할 수 없다. 명확한 이해를 위해 감정과 사실의 차이, 그 사람의 의견과 그 사람이 실제 알고 있거나 의심하는 것을 구별해야 한다. 메모는 그 열쇠다.

10. 동의하고 덧붙인다

수십 년 전 FBI 아카데미 세미나에서 한 강사가 친밀감 형성을 주제로 강연을 했다. 그는 코미디 극장에서 일하고 있었는데 자신이 배운 즉석 코미디 기법 하나를 이야기해 줬다. 동의하고 덧붙이라는 것이었다.

이렇게 하면 된다. 상대방이 "출퇴근길 정말 싫다!"라고 말하면 "정말 싫지."라고 동의한 다음, "특히 사고가 있는 날은 더 그래."라고 덧붙이는 것이다. 그렇게 한마디 말로 상대방에게 우리가 경청하고 인정하고 이해하고 있음을 알리는 것이다. 이번에는 상대방이 "그 사람은 뭐든 아는 체해."라고 말한다면 "정말 그래. 그리고 항상 마지막에 꼭 한마디 해야 하는 사람이야."라고 맞장구치는 것이다. 상대가 한 말을 반복하고 거기에 조금 보태기만 하면 내가 상대를 이해하고 그에게 동조한다는 것을 알릴 수 있다.

만일 상대방의 말에 전적으로 반대한다면 주저 말고 표현하자. 이견을 미묘하게 표현하는 방법이 하나 있다. 나는 이것을 동의·추가·긍정 방법이라 부른다. 앞서 말한 것과 마찬가지로 동의하고 무엇인가 덧붙이는 것이다. 하지만 그러고 나서 주어진 문제에 대한 자기 생각이나 신념을 확실하게 긍정하는 것이다. 예를 들어 "맞아. 출퇴근길 정말 싫어. 특히 겨울에는 말이야."라고 말하고 나서 잠시 뒤에 "그런데 솔직히 말해서 폭설 후에도 차가 다닐 수 있도록 도로를 관리하는 거 보면 놀라워."라고 긍정하는 것이다. 아니면 "나도 출퇴근 시간이 싫어. 정말 번거로워. 하지만 작년 이맘때보다 확실히 더 나아졌어."라고 말할 수도 있다.

치유자의 소통법

마지막으로 다룰 소통 기법은 내가 지난 수년 동안 임상의들과 공유해 온 방법으로 다른 저서에서는 거의 언급하지 않았다. 매우 중요한 주제라고 생각해 따로 단락을 구성했다. 나는 이 소통 기법을 '**치유자의 방법**The Healer's Method'이라고 부른다. '치유'라고 하니 부담스럽게 들릴 수 있겠다. 하지만 이름이 암시하는 것보다 훨씬 더 다양한 상황에 적용할 수 있다.

인류학을 공부할 때 나는 세계 각지의 샤먼과 치유자가 사용하는 치유법을 조사했다. 정서적·신체적 건강은 편안함과 행복감이 최상인 상태에서 나온다. 샤먼이나 치유자들은 춤, 주문, 물리 치료, 의식, 암시 같은 방법으로 그들을 찾아온 이들에게 심리적 위안을 제공하고 때로는 치유를 돕는다.

많은 문화에서 볼 수 있는 치유 기법들을 연구하면서, 그리고 소통 기술을 개선하려는 임상의들과 작업하면서 나는 유능한 치유자들이 사용하는 여러 방법을 이해할 수 있었다. 환자들이 진료를 받고 몸이 나아졌다고 느끼고 일관되게 높은 평가 점수를 준 의사들은 자각하지 못했지만 사실 치유자의 방법을 사용하고 있었다.

치유자의 방법은 시각Visual, 목소리Vocal, 말Verbal, 촉각Tactile 순서로 진행된다.

1. 시각

대부분 사람에게 최초의 치유자이자 조력자이자 양육자인 엄마가 방에 들어가 아기에게 모습을 보여주면 아기는 그것만으로도 행복해한다. 그와 비슷하게 의사도 하얀 가운을 입고 청진기를 들고서 진료실에 들어가는 것만으로도 환자들에게 매우 높은 평가를 받는다. 왜 그럴까? 의사의 차림새가 현대인들에게 사람들의 건강을 책임지는 치유자를 연상시키기 때문이다. 또 하나의 강력한 시각적 요소로 의사의 미소가 있다. 의사의 미소는 환자를 심리적으로 안정시킨다.

2. 목소리

다음은 목소리다. 관심을 보이며 상대에게 집중하는 치유자의 기분 좋은 목소리는 심리적 위안을 주고 대화를 끌어낸다. 나는 플로리다 주 탬파에서 한 의사의 아침 회진에 동행한 적이 있다. 그는 환자에게 "가르사 씨, 오늘 어떠세요? 어깨는 어때요?"라고 말했다. 조급한 기색도 없고 무심하지도 않은, 위안이 되는 목소리였다. 그것은 환자의 반응에 진심으로 관심이 있다는 신호였다.

3. 말

환자의 걱정을 알고 환자에게 마음 쓰고 환자의 이름을 불러주는 의사의 말은 치료 효과를 높여준다. 그 의사는 이어서 말했다. "오늘은 조금 더 움직여 볼까요? 팔을 들어보세요." 그는 웃으면서 환자가 볼 수 있게 자기 팔을 먼저 들어 보이고 환자에게 팔을 들어보라고 했다. 의사는 환자를 자세히 살피며 "정말 좋아졌네요."라고 말했다. 재활을 위한 환자의 노력을 '인정'한 것이다. 대화하며 환자의 말을 메모하는 것도 잊지 않았다.

4. 촉각

그러고 나서 의사는 환자의 손을 잡았다. 사업 동료와 악수하는 것처럼 손을 세워서 잡은 게 아니라 할머니가 손자 손을 잡듯이 손바닥을 위로 해서 잡았다. 그는 한 손을 잡은 채로 다른 쪽 손으로 환자의 팔을 토닥토닥 두드렸다. 그러면서 "오늘 퇴근하기 전에 한 번 더 보러 오겠습니다."라고 약속했다. 굳게 잡은 손은 그 말에 힘을 실어줬다. 의사의 미소에 환자도 미소로 답했다. 환자인 가르사 씨는 이 의사에게 아주 후한 점수를 줬다. 게다가 통증 정도를 1부터 10까지 수로 나타내라고 했을 때 그전에는 5라고 대답했는데 의사가 회진을 돈 후에는 3이라고 대답했다.

치료 효과는 의사가 투여하는 약물뿐 아니라 교류 공간에서 언어적·비언어적으로 전달되는 것으로도 나타난다. 내가 면담한 많은 의사도 이 말에 동의한다. 즉, 의사와 환자 사이 시각적 접촉에서, 그리고 특히 환자가 기대하는 치료 환경과 치유자 이미지가 충족될 때 치료 효과가 나온다.

치유자의 방법은 이렇게 간단하다. 의사소통이 말로만 이뤄지는 게 아니라는 사실, 즉 시각, 목소리, 촉각도 소통의 또 다른 측면이라는 사실을 이해한다면 우리는 다른 사람에게 긍정적인 영향을 끼칠 수 있는 막강한 도구를 갖는 것이다.

3장의 핵심 메시지는 이것이다. '비범한 사람들의 소통에는 상대방에 대한 배려가 있다.' 프리 국장의 방식은 FBI 요원들을 직접 만나러 아침 일찍 일어나서 먼 길을 오는 것이었다. 관계의 질을 높이고 일에서 최선을 끌어낼 수 있게, 배려하는 마음을 전하는 나름의 소통 방식을 만들어야 한다.

여기서 올바른 삶과 믿음직한 행동은 배려하는 마음을 전할 때 꼭 필요한 신뢰의 토대를 마련한다. 진정한 소통을 위해 상대의 마음을 여는 비언어적 기법을 적절히 활용하자. 이때 '감정 우위'라는 원칙을 잘 이용한다면 더 효과적으로 소통할 수 있다.

배려는 상대에게 영감을 불어넣고 동기를 부여하고 마음을 진정시키고 격려해 준다. 우리의 배려로 사람들이 편안함을 느낀다면 또한 우리는 '신뢰'라는 중요한 힘을 얻게 된다. 그렇게 소통은 정보를 제공하는 것에서 변화를 만드는 장場으로 바뀐다. 이런 변화를 통해 우리는 함께 산을 옮길 수 있다.

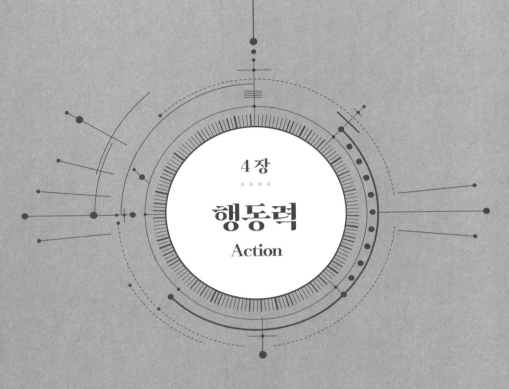

4 장

행동력

Action

행동이
나를 말해준다

자기 일을 하라.
그러면 당신이 어떤 사람인지 알 것이다.

— 랠프 월도 에머슨

"강도야! 저놈들 잡아!"

　조용한 봄날 밤이었다. 고등학교 마지막 학년, 나는 방과 후에 마이애미에 있는 리처드 백화점에서 아르바이트를 하고 있었다. 졸업식이 얼마 남지 않은 때였고 머릿속은 미식축구 장학생으로 대학에 간다는 생각뿐이었다. 몇 초 후 상사의 다급한 목소리가 들렸다. 모든 것이 바뀌는 순간이었다.

　나는 재빨리 움직여 서둘러 강도들 앞을 막아섰다. 내가 길을 차단하려는 것을 본 두 남자는 흩어져서 각자 다른 출구로 향했다. 내가 있는 출구 쪽으로 오던 남자는 방금 전 강도를 저지를 때 사용했던 11인치(약 30센티미터)짜리 낚시용 칼을 주저 없이 휘두르면서 나에게 돌진했다. 나는 번득이는 칼날을 보고 마지막 순간 몸을 돌렸다. 왼쪽 팔 윗부분이 칼에 두 번 찔렸다. 나중에 알고 봤더니 이두근, 삼두근, 상완 동맥, 자신경, 내측 신경, 하부 피부 신경, 상완근이 절단되었다. 바닥으로 쓰러질 때 힘줄이 압박하면서 절단된 근육이 수축했고 피가 뿜어져 나오기 시작했다.

　처음에는 아무 통증도 느껴지지 않았다. 그러나 근육이 더 강하게 수축하면서 참을 수 없는 통증이 밀려와 몸을 비틀었다. 피가 너무 빨리 쏟아지는 바람에 처음에 내 쪽으로 오던 사람은 바닥에 흥건한 피에 미끄러져서 넘어지기까지 했다. 다행히 강도가 들었을 때 울린 무음 경보를 받고 출동한 경찰관이 도착했다. 나는 출혈로 의식을 잃기 시작했다. 경찰관은 나를 그냥 두지 않았다. 그는 찢어진 상처 속으로 자기 손가락을 아주 깊이 집어넣었다. 손가락으로 혈관을 집어서 효과적으로 출혈을 막았다. 그는 내 목숨을 구했다.

지역 신문에 실린 기사에서 나는 영웅이었다. 병원을 찾은 정치인들도 그렇게 말했다. 심지어 리처드 닉슨 대통령도 나의 '용감한 행동'에 고맙다며 친필 편지를 보내왔다.

이 이야기에는 영웅이 있지만, 나는 영웅이 아니다. 만 열일곱 살 소년의 행동이 실패로 끝났다는 것이 이야기의 결말이다.

나는 강도를 막지 못했다. 강도들은 도망갔고 그들이 빼앗아 간 돈도 되찾지 못했다. 게다가 나는 3주 동안 병원에 입원했고 그 후로도 회복하기까지 몇 개월이 더 걸렸다. 가족들은 나 때문에 정신적 고통을 짊어졌다. 게다가 미래마저 불확실해졌다. 23곳에서 받은 축구 장학생 제의가 하룻밤 사이에 사라졌고 나는 그해 대학에 들어갈 수는 있는지도 확신할 수 없었다. 팔을 150바늘 이상 꿰매야 했기 때문에 대학을 가더라도 분명 축구 장학생은 될 수 없었다.

이것이 그날의 결말이다. 그러나 이것이 핵심은 아니다. 핵심은 아무리 좋은 의도로 행동한다 할지라도 늘 성공이 따르는 것은 아니라는 것이다. 그날 마이애미에서 내가 배운 교훈은 기대를 뛰어넘어, 심지어 법을 엄밀하게 지키면서 모든 '옳은' 일을 하더라도 실패할 수 있다는 것이다. 이것이 구체적인 행동을 지시하려고 할 때 생기는 과제다.

실생활에서의 행동은 체크리스트에 따라 완벽하게 통제되지 않는다. 어떤 때는 설런버거 기장이 '운이 다한' 비행기에 그랬던 것처럼 성공하리라는 보장이 없는 상황에서도 그저 행동을 하는 데만도 전부를 걸어야 한다.

시어도어 루스벨트는 "어떤 결정의 순간이라도 당신이 할 수 있는 최선은 옳은 일을 하는 것이고, 최악은 아무것도 하지 않는 것이다."라고 말했다. 경영학 권위자 피터 드러커는 "경영은 일을 제대로 하는 것이고, 리더십은 옳은 일을 하는 것이다."라고 주장했다. 두 사람의 말에 토를 다는 사람은 없을 것이다. 그러나 '옳은 일'인지 아닌지 어떻게 알 수 있을까? 적절한 행동Action이란 무엇일까? 이것은 우리가 개인으로서 부모로서 시민으로서 그리고 리더로서 분명 매일 끊임없이 마주하는 질문이다.

우리 삶을 형성하는 것은 다름 아닌 우리가 매일 하는 행동이다. 우리는 행동으로 신뢰를 쌓기도 하고 훼손하기도 한다. 친구를 얻기도 하고 적을 만들기도 한다. 시장 진입 속도를 높이기도 하고 마구 짓밟혀 존재감이 먼지처럼 사라지게도 한다.

어떻게 행동할지 선택하는 것도 중요하다. 기쁘게, 열정적으로, 성실하게, 신중하게, 다른 사람을 염두에 두고 행동하는가? 자기 자신만이 무엇을 할지, 어떻게 할지 결정할 수 있다.

만일 다른 사람에게 영향을 끼칠 수 있는 가장 빠른 방법을 찾고 있다면 멀리 돌아볼 필요가 없다. 답은 행동에 있다. 행동은 나름의 독특한 영향력이 있다. **우리가 하는 행동들은 모두 '이게 나다. 이게 나에게 중요하다. 이게 나 자신과 다른 사람들에 대해 느끼는 감정이다.'라고 외치는 비언어적 표현이다.** 우리가 날마다 하는 행동이 우리를 정의한다. 아리스토텔레스 말이 옳다. "우리가 반복해서 하는 행동 자체가 우리다."

그러므로 이렇게 물어볼 수 있다. 우리는 삶의 방향을 스스로 통제하고 있는가, 아니면 삶이 우리를 함부로 다루고 있는가? 우리 삶과 세상에 변화를 불러올 수 있는 유일한 길은 행동을 통해서 변화를 불러오는 것이다. 사실 나는 **삶의 매 순간 우리가 하는 행동과 그 행동이 다른 사람에게 끼치는 영향의 집합체가 성격**이라고 생각한다.

우리 모두 가끔 적절하게 행동하지 못할 때가 있다. 올바른 행동을 했는데 기대했던 결과가 나오지 않을 때도 있다. 비범한 사람들도 다르지 않다. 그러나 어떤 행동을 그 결과에 비추어 성공과 실패로 나누는 이분법적 접근으로는 한 사람을 적절히 평가할 수 없다. 행동은 올바른 의도가 담겼을 때 독특한 힘을 발휘한다. 바로 이것이 비범한 사람들의 행동을 정의하는 출발점이다.

이 장에서는 적절한 행동의 윤리적·사회적 기반을 살펴보고, 어떤 행동을 할 것인가를 결정하는 데 도움이 되는 규칙을 공유하려 한다. 이렇게 '비범한' 행동에 대한 이해를 통해 우리는 진정으로 자신을 차별화하고 많은 사람이 꿈에 그리던 수준의 영향력을 얻기 위한 기반을 다지게 된다.

배려, 신뢰, 책임이 있는 행동

내가 여덟 살까지 살았던 쿠바의 작은 마을에는 며칠에 한 번씩 마차를 타고 찾아오는 노인이 있었다. 노인은 집마다 다니면서 버릴 음식, 그러니까 음식물 쓰레기가 있는지 물어봤다. 돼지 사료로 쓰기 위해서였다. 노인이 주도한 음식물 재활용 시스템은 원활하게 진행되어서 마을에는 그냥 버려지는 음식물이 없었다. 모든 사람이 노인을 가리켜 '엘구아지로el guajiro'라고 불렀다. 스페인어로 '소작농'이라는 뜻이다.

노인에게서는 불쾌한 냄새가 났고 옷은 대체로 더러웠다. 그러나 그는 항상 미소를 지었다. 나는 그 할아버지를 만나는 것이 즐거웠다. 당나귀를 만질 수 있게 허락해 줬고 어떤 때는 당나귀 등에 태워줬다. 그래서 신나게 미국 카우보이 흉내를 낼 수 있었다.

우리 어머니와 할머니가 온갖 세파를 겪은 그 노인을 어떻게 맞이했는지 매우 생생히 기억한다. 어머니나 할머니는 저녁 식사 시간에 사용하려고 따로 놔두는 얼음물 단지와 유리잔을 쟁반에 받쳐 쿠바의 뜨거운 태양이 내리쬐는 집 밖으로 나가 그 할아버지를 직접 대접했다. 할아버지에게 내준 컵은 평범한 유리잔이 아니었다. 체코슬로바키아에서 들여온 수공예 제품이었다.

그 광경을 자주 목격한 나는 어느 날 어머니에게 물었다. "왜 엘구아지로에게 우리 집에서 가장 좋은 유리컵에다 물을 주는 거예요? 저녁 시간 아니면 아이들은 만지지도 못하게 하잖아요."

"포르께 세 로 메레세Porque se lo merece." 어머니가 대답했다. 그런 대접을 받을 만한 사람이기 때문이라는 말이었다.

이것이 행동과 관련해서 내가 배운 첫 번째 교훈이다. 즉, 행동은 상대에게 신뢰를 줄 수 있어야 하고, 편할 때만이 아니라 필요할 때도 해야 하고, 어떤 사람이든 소중하게 여기고 보살피는 행동이어야 한다.

어머니와 할머니는 아무리 보잘것없는 사람이라도 손님에게는 반드시 우리가 가진 좋은 것을 대접했다. 가장 좋은 것을 내주는 것, 그것이야말로 비범한 사람들이 삶의 기준으로 삼는 불문율이 아닐까.

수십 년이 지나 어느 날 나는 어머니에게 그때의 일에 관해 물었다. 뭔가 더 심오한 대답을 들을 수 있으리라 기대했다. "나는 그렇게 하라고 배웠단다. 우리에게는 다른 사람에 대한 책임이 있고, 사람들을 배려해야 한다고 말이야." 이것이 어머니의 대답이었다. 내가 종종 이야기하듯이 한 개인에 대한 진정한 평가는 자신에게 아무것도 해줄 수 없는 사람에게 어떻게 대하는지를 보는 것이다.

인간의 행동 성향에는 여러 뿌리가 있다. 생명공학자 앨런 재서노프Alan Jasanoff가 그의 획기적인 저서 『생물학적 마음』에서 언급하듯이 인간의 행동 방식은 부분적으로 생물학, 성 정체성, DNA에 바탕을 두고 있으며 부모, 친구, 교육 그리고 종교를 포함한 여러 제도에 의해 어떻게 사회화되었는지에도 영향을 받는다. 나는 다정하고 배려심 많은 가족을 둔 행운아였다. 어머니와 할머니는 다른 사람을 위하는 행동의 본을 보여줬고 그런 본보기는 내게 계속 영향을 끼쳤다. 누구나 나처럼 행운아인 것은 아닐 것이다. 그러나 우리에게는 스스로 결정할 힘이 있고 다른 사람을 위해 행동할 수 있는 능력이 있다. 우리는 친사회적이고 인간적이고 예의 바르고 친절한 행동을 할 수 있다. 필요한 것은 오직 의지다.

우리는 외부의 확증이 필요 없는 자명한 '사회 계약'을 맺고 있다. 우리가 서로 돌본다면 생존과 번영을 누리리라는 명백한 불문율이 그것이다. 이 사회 계약이 없었다면 지난 30만여 년 동안 호모 사피엔스는 살아남지 못했을 것이다. 배려하는 행동에 대한 보상 메커니즘은 생존이라는 바로 그 목적을 위해 우리의 신경 회로에 내장되어 있다. 다른 사람에게 마음을 쓰거나 다른 사람과 친분을 쌓을 때 우리 몸에서는 강력한 신경 전달 물질인 옥시토신이 분비된다. 다른 사람을 배려하고 친절하고 너그럽게 대할 때는 도파민이 분비된다. 우리가 아기들을 보는 순간 대부분 유대감을 느끼는 이유, 누군가를 도와줬을 때 기분이 좋아지는 이유가 여기에 있다. 엘런 갈린스키 Ellen Galinsky가 『내 아이를 위한 7가지 인생 기술』에서 알려주듯이 심지어 아기들도 다른 사람을 도울 수 있고, 그렇게 하면서 유익한 생리적 보상뿐만 아니라 사회적으로도 긍정적인 결과를 얻는다.

우리 대부분은 성문화되지는 않았지만 중요한 그 사회 계약을 이행하고 있다. 길을 잃은 사람이 있으면 길을 알려준다. 넘어진 사람이 있으면 일으켜 세워준다. 지친 사람에게는 위로를 건넨다. 누군가 취약한 상황에 처했다면 지원을 제공한다. 그런데 이런 행동을 결정할 때, 특히 상황이 더 역동적이거나 복잡한 경우에 결정에 관여하는 것은 무엇일까? 첫째, 우리가 얼마나 배려하느냐이다.

행동하는 '나'를 먼저 점검하라

우리는 배려한다, 사랑한다, 이렇다 또는 저렇다고 주장할 수 있다. 그러나 증거가 있을 때까지는, 즉 입증할 수 있는 행동으로 보여줄 때까지는 빈말일 뿐이다. 나는 법 집행 기관에서 일했기 때문에 수도 없이 법정에 출두했다. 그곳에서 사람들이 피고는 좋은 아버지, 좋은 어머니, 좋은 아들, 좋은 이웃이라고 증언하는 것을 역시 수도 없이 들었다. 그러나 곧바로 다른 사람들이 피고의 행동에 관해 정반대의 증언을 했고, 그러고 나면 '선'의 기분 좋은 면이 다 허물어지곤 했다.

1장에서 자기 통제력을 얘기했다. 현명한 행동을 할 수 있으려면 그 전에 현실에 기반을 둔 자기 평가가 필요하다. 자기 평가를 하지 않는다면 자신이 행동할 준비와 능력을 갖췄고 자신의 선택에 아무 결함이 없다고 착각하기 매우 쉽다. 우리는 단점을 파악하기 위한 자기 평가를 하지 않았기에 잘못된 사고 구조와 논리 체계를 지녔을 수 있다. 혹은 너무 고지식하거나 무엇이 최선인지 알지 못하는 무지함에 갇혀있을 수도 있다. 이럴 때 더닝 크루거 효과Dunning-Kruger effect 라고 알려진 편향된 생각에 사로잡힌다.

두 사회심리학자 데이비드 더닝David Dunning과 저스틴 크루거Justin Kruger는 능력 이하의 성적을 내는 사람들, 즉 자기 통제력이 부족한 사람이나 실제 능력뿐만이 아니라 자기 인식도 부족한 사람들은 "잘못된 결론에 도달하고 안타까운 선택을 하고, 그들의 무능함은 자신의 실수를 깨달을 수 있는 능력마저 앗아간다."라는 사실을 발견했다. 이런 사람들은 근거 없고 때로는 부당한 자신감에 "자신의 성과와 능력을 과대평가한다." 자신의 사고가 얼마나 형편없는지 전혀알지 못하기 때문에 행동하기 전부터 이미 잘못할 준비가 된 사람들이다. 이들은 현실감이 없으므로 자신의 행동이 적절하다고 여긴다. 심지어 실패하더라도 자기 성찰 능력이 부족하므로 자신이 잘못되었다는 것을 인지하지 못한다. 능력이나 지식이 부족한 때를 알아차리기 위해서는 자기 인식뿐만 아니라 그보다 더 높은 차원의 자기통제력이 필요하다. 다시 말해 **현명하고 훌륭한 의사 결정의 특징은 "우리가 무엇을 모르는지 잘 아는 것"이며, 무엇이 좋은 선택이 아닌지 아는 것이다.** 그렇지 않으면 우리가 하려는 모든 행동이 괜찮아 보일 것이다.

다른 한편 두려움에 몸이 얼어붙어서 행동하지 못하는 사람도 있다. 두 경우 모두 1장에서 다룬 자기 통제력과 관련이 있다. 자기 통제력이 있다면 우리는 현실을 파악하고 능력에 기반해 가능한 행동을 할 수 있다. 또한 2장에서 다룬 관찰력은 우리가 적절하게 행동할 수 있도록 상황을 파악하게 해준다. 3장에서 다룬 의사소통 능력은 임무를 수행하는 데 필요한 정보와 지원을 주고받게 해준다. 비범한 사람들은 이 세 가지 능력을 모두 갖추고 있어서 어떤 행동을 할지 심사숙고할 때 유리하다. 적절하게 행동하지 못할 때 조직 전체가 마비되는 대참사가 벌어지는 비즈니스에서는 이 능력들이 특히 중요하다.

보잉사의 737 맥스737 MAX 여객기를 예로 들어보자. 내가 이 책을 쓰기 시작할 때 보잉은 승무원과 승객의 안전에 신경 쓰지 않았다는 이유로 소송을 당했다. 보잉 737 맥스에 탑재된 소프트웨어가 특정 상황에서 오작동을 일으킨다고 조종사들이 항의하면서 문제가 드러났다. 비행기 두 대가 추락하고 350명 이상이 목숨을 잃은 후에야 보잉 737 맥스는 마침내 운항을 멈췄다. 비행기를 띄우지 못하게 되자 보잉은 매일 수백만 달러의 손해를 봤고 고객의 신뢰도 잃었다.

두려움을 극복하고 행동하지 않는다면 우리는 최종 제품의 성능이 어떨지, 고객들이 어떤 생각을 하는지 또는 대중이 어떻게 인식할지 자세히 조사하지 않을 것이다. 아픈 아이를 병원에 제때 데려가지도 않고, 설거지도 하지 않고, 요청받은 업무도 처리하지 않을 것이다. 넘어지고 다친 사람을 아무 일도 없는 척 저버리고 다른 사람의 긴급한 요구에도 응답하지 않을 것이다. 행동 실패는 곧 배려 실패와 같다.

행동 실패는 분명 결정적이다. 하지만 이것은 순화한 표현이다. 일을 뒤로 미루고, 부인하고, 망설이고, 꾸물거리고, 기회를 놓치고, 잘못을 보고도 못 본 체하거나 방관하는 사람들은 결국 대가를 치른다. 2019년부터 2021년까지 코로나19 감염증이 퍼지는 동안 전 세계 정부들이 제대로 행동하지 못했기에 수천, 수만 명이 불필요하게 목숨을 잃은 것처럼 말이다.

개인적인 차원에서 살펴보자. 한 사람의 행동 실패로 자녀나 배우자에게는 좌절, 불신, 허탈감, 심지어 우울증 같은 즉각적이면서도 장기적인 심리적 영향이 남을 것이다. 매일 자녀는 부모에게 신뢰를 잃고, 부부의 사이는 점점 멀어지고, 고객은 거래처를 옮기고, 공직자는 선거에서 떨어져 물러난다. 모두 적절하게 행동하는 데 실패했기 때문이다.

나는 기업 경영자들에게 항상 이렇게 말한다. "만일 직원 중에 남을 배려하지 않는 사람이 있다면 당신이 그 대가를 치르게 될 겁니다. 그들은 자기에게 요구되는 일을 하더라도 열정적으로 하지 않을 것이고 당신처럼 헌신적으로 하지도 않을뿐더러, 십중팔구 만족스럽게 또는 완벽하게 해내지도 못할 것입니다. 원한다면 그런 사람을 고용해도 좋습니다. 하지만 가장 필요할 때 그들이 전력을 다하거나 성과를 내주리라는 기대는 하지 마세요."

옳은 일을 한다는 것은 무엇을 하느냐의 문제일 뿐만 아니라 어떻게 하느냐와도 관련 있다. 태도와 행실은 말보다 더 중요한 비언어적 요소이다. 어떤 사람이 똑같은 행동을 하더라도 별 흥미 없이, 마지못해, 그냥 되는 대로, 심지어 가치 없다고 생각하면서 하는 것보다 성실히, 꼼꼼하게, 철두철미하게, 세심하게, 똑 부러지게 행동하는 것을 볼 때 기분이 더 좋지 않은가?

행동력과 관련해서 흥미로운 점은 다른 것은 거의 통제할 수 없을 때도 **행동은 우리가 전적으로 통제할 수 있다**는 것이다. 자기 자신만이 어떻게 행동할지를 스스로 통제할 수 있다. 하지만 장담하건대 다른 사람들도 우리의 행동을 알아차리고 그것에 영향을 받을 것이다.

때로 노력했으나 결과가 좋지 않아 후회하거나 다른 사람을 실망시키는 일도 있을 것이다. 그러나 한 번의 실패가 우리를 정의하는 것은 아니다. 실패는 그저 수습하는 것이다. 우리를 정의하는 것은 우리가 지속적으로 하는 행동임을 기억하자. 인생은 시간이 고정된 사진이 아니라 영화이다. 일이 안 풀리는 날에 비범한 사람들은 어떻게 할까? 그들은 '다음 날엔 더 나아지겠다'라고 다짐한다.

친구가 아버지가 늘 해주던 조언이라면서 내게 해준 말이 있다. "알고 싶은 모든 정보를 얻을 때까지 결정을 미룬다면 어떤 결정도 하지 못한다." 행동하기 전에 원하는 만큼 충분히 알지 못한 채 결정을 내려야 하는 경우가 자주 있다. 그러나 비범한 사람들은 회피하거나 미루거나 주저하거나, 세부 사항을 모두 꼼꼼히 살필 때까지 기다리지 않는다. 그들은 실패가 두려워서 전혀 행동하지 못했을 때 생기는 손해에 비하면 일단 행동하고 무엇이 되었든 그 결과를 처리하는 것이 더 낫다는 사실을 알고 있다.

비범한 사람들은 무엇을 해야 할지를 어떻게 판단할까? 그들은 지식, 역사, 선례, 연구, 관찰, 입증된 개인적 경험에 기댄다. 도덕적 원칙을 따르는 동시에 과거에 그들 자신과 다른 비범한 사람들에게 효과가 있었던 것을 참조한다.

보통 사람들은 시작하기 전에 모든 것을 완벽히 준비하려고 한다. 그러나 다 준비된 뒤에 행동하면 옳은 행동을 했다 할지라도 너무 늦어버릴 수 있다.

'좋은' 행동을 결정하는 4가지 기준

모든 상황에 들어맞는 행동 강령이 있다면 아주 멋진 일이겠지만 그
것은 불가능하다. FBI에서 일할 때는 행동 경계가 엄밀한 덕에 종종
더 간명하게 결정을 내릴 수 있었다. 단지 "이게 합법적입니까?" "윤
리적입니까?" "법적 심사 기준이나 법무부 지침에 어긋날까요?"라
고 물으면 됐다. 그러나 실생활에는 그런 제도적 기준이 항상 있는
게 아니다.

　나는 결정을 내려야 할지 확신이 서지 않거나 상황이 불확실할
때 도움을 주기 위해 토니 시아라 포인터와 협업하여 **'윤리적 행동**
규칙'을 만들었다. 이 규칙은 실행을 고려 중인 행동이 적절한지 평
가하는 데 유용한 네 가지 질문으로 구성되어 있다.

1. 나의 행동과 행위는 신뢰를 형성하는가?
2. 나의 행동과 행위는 가치를 더하는가?
3. 나의 행동과 행위는 긍정적인 영향을 끼치거나 영감을 주는가?
4. 나의 행동과 행위는 친사회적인가?

위 네 질문이 모든 상황에 적절하지는 않을 것이다. 그러나 내 경험
에 미루어 보면 기준점으로서 유용하다고 생각한다. 특히 행동을 생
각하고 준비할 시간이 있다거나 상황이 유별나게 복잡하거나 불확
실하다면 더욱 유용하다. 상황에 따라 각각의 질문이, 또는 통합적으

로 네 질문이 우리가 무엇을 할지 결정할 때 기본 틀이 되어줄 수 있다. 이제 각 질문을 하나씩 살펴보자.

나의 행동과 행위는 신뢰를 형성하는가?

FBI에서 퇴직했을 때 나중에 플로리다주 중부지방검찰청 검사가 되는 브라이언 앨브리튼Brian Albritton이 이런 말을 해줬다. "조, 이제 FBI에서 퇴직했으니 당신에게 많은 기회가 주어질 겁니다. 평판이 가장 중요하다는 거 잊지 마세요." 그의 말은 아직도 내 귓가를 맴돈다.

나는 FBI에서 일할 때 상대와 신뢰를 쌓으려 열심히 노력했다. 그것이 매우 가치 있는 행동이었다는 것을 여러 차례 경험했다. 심지어 상대가 범죄자인데도 그가 내게 의지할 때 그것은 내가 그 사람과 신뢰를 쌓았다는 증거였다. 지금도 기억나는 용의자가 있다. 그는 나를 시험하듯 "제가 감옥에 가게 될까요?"라고 물었다. "물론입니다. 당신의 죄를 증명할 수 있다면요." 내가 대답했다. 그리고 이 말도 덧붙였다. "당신도 알고 있잖아요. 아닌가요?" 그 용의자는 "네. 적어도 수사관님은 제게 허튼소리를 하지는 않네요."라고 말했다. 솔직하게 대답함으로써 나는 상대에게 내가 믿을 수 있는 사람임을 보여줬다. 그가 자신이 체포되었음을 가족에게 알려달라고 내게 부탁한 것도 우연은 아닐 것이다. 그 사람은 친구들이 가족에게 연락해주리라 기대하지 않았다. 나는 그의 가족에게 연락했고, 그게 인연이되어 그 가족은 다른 문제로 나를 도와줬다.

25년 동안 몸담았던 FBI에서 은퇴한 후 나는 다시 한 번 내 능력을 증명해야 한다고 느꼈다. 이제 내겐 잠깐만 보여줘도 모두가 알아보는 FBI 공무원증이 없었다. 이제 모두가 가진 것과 똑같은 신분증을 사용하는 것이다. 신분증은 무엇을 의미할까? 그것은 신뢰 가능성을 의미한다. 다른 사람 집이나 사무실에 들어가고, 그곳에 있는 모든 가치 있는 것에 접근할 수 있는 기회는 신분증을 근거로, 즉 성과를 바탕으로 하는 신뢰를 근거로 허용된다.

비즈니스에서는 신뢰와 신용이 합쳐져 평판이 된다. 사람들이 나의 전문가적 평판을 평가하지 않는다고 생각한다면 착각이다. 추천서를 요구하든 SNS를 조회하든 이전 직장에 아는 사람이 있으면 전화해서 비공식적으로 알아보든 간에 사람들은 누군가의 평판이 어떤지 알고 싶어 한다. 평판은 중요하다.

스티븐 코비는 "신뢰받기를 바란다면 신뢰할 만한 사람이 되어라."라고 했다. 현장에서 신뢰성이란 무엇을 의미하는 것일까? 상대방에게 마음 쓰고 자기 의무를 다하고 다른 사람을 위해 믿을 수 있게 행동한다는 것을 지속적으로 그리고 명백하게 증명할 때 우리는 신뢰를 얻는다.

이런 경험을 떠올려 보자. 누군가 요구를 신속하게 처리해 주거나, 과도한 부담을 덜어줘서 삶을 더 개선해 주거나, 내가 보살핌을 받고 있다고 느끼게 해주거나, 더 안전하다고 느끼게 해준 순간을 떠올려 보자. 떠올리기만 해도 마음이 따뜻해질 것이다. 누군가 나를 배려하며 한 행동 때문에 일어나는 감정이다. 이것이 믿음직스러운 사람의 특징이다. 언제나 믿음직스럽고 우리에게 최대한 이롭게 행

동하려는 사람, 우리를 배려한다고 믿을 수 있는 사람을 만난다는 것
은 얼마나 큰 선물인가.

나의 행동은 가치를 더하는가?

비범한 행동은 단순히 그 순간의 요구를 충족시키는 데서 끝나지 않
는다. 현재뿐 아니라 미래에도 무언가를 늘 개선하거나 향상하거나
증가시키거나 북돋운다. 행동을 통해 상황을 개선하고 개인에게 가
치를 더하려면 아마 통찰력, 전문 지식, 창의성, 리더십, 자산, 활기,
끈기 또는 전문 기술이 필요할 것이다. 때로는 물리적인 도움이 필요
할 수도 있다.

　비범한 사람들은 '퀴드 프로 퀴quid pro quo', 즉 받은 만큼 되돌려
준다는 제한적이고 이기적인 개념에 따라 살지 않는다. 그들은 내면
의 보람을 느끼기 때문에 남을 돕고 행동한다. 나는 이웃집 사람이
차에 물건을 싣고 있으면 한 번도 만난 적 없더라도 그를 돕는다. 어
떤 보상을 기대하고 도와주는 게 아니지만 그 이웃은 더 상냥하게,
또는 고마운 마음으로 나를 대할 것이다. 내 호의로 그 사람은 나를
믿을 수 있는 이웃으로 생각할 것이다. 신뢰를 얻으려 누군가를 도와
주는 게 아니지만 선의를 베풀면 이로움이 뒤따르고 그 이로움은 바
깥으로 확장된다. 심리학자 애덤 그랜트Adam Grant가 저서 『기브 앤
테이크』에서 언급했듯이 결국 가장 큰 선의를 베푼 사람은 기버giver,
즉 주기를 좋아하는 사람이다.

　나는 고객의 의뢰를 받고 뉴욕의 한 회사에서 실시한 행동 평가

를 지금도 생생히 기억한다. 방문하는 사무실마다 직원들은 "헨리를 만나보셔야 해요."라고 말했다. 이틀 내내 같은 말을 들었다. 마침내 사흘째 되는 날 나는 "헨리를 정말 만나보고 싶군요."라고 말했다. 헨리가 어떤 사람인지 정말 궁금했다. 그래서 공식적으로 헨리에게 만남을 청했다.

헨리의 첫인상은 평범했다. 그러나 그에게는 무엇인가 특별한 게 있었다. 헨리는 대학에 진학하지 않고 독학으로 컴퓨터를 공부했고, 지금은 IT 부서를 책임지고 있었다. 우리가 이야기를 나누는 동안 여러 사람이 지나갔는데, 모두 멈춰 서서 헨리에게 인사했다. 헨리는 모든 사람에게 미소로 화답하곤 나에게 그들과 얽힌 재미있는 일화를 들려줬다.

나는 왜 사람들이 "헨리를 만나보셔야 해요."라고 말했는지 이해했다. 한 부서를 운영하는 것뿐만 아니라 헨리는 회사 전체에 가치를 더하고 있었다. 그는 그저 기쁜 마음으로 누구라도 기꺼이 도와줬다. 헨리는 자신의 전문 기술을 제공하면서 더욱 기쁘게 일했고 그 기쁨을 모든 사람과 나눴다. 그의 직무기술서 어디에도 '기쁨'이 따로 적혀있지는 않을 것이다. 그러나 헨리는 그것을 실행하고 있었고 결과는 그야말로 대단했다.

나는 사람들이 마치 매일 '헨리 처방'이 필요한 양 주기적으로 그를 찾는다는 인상을 받았다. 헨리가 휴가 중일 때 그들은 직원 휴게실에서 그를 보지 못해 섭섭하다고 말했다. 그 회사에서 일주일을 보낸 후 나는 최종 검토를 위해 세 명의 회사 중역과 회의실에서 마주했다. 그들은 헨리가 단순한 기술자가 아닌 훨씬 의미 있는 존재라고 입을 모았다. 특히 CEO는 "어느 날 헨리가 회사를 떠날까 봐 걱정입니다. 몇 십 년에 한 번이라도 헨리 같은 사람을 만난다면 행운일 겁니다."라고 덧붙였다. 나도 그 말에 동의했다. 판에 박힌 듯한 일상도 이렇게 가치를 더하는 사람과의 교류를 통해 즐거워지고, 심지어 기억에 깊이 남는 순간이 된다.

우리의 고객, 동료, 친구, 개인적으로나 일로 만난 이들은 우리와 함께한 경험을 어떻게 이야기할까? 또 어떤 이야기는 하지 않을까?

이처럼 최종 결과에 가치를 더할 수 있는 놀라운 방법들이 많다. 물론 기술로 가치를 높일 수 있다. 하지만 실질적으로 가치 상승은 우리가 '무엇을' 하느냐와만 관련이 있는 게 아니다. 앞에서 논의했듯이 그것을 '어떻게' 하느냐, 즉 어떤 태도와 마음가짐으로 하느냐와도 관련 있다. 탁월함을 위해 헌신하는 마음가짐과 일에 대한 자부심은 우리가 하는 모든 행동에 가치를 더할 수 있는 태도이다. 게다가 이런 태도는 다른 사람에게도 똑같이 행동하게끔 영감을 불어넣는다. 마틴 루서 킹 목사는 이런 감동적인 말을 했다. "만일 어떤 남자가 길거리 청소부라 불린다면 그는 미켈란젤로가 그림을 그리듯이, 베토벤이 작곡하듯이, 셰익스피어가 시를 쓰듯이 거리를 청소할 것입니다. 그가 거리를 아주 완벽히 잘 청소해서 하늘과 땅의 모든 것들이 멈춰 서서 '여기 자기 일을 훌륭히 수행한 위대한 청소부가 살았노라.'라고 말할 것입니다." 우리가 정의한 대로, 그리고 비범한 사람들이 보여주는 것처럼 행동력은 단지 주어진 일을 수행하는 문제가 아니다. 행동력에서 중요한 것은 우리가 하는 모든 일, 특히 사람들이 인지하든 안 하든 **사람들을 이롭게 하는 일에 가치를 더하기 위해 노력하는 단계로 나아가는 것이다.**

나의 행동은 긍정적인 영향을 끼치거나 영감을 주는가?

보스니아 전쟁 초기였던 1992년 5월 27일, 저격수의 총격과 포격 위험을 무릅쓰고 사라예보에서 유일하게 문을 연 빵집에서 빵을 사기 위해 용감하게 집 밖으로 나온 시민들 머리 위로 박격포가 떨어졌다. 이미 수백 명의 목숨을 앗아간 보스니아 전쟁은 잔인함, 인종 청소, 비인간성 같은 말로 정의됐다. 이런 비인간적인 전쟁에서 한 남자의 행동이 모두의 마음을 사로잡았다.

박격포는 정확히 오후 4시에 떨어졌다. 그날 마지막 식량이 배급되던 때였다. 22명이 그 자리에서 사망했고 100명 이상이 다쳤다. 핏물과 살점, 뇌 파편이 인근 건물의 3층 벽면까지 튀었다. 피 냄새, 폭약 냄새, 타버린 옷 냄새, 살 냄새가 며칠 동안 사라지지 않았다. 그 충격적 경험을 상기시키는 역한 냄새가 사방에 배어있었다.

사방으로 포위된 배고프고 절망한 사람들에게 가해진 무차별적 파괴는 한 번으로 끝나지 않았다. 포격은 여러 차례 이어졌고, 그때가 마지막도 아니었다. 사람들은 포탄에 몰살되거나 끌려가서 집단 처형을 당하거나 저격수의 총에 한 명씩 쓰러졌다.

이 지옥의 심장부로 걸어 들어간 남자가 있었다. 베드란 스마일로비치Vedran Smailović는 아무 무기도 들지 않았다. 그는 군인이 아니었다. 적에게 보복할 수 있는 군사적 기술이 있는 사람도 아니었다. 하지만 그에게는 두 가지 재능이 있었다. 그는 유명한 오페라 하우스인 사라예보 오페라단의 수석 첼로 연주자였다. 그리고 그에게는 배려하는 마음이 있었다.

스마일로비치는 24시간 전에 죽거나 다친 동포들을 기리는 방법을 찾아야 했다. 37세의 이 남자는 죽은 이들을 추모하고 살아남은 이들을 위로하기 위해 자신의 목숨을 걸고 상상할 수도 없는 일을 해냈다. 그는 공연용 턱시도 차림으로 박격포가 떨어져 움푹 팬 땅에 의자를 놓고 그곳에서 22일 동안 토마소 알비노니의 「아다지오 G단조」를 연주했다. 지금까지 작곡된 가장 아름다운 음악 중 하나로 꼽히는 이 곡을 스마일로비치는 콘서트홀에서 연주하듯 열정적으로 연주했다.

왜 그렇게 했을까? 그렇게 해야 했기 때문이다. 상상조차 할 수 없는 폭력과 죽음의 한가운데서도 행동력을 보일 만큼 이 남자는 동포들에게 깊이 마음 쓰고 있었다. 음악가로서 자신이 지닌 기술을 이용해 최선을 다해 소중한 사람들을 기리는 것 말고는 그가 할 수 있는 일은 거의 없었다. 그의 행동은 불안하고 전쟁으로 피폐해진 사람들에게 위로와 영감을 줬다.

다른 비범한 사람들과 마찬가지로 스마일로비치는 자문했다. '지금 당장 필요한 것은 무엇인가? 나는 무엇을 할 수 있을까? 사람들을 어떻게 도울 수 있을까?' 마음을 달래주고 고통을 덜어줄 수 있는 감동적인 음악. 그것이 그가 사람들에게 전한 위로였다.

스마일로비치의 연주로 보스니아 전쟁이 중단되었을까? 아니다. 전쟁은 그 후로도 3년 더 계속되었다. 그의 연주가 생명을 구했을까? 그건 아무도 모른다. 그러나 매일 하루에 7분가량 그의 음악은 전쟁의 공포와 고통을 잠재웠고, 사람들은 그렇게 작은 위안을 얻었을지도 모른다. 스마일로비치는 애정과 공감을 담은 헌신적인 연주로 파멸과 학살의 한복판에서 인간성과 친절이 여전히 살아있음을 증명했고, 그의 방식으로 동포들에게 희망을 줬다. 그리고 그 과정에서 뜻밖에도 세계가 사라예보의 참상에 주목하게 되었다.

기자들이 스마일로비치에게 연주하는 이유를 물었다. 그의 대답은 간단했다. "나는 음악가입니다. 그리고 사라예보 시민의 한 사람입니다. 그저 다른 사람들처럼 할 수 있는 일을 하는 것뿐입니다."

할 수 있는 일을 한다고 했을 때 그 일이 반드시 영웅적일 필요는 없다. 어려운 일일 필요도 없다. 내 행동이 주변 세상을 조금 더 나아지게 만들 수 있을까? 집 근처에 버려진 쓰레기를 주울 수 있을까? 어린이 글자 교실에서 자원봉사를 할 수 있을까? 꿈을 포기하려는 친구를 격려할 수 있을까? 지나가는 사람에게 미소를 지을 수 있을까? 직장 동료에게 "바쁜가 보네요. 이 일은 제가 처리할까요?"라고 말할 수 있을까? 이것들은 '영웅적인' 행동은 아니다. 하지만 더 나은 세상을 만들기 위해 우리가 할 수 있는 일이다.

긍정적인 행동이 끼치는 영향은 두 부분으로 되어있다. 우선, 다른 사람이 나를 긍정적으로 볼 수 있게 하는 잠재력이 있다. 그보다 더 좋은 것은 우리의 행동이 다른 사람의 태도와 행동에 긍정적인 영향을 끼친다는 것이다. 우리가 다른 사람에게 힘과 도움을 주면 그들 스스로 자신 안에 숨겨진 힘을 찾도록 자극할 수 있다. 베드란 스마일로비치가 첼로를 들고 포탄에 쓰러진 사람들과 고통을 견디며 살아가는 사람들에게 연주를 바쳤을 때처럼 다른 사람에게 이로움을 주는 긍정적인 행동은 참담한 상황 속에서도 사람들이 포기하지 않도록 도울 수 있다.

나의 행동과 행위는 친사회적인가?

우리는 온종일 자신의 생존과 행복에 필요한 일을 한다. 그러나 다른 사람에게 영향을 줄 기회도 얻는다. 다른 사람의 이익을 위해 행동할 때 우리는 친사회적인 행동을 한다고 말한다.

친사회적인 행동은 마음 쓰는 것을 넘어 상황을 '개선'하는 행동이다. 비범한 사람들은 주변 환경과 사람들에게 세심한 주의를 기울이고 그들을 몰아붙이지 않으면서 상황을 개선하려 노력한다. 명령을 받았기 때문에 또는 맡은 일이기 때문에 하는 게 아니라 더 나은 세상을 만드는 것이 그들 자신에게 중요하기 때문에 행동한다.

커티스 젠킨스Curtis Jenkins는 노란 통학 버스의 운전대를 잡는 매일 아침마다 친사회적인 행동을 한다. 그에게 가장 큰 만족감을 주는 것은 월급이 아니다. 물론 그것에도 분명 감사해할 것이다. 그러나 그가 가장 큰 만족을 느끼는 일은 텍사스주 댈러스의 레이크 하이랜드초등학교 통학 버스를 타는 모든 어린이에게 조금이라도 더 나은 환경을 만들어 주는 것이다.

그는 아이들 모두의 이름을 안다. 아이들의 생일과 관심사뿐만 아니라 아이들이 학교에서 무엇을 성취했는지도 안다. 누가 무슨 과목을 어려워하는지, 누가 집에 문제가 있었는지, 누구를 조금 더 격려해 주고 누구에게 더 많이 웃어줘야 하는지를 안다. 젠킨스는 버스를 안전하게, 시간에 맞춰 운전하기만 하면 되는 버스 기사다. 하지만 맡은 일을 하는 것에서 그치지 않고 아이들의 요구와 관심사에 세심한 주의를 기울임으로써 아이들의 삶을 더 나아지게 한다. 어떤 아이에게는 격려의 말을 건네고, 수줍어하는 여자아이에게는 최근에 아이가 성취한 것을 자랑할 수 있게 질문을 던진다. 자신감을 불어넣기 위해 작은 선물도 준다. 젠킨스는 말이 아닌 행동으로 아이들의 삶을 '개선'하고 있다.

비범한 사람들은 문제가 생기거나 상황이 더 나빠지기 전에 미리 문제를 예상한다. 그들은 상황과 감정의 실체에 담긴 함축적 의미를 파악하고 있으며, 당면한 문제를 이해할 때 그 본질까지 꿰뚫어 본다. 이것이 그들이 맞닥트린 상황에 적절하게 반응하게 만든다. 비범한 사람들은 통각적apperceptive, 즉 새로운 지각의 대상을 과거의 경험과 연관 지어 종합적으로 분명하게 파악하는 능력이 있다. 이에 더해 다른 사람에 대한 존중, 그리고 그들의 요구와 바람을 해결해 주고자 하는 마음을 바탕으로, 조화를 추구하는 친사회적인 행동을 한다. 이것이 바로 윤리의 기초다. 우리가 직장에서 누군가의 성과를 보면서 "한 단계 발전했다.", "한계를 뛰어넘었다."라고 말한다면 그것은 그 사람의 행동에 담긴 친사회적 요소, 즉 성과를 내기 위해 그가 쏟은 시간, 긍정적 에너지, 배려에 찬사를 보내는 것이다. 지역 사회에서 우리가 노숙자 쉼터나 동물 보호 단체에서 일하거나 방과 후 도움이 필요한 어린이를 돌보거나 취약 계층 이웃이나 노인을 도와주기 위해 끊임없이 애쓴 사람들의 노력을 인정한다면 그것은 다름 아닌 비범한 사람들의 친사회적 행동을 알아주는 것이다.

친사회적 행동에 따르는 모든 효과를 항상 알 수 있는 것은 아니다. 그렇지만 우리에게 이 세상에서 마음대로 쓸 수 있는 능력, 즉 행동력이 있고 그 결과가 수면에 이는 물결처럼 끝을 알 수 없는 곳까지 확장된다는 것은 삶의 아름다운 미스터리 중 하나다. 우리는 대단한 것이든 소소한 것이든 그 순간 우리 삶에 변화를 일으키는 행동을 보여준 사람을 기억한다. 나에게는 나의 이웃 라이트본 아주머니가 그런 사람이었다.

라이트본 아주머니와 그 아들 마이클은 우리 집에서 몇 블록 떨어진 집에 살고 있었다. 그 집 외관은 볼품없었고 가구들은 진즉에 갖다 버렸어야 할 정도로 죄다 낡은 것뿐이었다. 그러나 동네 아이들은 상관하지 않았다. 아주머니 집은 우리가 모여서 웃고 떠들고 놀 수 있는 편안한 장소였다. 아무 때나 불쑥 찾아가도 라이트본 아주머니는 우리 모두를 환영해 줬고 애정을 듬뿍 쏟아 대접해 주었다. 아주머니는 우리에 관해서 하나부터 열까지 다 알고 있었고, 우리가 무슨 말을 할지, 무엇을 물어볼지, 어떻게 해야 우리가 웃을지 늘 알고 있었다.

나는 강도 사건 이후 치료를 받고 퇴원한 후로 몇 달 동안 힘든 시간을 보냈다. 3주 동안 병원에 입원해 있었는데, 신경은 손상되고 피를 많이 흘린 데다가 염증까지 겹쳐서 회복이 더디었다. 팔 통증뿐만 아니라 손가락도 마음대로 움직일 수 없었고 고등학교에서 보내는 마지막 몇 달 동안 학교를 빠져야 했다. 대학 입학과 장학금 기회를 잃은 것을 포함해 불확실한 미래에 관한 생각이 나를 무겁게 짓눌렀다. 나는 태어나서 처음으로 심리적으로 불안했다. 마음이 혼란스러웠고 사람이든 사물이든 할 것 없이 모든 것에 흥미를 잃어갔다. 나도 모르는 사이에 외상 후 스트레스 장애PTSD에 시달렸던 것이다. 물론 당시에는 내 증상을 그렇게 부르지 않았다. 명칭이야 어찌 되었든 나는 어떻게든 괜찮은 척하려고 했지만 실제로 전혀 괜찮지 않았다. 내 상태를 알아차린 사람도 몇 명 되지 않았다.

라이트본 아주머니는 내가 입원했을 때 처음에 병실로 몇 번 찾아왔다. 그러고 나서 한동안 보지 못했다. 퇴원한 후에도 완전히 회복되지 않아서 팔을 움직이고 다시 손가락을 사용하는 법을 배우기 위해 매일 재활 치료를 받았다. 그 시기에 나는 누구도 만나려 하지 않았다. 그래도 라이트본 아주머니는 친구들을 통해 계속 내 안부를 물었다.

졸업식 전날 아주머니에게서 전화가 왔다. 아주머니는 내가 보고 싶다면서 바람도 좀 쐴 겸 아주머니네 집으로 건너오라고 말했다. 아주머니의 제안에 기운이 솟는 듯했다. 당장 자리에서 일어나 아주머니를 만나러 갔다. 아주머니는 먼저 건강이 어떤지 물으며, 내가 정서적으로 그다지 좋지 않다고 들었다고 했다. 나는 조금 위축되어 있고, 장학금을 받을 가능성이 사라진 데다 학비를 댈 돈이 거의 없어서 이제 대학 진학은 꿈에서나 가능할 것 같다고 말했다. 우리는 학교를 빠져서 생긴 학습 공백을 어떻게 메울지도 얘기했다. '내가 졸업한다면 그건 기적일 거야.' 하고 나는 생각했다. 아주머니는 그게 내가 가장 좋아하는 간식이라는 것을 아는 듯이 브라우니를 내놓았다. 그날의 이야기는 그렇게 내가 좋아하는 간식을 먹는 것으로 멋지게 마무리되었을지도 모른다.

그러나 이것이 끝이 아니다. 대화가 거의 끝나갈 무렵, 아주머니는 방에 들어가서 브라우니를 덮었던 것과 똑같은 은박지로 포장된, 보석함 같은 작은 상자를 하나 들고 왔다. 나는 그게 돈이라면 받지 않겠다고 말했다. 아주머니는 "나한테도 너에게 줄 돈은 없단다. 그저 네가 기억해 주기를 바라는 마음에서 주는 작은 선물이야."라고 말했다.

아주머니는 졸업식 날 아침까지 상자를 열어보지 말라고 했고 나는 그 말을 따르겠다고 약속했다. 집으로 걸어가는 동안 상자 속에 무엇이 들어있는지를 계속 생각했다. 무척 궁금했지만 아주머니와 약속대로 열어보지 않았다.

졸업식 날이 밝았다. 다행히 학업을 다 마치고 졸업할 수 있어서 신이 났다. 가족들은 졸업식장으로 떠날 준비를 하느라 부산스러웠다. 출발하기 직전에 어머니가 라이트본 아주머니에게 받은 상자를 열어봤는지 물으셨다. 출발하기 전, 가족들과 함께 상자를 열었다.

아주머니가 주름을 잡아서 멋지게 포장한 은박지를 벗겨냈다. 선물 상자는 신발 상자를 재활용해서 아주머니가 직접 손으로 만든 것이었다. 신발 상표를 나타내는 글자 몇 개가 선명히 보였다. 아주머니는 신발 상자를 조심스럽게 자르고 접고 붙여서 가로세로 각각 2인치인 상자를 만든 것이다. 만드는 데 얼마나 오래 걸렸을지 짐작만 할 뿐이었다.

상자 속에는 작은 솜뭉치 위에 10센트짜리 동전이 놓여있었다. 그 옆에는 작은 쪽지가 있었다. "뭐든 필요한 게 있으면 언제든 전화하렴." 잘 모를 수 있는 어린 독자들을 위해 말하자면 당시 미국에서는 10센트만 있으면 공중전화로 전화를 걸 수 있었다.

우리 가족 모두 몇 초 동안 아무 말 없이 가만히 동전을 바라봤다.

그러고 나서 모두 나를 쳐다봤다가 다시 동전을 봤다. 우리 모두 눈물을 훔치기 시작했다.

그것은 집에서 만든 종이 상자에 담긴 동전 하나에 불과했다. 그러나 거의 50년이 지난 지금도 내가 선명하게 기억하는 선물이고 가장 소중하고 귀중한 보물이다. 라이트본 아주머니가 나에게 마음 써주고 나를 걱정했음을 일깨워 주는 물건이며 나를 얼마나 소중하게 생각했는지 보여주는 증거이다. 아주머니는 비범한 사람들이 하는 일을 한 것이다. 아주머니는 나의 감정적 욕구를 헤아려 줬고, 나를 소중하게 여기는 마음을 행동으로 표현함으로써 단순한 교류를 변화를 일으키는 소통으로 바꿔놓았다.

지식 변화의 속도에 올라타라

여기 33세의 청년이 있다. 그의 동료들은 각기 나름의 특별한 이해관계로 전국 각지에서 모였다. 동료들이 청년에게 정말 중요한 말을 한다. "아주 바쁜 게 아니라면 자네가 독립선언문을 작성하는 게 어떤가? 영국 국왕에게 우리가 영국의 속국임을 인정할 수 없다고 알리는 글을 써줬으면 하네. 모든 사람이 지지할 수 있도록 완벽한 논거를 들어 주장하는 글이어야 하네. 반드시 우리의 정당성과 우리가 내세우는 가치를 명확하게 언급해야 하네. 비록 지구상 다른 어느 곳에서도 '모든 인간은 평등하게 창조되었다'라는 이 새로운 사상을 찾아볼 수 없지만, 이 사상의 정당성을 설득력 있게 피력해 주시게. 그리고 너무 성가신 일이 아니라면 우리의 이런 생각들을 합당한 논리와 마음을 뒤흔드는 수사, 도덕적 담론을 이용해 선언문에 제시해 주게나. 그래야 독립선언문에 서명하는 그 순간 국왕에 대한 중대 범죄인 반역죄를 저지르는 일임을 알더라도 우리는 독립선언문에 서명하고 그것의 교리를 따르며 살 수밖에 없을 걸세. 아, 한 가지 더. 양피지에 깃펜으로 써야 한다는 거 잊지 말게나. 거위, 백조, 칠면조 깃털 중에서 하나 고르는 게 좋겠네. 되도록 실수는 하지 말고, 읽기 쉽도록 매우 또렷한 서체로 쓰게나."

예나 지금이나 나이가 몇이든 간에 이런 도전을 감당할 수 있는 사람이 누가 있을까?

그런데 그 모든 요구를 이행할 수 있는 단 한 사람이 있었다. '몬

티첼로의 현인' 토머스 제퍼슨이 그 주인공이다. 제퍼슨은 비범한 행동을 할 준비가 되어있었기 때문에 독립선언문을 작성하는 일을 해낼 수 있었다. 1859년 에이브러햄 링컨 대통령은 토머스 제퍼슨에 대해 이렇게 말했다.

"제퍼슨에게 모든 영광을 바칩니다. 그는 하나의 독립 국가로 인정받기 위한 투쟁을 벌이는 현실적 압박 속에서도 냉정함과 지혜와 역량을 발휘해 단지 한 국가의 독립선언문에 모든 시대 모든 인간에게 적용할 수 있는 심오한 진실을 불어넣었습니다."

오늘날 미국 독립선언문은 내폭 투명 상자에 안전하게 담겨 미국 국회도서관에 보관되어 있다. 상자 안은 아르곤 가스로 채워져 있고, 상자 뼈대는 티타늄으로 특별 제작되었다. 성서처럼 다뤄지는 독립선언문은 상자 아래 부착된 정교한 알루미늄 운반 장치로 지하 깊숙한 곳에 설치된 금고로 옮길 수 있다. 지하 금고는 미국 수도에 핵폭탄이 떨어져도 끄떡없다고 한다. 지구상에서 아니, 우리가 아는 우주에서 이처럼 숭배되고 보호받는 문서는 없다. 어떻게 해서 그런 문서가 탄생한 것일까? 그것은 한 개인이 비범한 행동을 할 준비가 되어 있었기 때문이다.

독립선언문은 그것에 서명하는 사람들에게는 사형 집행 영장이나 다름없는 문서였다. 하지만 제퍼슨은 아주 정교하게 논거를 제시하고 설득력 있게 글을 썼기 때문에 독립선언문은 참여한 이들이 다시금 결의를 다지게끔 도와줬을 뿐만 아니라 자유와 평등을 위해 목숨 걸고 싸우는 사람들에게 변함없는 시금석이 되었다. 제퍼슨이 그런 글을 쓸 수 있었던 원동력은 무엇이었을까?

제퍼슨은 분명 우리가 앞에서 이야기한 '자기 통제력'이라는 발판을 갖추고 있었을 것이다. 그러나 하나가 더 있다. 그는 비범한 행동을 하기 위한 '준비'를 했다.

우리는 흔히 행동을 바깥을 향하는 것, 즉 바깥세상에서 행해지는 물리적 행위라고 본다. 과거에는 맞는 말이었을지도 모른다. 그러나 오늘날 우리가 하는 행동은 대개 더 나은 문제 해결과 의사 결정, 또는 혁신을 위한 **지적 동기**가 담긴 것들이다. 예를 들면 분석, 관념화, 예측 등이다. 이런 행동을 하려면 매일 어느 정도의 지식과 정보가 필요하다. 오늘날 성공할 기회를 잡으려 한다면 생화학자 루이 파스퇴르의 표현대로 '준비된 자prepared mind'가 되어 행동을 시작해야 한다.

1950년 미래학자 벅민스터 풀러Buckminster Fuller는 인간 지식은 1900년대까지 한 세기가 지날 때마다 거의 두 배로 증가했다고 지적했다. 제2차 세계대전이 끝날 무렵 지식은 사반세기마다 두 배로 증가했고, 시기마다 속도의 차이는 있지만, 오늘날 지식은 해일과 같은 속도와 세기로 증가한다. 나노 기술 분야의 지식은 2년마다 두 배로 늘고 있다. 의학 분야의 경우 일각에서는 8개월마다 두 배로 는다고 하고, 믿을 만한 추정에 따르면 73일을 주기로 두 배로 는다고 한다. 전문가들은 전반적으로 13개월마다 두 배로 지식이 늘고 있다고 본다.

생각해 보자. 내일 이 시간이면 세상의 지식은 두 배로 늘어 있을 것이다. 이 속도를 따라갈 수 있는 유일한 방법은 제퍼슨이 매일 한 것을 우리도 하는 것이다. 제퍼슨은 그 당시 이용할 수 있는 최고의 기술 체계인 일간지를 읽으면서 늘 최신 동향과 새로운 아이디어, 철학 사상, 과학 및 기술 발전을 파악했다. 제퍼슨이 위기의 순간에 비범한 행동을 할 수 있었던 이유는 오직 '스스로 준비된 자'가 되려 노력했기 때문이다. 그는 큰 도약을 하기 위해 가진 모든 지식을 쏟아부었다.

어떤 분야에 있든 비범한 수준의 행동을 실천하고 효과적으로 경쟁할 최고의 기회를 만들고 싶다면 지식, 혁신, 최신 동향, 발견, 새로운 아이디어를 따라가는 데 전념해야 한다. 중요한 점은 이제 이것이 새로운 기준이라는 것이다. 지식이 아주 빨리 변하고 있어서 우리가 속도를 감당하지 못하는 순간이 바로바로 찾아오기 때문이다. 영국 작가 메리 르노Mary Renault가 말했듯이 "전혀 예상치 못한 일보다 더 충격적인 것은 오직 하나다. 예상되는 일인데 준비하기를 꺼렸던 일이 결국 실제로 벌어지는 것이다."

전 미국 해군 4성 장군이자 국방부 장관 제임스 매티스James N. Mattis는 매일 시간을 내서 책을 읽는다. 그는 그 이유를 두고 이렇게 대답했다. "독서 덕에 어떤 상황에서도 무방비 상태로 당하지 않았고, 어떤 문제에 직면했을 때 성공적으로 처리하든 못하든 어떻게 해야 할지 몰라 갈팡질팡한 적이 없었습니다. 책이 항상 정답을 제시하는 것은 아니지만 종종 어두워서 보이지 않는 길을 밝혀줍니다." 나중에 도널드 트럼프 행정부의 국방부 장관이 되는 이 뛰어난 장군은 자신이 리더로서 성공할 수 있었던 것은 해병대 전투 기술이 아니라 '독서 습관' 덕분이라고 말했다.

매티스는 다른 사람들에 관한 글을 많이 읽었기 때문에 군 생활을 할 때 그 사람들과 같은 실수를 피할 수 있었다고 말했다. 어떤 사람들에게는 21세기에 새로이 등장한 전술인데 그는 이미 3세기나 심지어 고대 그리스 펠로폰네소스 전쟁 시기에 쓰인 글을 읽어 알고 있었다.

마이크로소프트를 경영할 때 빌 게이츠는 '생각하는 주간Think Weeks'을 갖곤 했다. 직원들에게 각자 최신 과학 기술 동향에 관한 보고서를 제출하라고 하고서는 생각하는 주간에 혼자 조용한 곳에서 그 보고서를 읽는 것이다. 그는 이미 많은 업적을 이뤘고 세계 최대 갑부로 손꼽히지만 SNS에 종종 언급하듯이 여전히 다양한 분야의 책을 읽는다. 다른 사람에 대한 책임을 더 많이 질수록 지혜의 우물에 적극적으로 축적해 놓은 지식을 기반으로 해서 행동할 책임도 더 커진다.

오늘 당장 비범한 행동을 하기 위해서는 규칙, 법, 규정, 동향, 발명품, 상황, 시장 세력, 정치 상황과 불안 요소, 변화하는 기대감과 수요, 사회 운동, 철학 사상 등 매우 빠르게 늘어나는 정보와 지식을 잘 따라잡아야 한다.

실패할 줄 아는 영웅이 되는 것

다른 사람을 위해 자기 목숨을 건 무공 훈장 수훈자들의 이야기를 다룬 많은 책이 있다. 그들의 이야기를 자세히 읽어보면 놀라운 공통점을 발견할 것이다. 처음부터 영웅이 되려는 목표로 행동한 사람은 아무도 없다는 것이다. 그들은 간단하지만 강력한 촉진제, 바로 배려심에 따라 영웅적인 행동을 실행했다. 그들은 동지나 친구, 해병대 동료, 바로 옆에 같은 제복을 입은 '전우'를 보살폈다. 무장한 2인조 강도를 막으려 했던 나의 행동은 내게 영웅적 자질이 있기 때문이 아니었다. 배려하는 마음이 있을 때 행동할 용기가 생기는 것이지 그 반대가 아니다. 배려란 다른 사람을 이롭게 하거나 격려하거나 기리거나 소중하게 생각하려는 의도에서 가장 필요할 때 제공되는 친사회적인 행동이다. 다시 말해 우리는 배려하는 행동을 통해 다른 사람을 **존중**한다.

비범한 배려는 비범한 행동의 어머니다. 배려가 있기에 누군가는 교전 지역의 폐허에 앉아 첼로로 애가를 연주할 수 있다. 배려가 있기에 원칙을 어기는 행위를 봤을 때 내부 고발을 하는 힘이 생긴다. 배려는 당신이 어느 자리에 있든 각자 자기 나름의 방식대로 무언가를 개선하기 위해 행동을 하는 사람으로 바꾸어 준다.

우리가 배려할 때, 심지어 실패하더라도(가끔 실패하는 날도 있을 것이다) 남들이 우리를 보는 시선에 긍정적인 영향을 끼친다. 그렇게 우리는 **영향력**을 얻는다. 실패하더라도 자책하거나 움츠러드는 게 아니라 실패에서 배우겠다는 마음을 가져야 한다. 그래야 성장하고 성공할 수 있다. 슈퍼스타 농구 선수 마이클 조던은 이렇게 말했다. "나는 농구 선수로 뛰는 동안 9000번 이상 슛을 놓쳤고 거의 300회의 경기에서 졌다. 경기를 승리로 이끌 수 있는 결정적인 슛 기회도 26번이나 놓쳤다. 나는 인생을 살면서 몇 번이고 실패를 반복했다. 그런데 그것이 내가 성공한 이유다." 실패해도 다시 도전했기 때문에 마이클 조던은 결국 성공할 수 있었다. 실패할 때도 있었지만 열심히 연습했고 악착같이 경기를 뛰었고 위대한 승리를 거두었다.

내가 리처드 백화점에서 겪은 사고처럼, 실패를 경험해야 한다면 시어도어 루스벨트가 파리 소르본 경찰대학 졸업식에서 한 연설을 떠올려 보자. 내가 칼에 찔리기 정확히 61년 전에 한 연설이다.

"강한 사람이 어떻게 실수하는지, 행동을 실천한 사람이 어떤 부분에서 더 잘할 수 있었는지 지적하는 비평가는 중요한 사람이 아닙니다. 실제로 현장에 있으면서 먼지와 피땀으로 얼굴이 상한 사람, 용감하게 투쟁하는 사람, 실수와 단점이 없다면 노력하지 않는다며 몇 번이고 실수하고 곤경에 빠지는 것을 마다하지 않는 사람, 행동을 실천하기 위해 실제로 고군분투하는 사람, 뜨거운 열정과 위대한 헌신을 알고 있는 사람, 대의명분을 위해 자신을 희생하는 사람, 최상일 때 마침내 이룬 대성공의 환희를 아는 사람, 최악의 경우 실패하더라도 대담하게 도전하면서 실패하는 사람, 그래서 승리도 패배도 모르는 겁 많고 열정

없는 사람과 결코 같은 위치에 있을 리 없는 사람들이 바로 중요
한 사람들입니다."

나는 항상 이 말에서 위안을 얻었다. 그래서 실패할지 모른다 해도
행동했다. 루스벨트가 말한 "뜨거운 열정과 위대한 헌신"이 오늘날
우리가 배려라고 부르는 것이다.

이 장은 '어떻게 행동할지 알고 있는가' 하는 질문으로 시작했다.
배려하는 마음이 있다면 어떻게 행동할지 전혀 걱정할 필요가 없다.
어떻게 행동할지는 이미 결정되었다. 이제 머리와 가슴 속에서 조심
스레 키운 창의성, 재능, 열정, 능력, 기술을 발휘하는 게 관건이다.

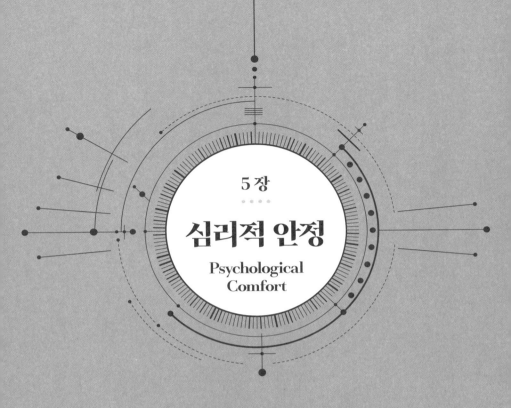

5 장

· · · ·

심리적 안정

Psychological
Comfort

**진정한 리더는
격려하고 다독인다**

나는 모든 인간은 다른 사람에게 선행을 베풀면서
기쁨을 느낀다고 믿는다.

— 토퍼스 제퍼슨

2008년 주식 시장이 붕괴했을 때 전 세계 경제가 거의 마비되었고 수백만 명이 갑작스레 주가 폭락을 맞이했다. 겁에 질린 투자자들은 금융 투자 고문에게 의지했다. 아무도, 정말 아무도 다음에 무슨 일이 일어날지 알지 못했고 금융 투자 고문들도 혼란스러워했다. 그러나 그들은 무슨 말이라도 해야 했다.

　대부분의 금융 기관은 투자자들에게 "우리도 상황이 안 좋다는 것을 알고 있고 해결 방안이 없지만 그래도 전례에 비추어 봤을 때 희망이 있다."라는 메시지를 전했다. 그러나 개인 투자자들에게 필요한 것은 그게 아니었다.

　적절한 대응 방안을 찾지 못한 금융 기관들은 나에게 연락을 해서 묻기 시작했다. "의사소통 전문가시니 대답해 주실 수 있겠지요. 고객과 투자자를 만족시키고 고객을 유지하기 위해 우리가 할 수 있는 일이 무엇입니까?" 내 대답은 분명했다. "말하기를 멈추고 귀를 열어보십시오. 고객이 바라는 것은 조언이 아니라 심리적 위로입니다." 위기 상황에서 인간이 보이는 행동을 수십 년 동안 관찰하면서 내가 얻은 결론은 인간은 상황이 정말 좋지 않을 때 답을 찾기보다는 **심리적 안정**psychological comfort을 더 많이 찾는다는 것이다.

초조한 경영자들은 처음에 내 말을 확신하지 못했다. 그들은 늘 열심히 일했고 고객에 관한 온갖 정보 자료를 준비했다. 그것이 그들의 사업 관행이었고 그들이 생각하기에 고객에게 '도움'되는 방식이었다.

정보가 중요하다는 것은 인정한다. 그러나 우리가 겁을 먹었을 때 필요한 것은 인정을 베풀고 그저 귀 기울여 주는 사람이다. 나는 금융 기관 경영자들에게 주요 고객을 찾아가고, 필요하다면 포옹도 해주라고 강력히 권고했다(몇몇은 실제로 그렇게 했다). 인간은 결국 차분하고 확실하게 마음을 안정시켜 주는 사람에게 마음이 끌리고 그런 사람에게 계속 충성한다. 경영자들이 마침내 내 조언을 따른 것도 그 점을 이해했기 때문이다. 그들은 짐작에 따른 조언을 멈추고 고객들의 말을 경청하기 시작했다. 그로부터 3년 후 금융·주택 시장 상황이 호전되기 시작했을 때 어떤 회의에서 한 경영자가 내게 말했다. "당신 말이 옳았어요. 우리는 상황이 어떻게 돌아가는지 제대로 파악하지 못했고, 고객들은 우리가 상황을 잘 모른다는 사실을 알았습니다. 하지만 우리가 그들 옆에서 그들 말을 경청해 준 것에 고마워 했습니다."

경제 위기나 유행병과 같은 큰 위기뿐 아니라 일상에서도 심리적 안정은 필요하다. 심리적 안정에 관한 이야기로 이 책을 마무리하려는 이유는 두 가지다. 첫째, 사람들에게 심리적 안정을 제공한다는 배려는 우리 사회에 그야말로 더없이 중요한 가치이기 때문에 이 책의 궁극적 메시지로 남기고 싶어서다. 둘째, 지금까지 리더십과 영향력을 주제로 다룬 수백 권의 책을 읽어봤는데, 그 어떤 책도 심리적 안정을 제공하는 사람이 성공한다는 진리를 말하지 않았기 때문이다.

심리적 안정을 제공하기 위해서는 준비성과 의지가 필요하다. 상대방에게 무엇이 필요하고 무엇이 그 사람을 더 행복하게 하는지 파악하거나 예상해서 그것을 기반으로 삼아 행동할 준비가 되어있어야 한다. 그렇게 되었을 때 앞서 다룬 네 가지 능력인 **자기 통제력, 관찰력, 의사소통 능력, 행동력**을 통합해서 영향력과 선의, 그리고 가장 귀중한 특성인 신뢰성을 충분히 개발하도록 이끌어 줄 멋진 지원 구조와 피드백 체계를 형성할 수 있다.

이 장에서 우리는 심리적 안정이 왜 중요한지 설명하는 과학적 근거와 심리적 안정이 우리 삶에 어떤 의의를 지니는지를 살펴볼 것이다. 그다음으로 목적과 목표 달성을 위해 노력하는 동안 함께 일하는 상대에게 심리적 안정이 필요한 때를 파악하고 그것을 실시간으로 제공하기 위한 '교류 모델'을 살펴볼 것이다. 내가 개발한 이 모델은 여러 해에 걸쳐 성공적으로 사용되고 있다.

두려움은 탐험을 방해한다

우리는 아기다.

이 책에서 이런 말을 듣게 되리라 예상하지 못했을 것이다. 그러나 심리적 안정을 추구하는 인간의 욕구는 나이가 들어도 절대 사라지지 않는다.

편안함에 대한 추구는 태어나면서 시작된다. 아기들은 춥다, 배고프다, 기저귀가 젖었다, 아프다 등의 불편을 울음으로 표현한다. 인간의 신체는 편안한 상태를 유지하려 매 순간 끊임없이 스스로 조정한다. 항상성을 유지하기 위해 땀을 흘려서 몸을 식히거나 몸을 떨어서 따뜻하게 만들기도 한다. 아기가 손가락을 빠는 것부터 어른이 껌을 질겅질겅 씹는 것까지 우리에게 있는 많은 비언어적 습관은 심리적 안정을 추구하는 욕구에 뿌리를 둔다.

성숙해지면서 우리가 추구하는 편안함의 형태도 바뀐다. 부모가 품에 안고 흔들거나 담요로 부드럽게 싸서 안전하게 달래주던 것에서 따뜻한 포옹이나 안락하고 부드러운 침대로 바뀌고, 옹알이 소리와 미소, 부모와의 놀이 시간에서 사랑하는 사람들의 익숙한 목소리 톤과 반가워하는 얼굴로 바뀐다. 놀이 친구의 인사말은 SNS의 '좋아요'로 대체된다. 어릴 때 어디를 가든 가지고 다녔던 '애착 인형'이나 퀼트 담요 대신 지금은 반려 동물과 함께한다. 인생 단계마다 다른 모습을 하고 있을 뿐 편안함에 대한 욕구는 언제나 같다.

인간은 모닝커피부터 인터넷 검색, 카드놀이, 넷플릭스 드라마 몰아 보기까지 심리적 안정을 조율하는 무수히 많은 방법을 고안한 종족이다. 누구나 안정을 찾는 나름의 방법이 있듯이 마음만 먹는다면 다른 사람이 심리적 안정을 얻게 도울 수 있다.

나는 심리적 안정이란 생물학적·신체적·정서적 욕구가 충분히 충족되어 불안이나 걱정, 두려움이 없는 상태라고 생각한다. 그런 상태는 우리의 기본적인 욕구와 기호를 만족시키거나 평온을 제공하거나 주어진 시간이나 경험을 충분히 즐길 수 있게 한다.

심리적으로 불안한 일이 일어난다면 우리는 그것에 저항하거나 반대한다. 반감이 생기고 부정적 감정이 형성된다. 적어도 실망감을 느끼거나 최악의 경우 좌절하거나 분노할 것이다. 때로는 순식간에 혐오를 느끼고 그 혐오는 거듭된다. 심리적 안정이 가장 중요한 이유다.

심리적으로 안정될 때 생리적으로나 인지적으로 더 건강하다는 연구 결과가 많다. 심리적으로 안정되었을 때 일을 더 잘 수행하고, 사고력이 더 좋아지고, 더 건강하고 더 오래 산다. 심리적 안정은 역동적이고 때로는 변덕스러운 세상을 이해하고 살아가는 데도 큰 힘이 된다. 다음 두 가지 고전적 실험은 심리적 안정의 중요성을 잘 보여준다.

시각적 벼랑 실험

시각적 벼랑 실험Visual Cliff Experiment에서는 먼저 9~12개월 된 아기가 실험 대상이다. 아기는 탁자 위에 있다. 탁자 상단은 투명 아크릴 판으로 만들어져서 아래로 체크무늬 바닥이 보인다. 아기는 탁자의 다른 편에 놓인 장난감에 끌려 아크릴 판 위를 기어 다니다가 바닥에 벼랑이 보이는 곳까지 온다. 벼랑은 연구자가 만들어 놓은 착시 현상으로 아기는 절대 위험하지 않다. 아기는 기어 다니다가 벼랑에 다가

가면 여지없이 멈춘다. 어린 나이에도 벼랑이 위험하다는 것을 안다는 의미이다. 아기는 가장자리에 조금씩 접근하면서도 탁자 반대편에서 기다리는 엄마 얼굴을 찾는다. 여기서 엄마가 확신을 주는 미소를 보이거나 고개를 끄덕이면서 계속 가라고 격려하면 많은 경우 아기는 벼랑을 넘어 기어간다. 반면에 엄마가 아기를 보지 않거나 시선을 맞추려 하지 않거나 아기에게 인상을 쓰면, 즉 아기를 두렵게 하는 얼굴을 보이면 아기는 대부분 멈추거나 돌아서 간다. 엄마가 괜찮다는 비언어적 표현을 보여주는 것은 곧 아기에게 심리적 안정을 불어넣는 것이다. 그렇게 불안감을 없애고 아이를 안심시키면 아기는 탐험을 계속한다.

심리적 안정이 지닌 힘은 이렇게 강력하다. 격려하는 표정이나 미소로 다른 사람이 두려움을 극복하도록 도와줄 수 있는 것이 바로 영향력이다. 그리고 이것이 비범한 사람들이 하는 일이다.

반대로 상대방을 인정하지 않거나 그 사람에게 미소를 짓지 않는 것만으로도 상대의 하루를 망치거나 자신감을 깎아먹거나 부정적인 영향을 끼칠 수 있다. 생각해 보라. 사랑하거나 존경하는 사람이나 조직 내 상관이 인정하고 격려해 주기만을 바랐지만 그러지 않은 때가 얼마나 많았는가? 더 최악일 때는 상대가 나를 주목할 가치가 없는 존재인 양 경멸하거나 무시하거나 무관심한 얼굴을 보일 때다. 영·유아일 때부터 이런 메시지를 받는다면 어떨까? 어릴 때의 부정적 경험이 한 사람의 가정과 학교, 직장 생활에 끼치는 축적 효과를 생각해 보라. 그런 이들의 좌절된 노력, 추구하지 못한 목표와 계획과 꿈이 얼마나 될지 과연 누가 다 헤아릴 수 있을까?

무표정 실험

두 번째는 1970년대 심리학자 에드워드 트로닉Edward Tronick이 소아
과 의사 토머스 베리 브래즐턴T. Berry Brazelton과 함께 수행한 무표정
실험Still Face Experiment이다. 아기는(아기 나이를 다양하게 해서 여러 번 실
험했다) 방에서 엄마와 마주 앉아 재미있게 상호 작용을 한다. 엄마는
몇 차례 다른 곳으로 시선을 돌렸다가 다시 돌아온다. 엄마가 미소
짓거나 소리 내서 웃을 때마다 아기도 엄마를 따라 한다. 그러나 실
험자가 신호를 주면 엄마는 시선을 돌렸다가 무표정으로 돌아온다.
아기에게 아무 반응도 보이지 않는 것이다.

　아기의 관점에서 보면 이것은 '도대체 무슨 일이지?' 하는 순간
이다. 아기는 미소나 행복한 눈(상냥한 느낌을 주는 크게 뜬 눈)을 기대하
면서 엄마를 바라본다. 그러나 엄마는 아무 표정이 없다. 아기는 처
음에는 계속 엄마를 본다. 그러다가 시선을 한 번 돌렸다가 다시 본
다. 반응을 얻어내려고 시도하지만 소용없다. 이쯤 되면 어떤 아기
들은 '드러눕는다.' 아니면 브래즐턴 박사의 표현을 빌리자면 "자세
통제력을 상실한다." 다시 말해 팔과 다리를 마구 흔드는 것이다. 아
기들은 못 미더운 듯 '곁눈질로 엄마를 볼' 것이다. 그러나 평소처럼
'엄마 쪽으로 돌아앉지 않는다.' 아기는 슬퍼지고 '무기력한 표정을
보인다.' 단 몇 초 만에 아기는 당황하고 화가 나고 심지어 깊은 슬픔
에 빠진다.

발달 초기 단계의 아기가 얼굴에 나타나는 감정을 이해한다는 사실은 과학계를 깜짝 놀라게 했다. 실험 결과는 감정을 나타내는 시각적 단서를 찾는 능력이 우리에게 내재해 있음을 보여줬다. 우리가 시각적 신호를 찾는 이유는 그것이 아주 중요한 기본 욕구인 심리적 안정을 충족해 주기 때문이다. 표정을 통한 상호 교감이 부족할 경우 아기들은 아무리 엄마라 할지라도 양육자에게 신뢰를 잃는다.

나도 지난 20여 년 동안 강연을 하며 무표정 실험을 했다. 강연하는 동안 대부분 시간을 다정하게 말하다가 특정 참석자를 무표정하게 쳐다보는 것이다. 실험 대상이 된 참석자들은 대부분 심리적으로 불편하다는 기색을 보이고, 자리를 고쳐 앉고, 긴장하고, 자신이 무엇인가 잘못했는지 확인하려는 듯 주변 사람들을 쳐다봤다. 우리는 대개 자신에게 관심을 보이는 얼굴에 주목하고 거기서 심리적 안정을 얻는다. 단 몇 초라도 그것을 거부당한 사람은 엉망이 되어버린 마음 상태를 수습하는 데 온 신경을 쓰고, 그렇게 두 사람 사이에 작용하던 긍정적 힘이 한순간에 사라진다.

현실에서도 비슷한 예를 찾을 수 있다. 1980~1990년대 루마니아의 니콜라에 차우셰스쿠Nicolae Ceauşescu 정권에서 많은 아이가 고아로 버려졌다. 소련의 통치 방식을 따르던 루마니아 정부는 어린아이들에게 무관심했고, 잘못된 국가 운영이 계속되면서 만성적 인력 부족, 자금 부족, 부패와 부정 행위, 식량 부족, 기본 의료 시스템의 부재가 수십 년 동안 이어졌다. 그러나 가장 심각한 손상은 아이들에게 기본적인 인간적 접촉을 허용하지 않는 데서 발생했다. 어른들은 포옹이나 소소한 인정을 보여주지 않았고 심지어 아이가 울어도 안아주지 않았다.

연구자들은 심리적 안정을 얻지 못한 어린아이들이 발육 부진을 겪고, 팔다리를 마구 흔들고 끊임없이 몸을 흔드는 상동증을 보인다는 사실을 발견했다. 아이들은 또한 성장하면서 다른 사람에 대한 신뢰를 거의 보이지 않았다. 임박한 위험에 처한 것처럼 아이들의 뇌는 계속 각성 상태에 있었고 세상과 어른을 공포 대상으로 인지했다. 많은 아이가 입양된 후에도 회복되지 못하고 신경·학습·심리·적응 장애에 시달렸다. 게다가 뇌도 유대감이나 신뢰감을 형성할 수 없도록 영구적으로 변형되어 있었다.

극단적이기는 하지만 우리 인간에게 심리적 안정이 필요하며 또 그것이 보장될 때 번영할 수 있다는 중요한 사실을 보여주는 예다. 심리적으로 안정되지 못하면 행동하기를 주저하거나 두려워하게 되고 이는 영구적인 손상으로 이어질 수 있다. 심리적 안정이 일시적으로 저해될 수도 있지만, 양육에 집중하지 않는 부모나 부주의한 상사, 제도적 소외로 인해 심리적 안정이 지속적으로 저해된다면 영구적으로 회복이 어려울 수 있다. 심리적 불안은 사회에 대한 불신과 무관심으로도 나타난다. 심리적으로 불안한 사람들은 타인을 돕거나 관점을 정하는 데 비자발적인 태도를 보이고, 관계 맺기를 주저하고, 사회적 의제에 목소리를 내거나 참여하지 않으려 한다.

전쟁 지역에 살고 있어서, 난민이 되어서, 또는 세심히 돌보지 않는 부모나 고용주나 정부 때문에 매일 미국을 비롯한 세계 곳곳에서 어린이와 어른들이 심리적 안정을 거부당하고 있다. 그로 인한 손해는 어마어마하다. 이럴 때 비범한 사람들은 목마른 사람에게 물을 주고 환자에게 산소를 공급하듯 자기 주변의 도움이 필요한 사람들에게 심리적 안정을 제공하는 영향력을 발휘한다.

작은 배려의 힘

앞 장에서 우리는 비범한 사람들이 어떻게 관찰하고, 의사소통하고, 배려하며 행동하는지 살펴봤다. 그들은 특정 결과를 이끌어내기 위해서가 아니라 진심으로 다른 사람을 깊이 배려하기 때문에 그렇게 한다. 배려는 왜 그렇게 중요한 것일까? 바로 배려가 다른 사람에게 더 큰 심리적 안정을 제공하도록 이끄는 촉매제와 같기 때문이다. 배려가 담긴 심리적 안정은 한결 더 시의적절하고 더 풍성하고 더 뚜렷하고 더 의미 있고 더 크게 영향을 끼친다.

다른 이들에게 편안함을 주기 위해 웅장하거나 돈이 많이 드는 제스처를 취할 필요는 없다. 그저 적합한 표현 하나만 있으면 된다. 저명한 작가이자 인권운동가인 알렉산드르 솔제니친은 『수용소군도』에서 구소련 시대의 디스토피아적 감금 생활을 생생하게 그렸다. 그는 살인적인 노동, 시베리아 겨울의 매서운 추위, 잔인한 간수, 기아를 막지 못할 적은 배급 식량으로 정신적·심리적·영적으로 피폐해졌다.

그는 절망에 빠져있었다. 솔제니친은 감옥에서 보낸 가장 암울한 순간에, 그러니까 완전한 상실감에 빠져있었을 때 어느 뼈만 앙상한 노인 죄수가 다가와서 옆에 쭈그리고 앉았던 일화를 기록한다. 죄수들끼리는 대화가 금지되어 있었다. 노인은 말없이 막대기를 집어 들었고 흙 위에 십자가를 그렸다. 그러고 나서 노인은 아무 말 없이, 쳐다보지도 않고 자리에서 일어나 자기 자리로 돌아갔다.

노인이 땅바닥에 그린 십자가를 보고 솔제니친은 소비에트 제국에 맞서 싸우는 사람이, 양심을 지키는 사람이 자기 혼자가 아님을 깨달았다. 그 일로 솔제니친은 희망을 얻었다. 그저 상징일 뿐이라도 적절한 순간에 전해졌을 때 그것은 깊은 심리적 안정을 줄 수 있다. 솔제니친은 그 십자가 그림이 계속해서 "또 하루를 살아가고 싶은" 욕구를 느끼게 해줬다고 말했다.

얼마나 큰 감화를 주는 이야기인가. 우리 인생에도 적절한 때 누군가 큰 영향을 끼치는 말을 해준 적이 있었으리라. 앞 장에서 말했던 라이트본 아주머니가 보잘것없는 골판지 상자에 담아 동전과 함께 건넨 손 편지가 나에게는 분명 그런 것이었다. 한 친구는 항암 치료를 받으면서 인생의 가장 어두운 시간을 보내던 중, 지나가던 한 의사 덕분에 희망을 찾았다. 친구가 퇴원을 앞두고 병원 로비 의자에 앉아서 조용히 쉬고 있을 때 의사는 걸음을 멈추고 친구에게 괜찮은지를 물었다. 그 간단한 한마디가 그 순간 친구에게 가장 적절한 위로가 되었다. 적절한 시간에 적절한 말을 해주는 것은 우리가 남을 위해 할 수 있는 최소한의 배려다. 우리는 다른 사람을 위해 망설임

없이 말하고 다른 사람을 위해 조금이나마 더 나은 세상을 만들기를 주저하지 말아야 한다. 여기에 다른 것도 필요할까?

이 책을 집필하던 중에 나는 자폐 스펙트럼 장애가 있는 소년에 관한 기사를 읽었다. 아이는 플로리다주 올랜도에 있는 테마파크인 '유니버설 올랜도'에서 시간을 보내던 중 갑자기 자폐성 분노 발작 autistic meltdown을 보였다. 아이는 "울고 소리 지르고 몸을 흔들고 과호흡을 했고, 호흡 곤란을 겪었다."

자폐아가 과도한 자극을 받았을 때 보이는 폭발적 감정이나 몸부림은 경험해 본 적 없는 사람에게는 충격적으로 느껴질 수 있다. 대개 그런 상황에서는 이해심을 보이는 것 외에 할 수 있는 게 많지 않다. 그런데 한 사람은 달랐다. 놀이기구 안내원인 제니퍼 웰첼Jennifer Whelchel은 이해심을 갖고 지켜보는 데 그치지 않고 아이에게 심리적 안정을 제공하기로 마음먹었다.

제니퍼는 힘들어하는 아이 바로 옆에 누워서 아이가 더 천천히 호흡할 수 있도록 도와주고 실컷 울게 내버려 뒀다. 아이와 나란히 누운 채 그녀는 모두에게 괜찮다고 말했다. 그리고 지금은 이게 아이에게 필요한 것이고 때가 되면 멈출 거라고 했다. 계속 보고 있으려는 사람들에게는 자리를 비켜주고 사진을 찍지 말라고 정중하게 부탁했다.

기사에 따르면 "그녀는 아이에게 차분하게 말했다. 아이가 소리 지르고 흐느껴 우는 동안 계속 다정하게 다독여 아이가 발작을 멈출 수 있게 도왔다." 얼마 지나지 않아 아이는 진정하기 시작했다. 일어나 앉아 물을 마시고 서서히 평정을 회복했다. 어떻게 그럴 수 있었을까? 제니퍼는 아이를 야단치거나 그만하라고 명령하거나 냉담하게 지켜보거나 아이의 감정 발작을 무시하지 않았다. 아이를 이해하고, 격려하고, 몸짓 언어와 차분한 목소리로 아이에게 필요한 심리적 안정을 제공하려 노력했다. 그저 아이가 감정적 탈진 상태라는 것을 인정하고 배려했을 뿐이다.

보기 드문 사례라고 말하려는 게 아니다. 비범한 사람들은 타인에 대한 순수한 관심이 있고 타인에게 심리적 안정이 가장 필요한 순간에 즉각적이고 효율적으로 그것을 제공한다.

제니퍼는 인터뷰에서 "아이와 유대를 형성할 수 있도록 눈높이를 맞추고 싶었고, 아이에게 자기 공간을 확실하게 만들어 주고 싶었다."라고 말했다. 제니퍼는 특수 학교 교사가 아니며 심리학 교육을 받지도 않았다. 두 아이의 엄마로, 유니버설 테마파크에서 일한 지 6년 된 직원이었다. 그녀는 그저 타인에게 효과적으로 지원을 제공하려면 무엇을 해야 하는지를 알고 있었다. 그녀는 아이가 자폐성 분노 발작을 보인다는 것을 알았다. 그리고 그것은 사람들이 대체로 생각하는 아이의 떼쓰기와는 달리 적절한 관심을 보여주면 금방 지나가는 일시적인 감정 상태라는 사실도 알고 있었다.

제니퍼의 행동은 왜 화제가 되었을까? 그에게는 다른 동기가 필요하지 않았다. 내면에 이미 배려라는 촉매제가 활성화되어 있었고, 그 순간 그렇게 하는 것이 필요하다고 판단해 행동으로 옮겼다. 돌발 상황에 모두 완벽하게 대응할 수는 없다. 그저 도움을 받는 사람이 볼 때 상황을 좀 더 낫게 만드는 정도면 족하다. 인간이 추구하는 것은 완벽함이 아니라 심리적 안정이다.

비범한 사람들은 다른 사람의 요구와 기호를 읽어내는 법을 배우고, 심리적 안정에 도움이 되도록 상황에 자신을 맞춘다. 여러 장에서 살펴봤듯이 심리적 안정을 이끄는 많은 방식이 있다. 공감, 겸손, 친절, 윤리적 행동, 적절한 예의, 정직, 관대함, 안정, 일관성, 신뢰성, 긍정적 태도, 동정, 이타심, 협력, 넓은 아량, 유머까지. 이것들이 상대에게 어떤 모습으로 전해질지는 우리에게 달려있다.

예외적인 상황에서도 심리적 안정을 제공하는 사람들의 이야기는 우리를 긍정적으로 자극한다. 그렇다면 일상에서는 어떨까? 개인에게, 또는 집단에서 심리적 안정이라는 힘을 전하는 방법은 무엇일까?

성공적인 교류를 위한 상호 작용 모델

FBI 새내기 요원이었을 때, 나는 아카데미에서도 일은 가르쳐 주겠지만 뛰어난 요원이 되려면 특별한 기술을 스스로 익혀야 한다는 조언을 들었다.

업무에 관한 의문점은 전혀 없었다. 나는 진상을 파악하고, 자백을 받고, 자료나 증거를 찾고, 사건에 도움이 될 수 있는 작지만 중요한 모든 진술을 받아내는 것이 목표임을 알고 있었다. 그러나 이 목표를 달성하기 위해서는 증거 수집, 용의자 체포, 특수기동대 작전 수행과는 관련 없는 기술들이 필요했다. 시간을 지체할 수 없거나 친밀감을 형성하기 어려운 긴박한 상황에서도 대중과 중요한 사회적 상호 작용을 하고 범죄자와 일대일 집중 심문을 성공적으로 해내는 기술 말이다.

나는 사람들의 요구나 욕구, 욕망, 의도, 특히 걱정과 두려움을 관찰해 그 사람에 대해 재빨리 평가할 수 있는 능력이 있었다. 이는 업무를 수행할 때 매우 유용했다. 비언어적 의사소통을 미리 공부해 둔 덕분이었다. 근무 첫날, 피닉스에서 벌어진 은행 강도 사건을 맡았을 때 만일 빨리 사람을 평가하지 못하면 귀중한 기회를 놓치게 된다는 것을 배웠다. 한 직원은 수사관들의 질문에 매우 초조해하는 듯했는데, 강도가 들어왔을 때는 오히려 편안한 모습이었다. 알고 보니 강도는 그 직원의 남자친구였고, 그녀가 남자친구에게 거액의 지폐를 건넸던 것이다. 처음에 은행 CCTV 영상에서 그 직원이 보인 침착함의 의미를 알아채지 못했고, 그래서 평범하게 신문했다. 나는 다시는 그런 단서를 놓치지 않겠다고 다짐했다. 삶은 우리가 '이해'할 때까지 기다려 주지 않는다. 삶은 흘러간다. 그것도 아주 빠르게. 우리는 관찰하고 행동할 준비가 되어있어야 한다.

2장과 3장에서 살펴봤듯이 관찰력과 소통 능력은 다음과 같은 중요한 질문의 답을 찾는 데 도움이 된다. '지금 이 사람을 참여시켜야 할까, 아니면 더 기다려야 할까?' '수용적인 사람인지, 저항적인 사람인지 암시하는 신호는 무엇인가?' '상대편의 걱정을 확인해 주고, 내가 일을 망쳤지만 곧 상황을 수습할 것이라고 알리는 방법은 무엇인가?' '우리의 공통점을 찾는 데 도움이 되는 방법은 무엇인가?' '내 메시지를 어떻게 이해시킬 수 있을까?' '사람들이 내 아이디어나 제안에 투자하도록 어떻게 설득할 것인가?' '그들이 내게서 등을 돌리고 나를 의심하도록 내가 어떤 말을 하지는 않았는가?' 이 질문들은 모두 비즈니스 환경에서, 특히 잘 모르는 사람을 대할 때 충분히 생길 수 있는 질문들이다.

수사관이든 사업가든 우리는 누구나 업무가 완료되는 **교류**transaction 단계에 도달하기를 원한다. 직업상 나는 다른 사람을 평가하고, 언제 어떻게 상호 작용해야 하는지 가늠하고, 사람들에게 긍정적인 영향을 주어 내 쪽으로 협조를 이끌기 위해 상대와 신뢰와 친밀감을 형성하면서 수십 년을 보냈다. 그리고 이런 경험을 기반으로 해 협력적 관계를 맺는 데 도움이 되는 '공감 기반 사회적 상호 작용 모델Empathic Model for Social Interaction', 간단히 EMSI 모델이라는 것을 개발하기에 이르렀다.

EMSI 모델은 기본적으로 상대와 환경에 대한 실시간 관찰을 기반으로 성공적으로 관계를 맺는 3단계 피드백 고리로 구성되어 있다. 예를 들어 업무 매뉴얼에 지나치게 초점을 맞추다 보면 아주 노련한 판매 직원이라도 바로 눈앞의 상황을 제대로 파악하지 못한다. 판매 직원이 손님에게 물건의 장점을 열심히 설명하지만 손님이 바빠서 직원의 설명이 부담스러울 수 있고, 혹은 물건에 흥미를 느끼지 못했을 수도 있고, 이미 마음을 정해서 직원의 도움이 필요하지 않은 상태일 수도 있다. 그러나 EMSI 모델을 이용하면 누군가와 협력 관계를 형성할 때 실시간으로 상황을 평가해서 나의 행동을 상대에게 맞추고, 상대의 관계 참여를 유도해 성공적인 교류를 이끌어 낼 수 있다.

평가하기

첫 단계는 상황 평가다. 삶은 교류와 관련된 일이 다른 모든 것을 지배하는 순간들로 채워져 있다. FBI에서 내 경험에 따르면 사건 해결, 비즈니스라면 거래 성사라는 성공적인 '교류'까지 이르는 여러 경로가 있다. 내가 찾은 가장 유용한 접근 방법은 인도주의적 방식, 다시 말해 공감에 기초한 방식이다.

소통의 성공은 상대방의 심리 상태에 크게 좌우된다. 그렇기에 내가 만나거나 부딪쳐야 하는 모든 사람을 끊임없이 **평가**Assessment하는 것이 아주 중요했다. 조사 대상이 스트레스나 불안감, 두려움을 느끼고 걱정이나 불신, 의심을 품고 있다면 그는 나와 적극적으로 교류하려 하지 않는다. 나는 아무리 비난받을 짓을 한 용의자라도 일단 그 사람을 이해하려 마음 썼다. 적어도 조사를 계속할 수 있도록 그가 충분한 심리적 안정을 형성할 가능성을 열어놓았다.

심리적 안정이 확보된 공간에서는 모든 사람이 매우 생산적이고 유능해진다. 심리적 안정은 우리가 가능한 한 '동시성'을 공유하게 해줬다. 앞서도 말했지만 여기서 내가 말하는 동시성은 화합을 의미한다. 용의자와 내 목표가 같을 수는 없다. 그러나 감정의 차원에서

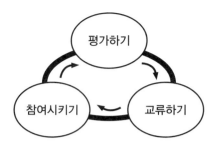

공감 기반 사회적 상호 작용

는 상대와 내가 '당신을 이해한다'는 동시성을 공유할 수 있고, 그러
면 훨씬 많은 것을 이룰 수 있다.

일단 요원으로서 FBI 조사실에 들어가면 사건의 진상 파악이 가
장 중요한 문제라고 생각할 것이다. 그러나 나에게는 피조사자가 목
격했거나 연루된 일뿐만 아니라 조사를 받는 그 순간 피조사자의 머
릿속에 있는 생각을 알아내는 것도 중요했다.

그렇다면 조사실에서 내가 무엇을 평가했을까? 나는 피조사자에
대해 스스로 이런 질문을 던져 교류할 상대의 심리 상태를 평가했다.
내가 다루고 있는 이 사람은 어떤 유형의 사람인가? 이 사람은 감정
적으로 어떤 상태인가? 초연한 사람인가, 말이 많은 사람인가? 상황
에 대한 수용성은 어느 정도인가? 이 사람에게는 어떤 배후 사정이
있고 어떤 의도가 있는가? 무엇을 원하는가? 합리적으로 행동하고
있는가? 무엇을 두려워하는가? 무엇을 알고 무엇을 모르는가? 면담
을 하는 지금 이 분위기가 영향을 끼칠까? 휴식이 필요하지는 않은
가? 내가 정한 목표로 점차 접근하기 전에 이 사람이 다른 주제에 관

해 말하고 싶어 하지는 않는가? 그것은 필요한 대화인가? 대화하는 동안 불편, 싫음, 망설임, 근심, 자리를 뜨고 싶은 마음을 가리키는 행동 변화가 있는가? 아니면 더 몰입하고 여유롭고 긴장을 덜 하고 더 깊이 생각하고 덜 호전적이고 더 협조적인가?

피조사자들이 보이는 비언어적·언어적 표현 모두 중요했다. 첫 인사를 할 때나 그들이 조사받는 이유를 설명할 때나 매 단계에서 나는 피조사자들의 말과 망설이는 표정, 신체적 반응, 손 위치(엄지가 올라가 있으면 자신감이 있고 내려가 있으면 자신감이 부족한 것이다)를 보면서 최대한 많은 정보를 수집했다. 그러고 나면 다음 목표인 EMSI 모델의 교류 단계로 나아가면서 그들을 더 끌어들이는 방법, 즉 그들이 마음을 열고 중요한 사실을 나에게 털어놓거나 어떻게든 협조하게 할 방법을 찾을 수 있었다.

비즈니스 환경에서는 참여하는 주체마다 구체적인 이해관계와 목표가 다르겠지만, 이 역시 교류라는 목적에서 근본적으로는 비슷하다. 상품 판매이든 계약 협상이든 공동 프로젝트나 공동 사업이든 간에 이해 당사자 사이 개방적인 태도와 협조가 없다면 교류는 일어나지 않는다. 오직 상호 이해와 존중을 통해서, 그리고 심리적 안정이 있어야만 가능하다.

평가는 지속적인 관찰과 상황 인식이 필요하다. 편안함의 표시와 그보다 더 중요한 불편함의 표시는 상대의 반응에 실시간으로 드러나므로 그것을 계속해서 주의 깊게 살펴야 한다. 개인의 기호(소파 대 의자)나 편안한 개인 공간(생각보다 사람들은 서로 멀리 떨어져 앉는다), 편안함의 정도가 높을 때(기대어 앉고 팔을 뻗고 손을 더 많이 사용하고 열린 자세로 앉아있을 때)를 드러내는 비언어적 행동을 찾아보자. 또한 상대가 우리에게 생각을 말할 기회를 주거나, 혹은 최종적으로 교류 단계를 시작하도록 의도적으로 말머리를 넘기는 중요한 사회적 신호도 찾아보자.

비범한 사람들은 첫 대면부터 마지막까지 평가를 멈추지 않는다. 심지어 작별 인사를 하면서도 평가한다. 교류가 일어난 후에 무엇이 드러날지는 아무도 모르는 일이다.

평가를 위한 주요 질문

회의를 시작하기 전과 회의 도중에 고려하고 평가해야 할 점이 몇 가지 있다.

▶ 회의에 참석하는 사람들에 대해 나는 무엇을 알고 있는가? SNS, 링크드인LinkedIn, 트위터, 페이스북, 유튜브, 틱톡에는 누군가에 대해 알 기회뿐만 아니라 우리가 이 책에서 이야기한 정보를 찾아 관찰하고 경청할 기회도 많이 있다. 공개 SNS를 통해 그 사람의 화법, 관심 분야, 경력, 성격 같은 많은 정보를 수집할 수 있다. 편안함이나 불편함을 보여주는 특유의 행동에 중점을 두고 관찰하면서 상대에게 말해도 되는 것과 피해야 하는 말을 파악해 본다. 이런 정보는 그 사람과 친밀감을 빨리 형성할 수 있게 도와줄 것이다.

▶ 회의 관련 제반 사항을 알고 있는가? 상호 작용이 이뤄지는 공간과 그곳의 운영 규칙 등을 미리 아는 것도 평가에 도움이 된다. 회의 장소가 사무실인지 회의실인지 사무실 내 파티션 영역인지 공공장소인지 화상 회의인지, 또한 코로나19 감염증이 전 세계적으로 유행하는 지금 마스크 착용과 관련해서는 어떤 관련 규정이 있는지 아는 것이 중요하다. 때때로 주의해야 하는 문화적 규약도 있다.

▶ 회의 참가자들의 공간적 욕구는 무엇인가? 악수하기 전에(악수에 관해서는 뒤에서 더 이야기하겠다) 먼저 해야 하는 일 중 하나가 상대방의 공간적 욕구, 즉 다른 사람이 침범하면 불편감을 느끼는 범위를 파악하는 것이다. 공간적 욕구는 문화에 따라 다르기도 하고(카리브해지역에서 볼 수 있듯이 어떤 문화에서는 서로 아주 가까이 서있는 것을 좋아한다) 상황에 따라 달라지기도 한다. 예를 들어 사교 모임에서 누군가가 나와 가까이 있어도 괜찮지만 업무상 미팅에서는 허용하지 않을 것이다. 대면 시간을 효율적으로 쓰기 위해 우리는 상대방의 공간적 욕구를 침해하지 않게 신경 써야 한다.

공간적 요구를 가늠하는 빠른 방법이 있다. 나는 악수할 때(상대방에게 악수해도 되는지 물어보고 괜찮다고 하면 하는데, 독감이 유행하는 시기에는 악수하지 않겠다고 할 수도 있다) 반드시 상체를 1.2미터 이상 떨어뜨리고 몸을 숙인다. 그러면 각자 약 60센티미터씩 몸을 숙이고 팔을 뻗는 게 된다. 상대방이 악수한 후에 웃으면서 손을 빼고 그대로 있으면 그것이 아마 그 사람에게 편안한 거리일 것이다. 이때는 그대로 거리를 유지한다. 하지만 상대방이 악수한 뒤 한 걸음 물러나면 공간이 더 필요하다는 의미로 받아들인다. 만일 상대가 더 가까이 다가오면 그것이 그 사람이 선호하는 거리다.

공간과 관련해 귀띔해 줄 말이 또 있다. 편안함을 조성하는 것과 관련해 경험상 상체를 약간 바깥으로 기울이면 상대방이 더 편안하게 느낀다. 상대방 바로 앞에 너무 오래 서있지 말라는 말이다.

사람들은 대화할 때 서로에게 더 가까이 가거나 서로의 옆으로 이동할 수 있음을 기억하자. 그런 변화는 상대가 지금 신뢰와 친밀감을 느끼고 있다는 주목할 만한 단서이다.

▶ 그밖에 다른 요소들이 있는가? 편안함을 방해하는 요인이 있는지 계속 평가하자. 제한된 시간, 회의에 대한 반감, 배고픔, 피곤, 심지어 니코틴 금단 현상 같은 방해 요인을 찾자. 한 회의에서 어떤 남자가 가만히 앉아있지 못하고 계속 몸을 움직이는 것을 봤다. 그의 오른손 손가락이 니코틴으로 변색되어 있었다. 그 사람은 담배가 필요했던 것이다. 그걸 보고 나는 쉬는 시간을 제안했다.

때때로 대면에 앞서 일어난 일, 우리와 아무 관련이 없는 일 때문에 상대방이 불편해하고 있을 수 있다. 어떤 상황이든 우리의 몸은 기분을 실시간으로 반영한다는 사실을 항상 기억하자. 상대에게 주의를 기울이고, 세심하게 살피고, 도와줄 일이 있는지 주저하지 말고 묻자. 휴식이 필요한지, 전화 통화를 위한 혼자만의 공간이 필요한지, 회의 시간을 단축해야 하는지, 음식이나 간식이 필요한지 등 상황을 개선하기 위해 도와줘야 할 일이 있는지 물어보자. 질문한다는 그 자체만으로도 교류에 큰 도움이 된다.

우리가 할 수 있는 일이라고는 상대방의 불편이나 짜증을 확인하고 인정해 주는 것뿐일 때도 있다. 그러나 적어도 그렇게 함으로써 상대와 나는 잠재의식적으로 더 가까워진다. 인정해 주는 것이 곧 상대를 존중하는 것임을 기억하자.

▶ 편안함을 조성하기 위해 무엇을 제공할 수 있는가? 작은 친절이 지니는 중요성과 매력을 절대 과소평가하지 마라. 마실 것, 앉을 수 있는 편안한 자리, 머리를 비울 수 있는 시간, 전화기 충전 도와주기 같은 호의는 베풀기도 쉽고 관계 형성에도 매우 중요하다.

주변 환경도 심리적 안정에 영향을 끼친다. 사생활이 없는 바쁘고 시끄러운 환경에서는 회의가 깊이 있게 진행되지 않아 불쾌하게 기억될 수 있다.

상황에 대한 초기 평가를 마쳤다고 해서 평가가 다 끝났다고 생각하면 안 된다. 일 관련 대화가 일어나는 동안 내 머릿속에서는 또 다른 대화가 일어난다. 무엇이 보이고 들리는가? 어떻게 진행되고 있나? 진전이 있는가? 바뀐 것이 있는가? 질문의 방향은 무엇인가? 최고 경영자 CEO와 최고 재무 관리자 CFO의 비언어적 행동은 왜 그렇게 다른가? 저들이 말로 하지 않는 것은 무엇인가? 어떤 사람에게서 편안함의 신호가 보이는가? 서로에 대한 신뢰가 생기고 있는가? 동시성이 점점 더 일어나고 있는가? 대화 주제가 긴장을 일으키고 있지는 않은가? 이제 다른 주제를 꺼내도 되는가? 내가 그 사실을 언급했을 때 상대는 어떤 반응을 보였나? 상대가 아직 묻지 않은 질문이 있을까? 내가 직접적인 눈 맞춤을 피하면 상대가 더 적극적으로 입을 열까?(때로 이 방법은 매우 효과적이다.)

이 질문들을 왜 생각해야 할까? FBI에서 요원들은 기회는 단 한 번뿐이므로 제대로 해야 한다고 배웠다. 나는 전 세계 여러 기업가와 면담하면서 비즈니스도 다르지 않다는 것을 깨달았다. 많은 경우 고객의 참여를 독려할 기회는 단 한 번뿐이었다. 그러므로 기회를 제대로 활용하려면 지금 눈앞에서 무슨 일이 벌어지고 있는지, 무엇에 주의를 기울여야 하는지, 무엇이 문제인지, 상대방의 흥미와 호기심이 높아지는지 떨어지는지 확인하며 상황과 상대방을 끊임없이 평가해야 한다.

참여시키기

아래 세 이야기를 읽고 공통점이 무엇인지 생각해 보자.

고등학생 때 스티브 잡스는 팰로앨토 지역 전화번호부를 보고 휼렛패커드, HP의 공동 창업자이자 CEO인 빌 휼렛Bill Hewlett의 집으로 전화하겠다고 결심했다.(놀랍게도 전화번호부에 그의 집 전화번호가 있었다.) 전화가 기회가 되어 잡스는 HP에 인턴으로 채용되었고 세계 최고의 엔지니어들을 만날 수 있었다.

FBI 마이애미 지부의 한 요원이 자신이 조사하던 용의자의 아내가 병원에 입원했다는 소식을 듣고 그 아내에게 꽃을 보냈다. 그 후 용의자는 입을 열었고, 마침내 FBI에 협조하고 연루된 다른 범죄도 실토했다.

　수사관인 마이크 윌렛Mike Willet은 용의자를 이미 수차례 조사했는데도 이렇다 할 성과가 없는 사건을 맡게 되었다. 용의자는 가게 주차장에 차를 세우고 쇼핑 카트를 가지러 다녀온 단 20여 초 사이에 아기가 납치되었다고 주장하는 한 엄마였다. 쉬는 시간, 윌렛은 복도 의자에 앉아있던 용의자 곁에 앉았다. 두 사람은 지나가는 사람들을 말없이 구경했다. 잠시 후 윌렛이 "아이를 찾으러 갑시다."라고 말했다. 그 말에 그녀는 일어나서 윌렛의 차까지 함께 걸어갔다. 보안관 사무실 주차장을 빠져나가려고 정지 신호를 받아 대기하고 있을 때 윌렛이 물었다. "좌회전할까요, 우회전할까요?" "우회전이요." 그녀가 말했다. 그렇게 그 엄마는 아기를 버린 장소로 윌렛을 안내했고, 그 후 자기가 아이를 죽였다고 자백했다.

세 사례의 공통점은 무엇일까? 그것은 **창의적 참여**inventive engagement 이다. 흔히 고정관념을 깼다고 평가받는 것은 사실 상황, 맥락, 개인의 성격, 또는 기회를 살피면서 기존의 것을 조금 비틀어 창의적으로 생각하는 것이다.

잡스는 기술 산업을 이해하고 싶었고 그 방법으로 HP의 가장 훌륭한 엔지니어들 옆에서 자기 수련을 할 기회를 찾고 있었다. 그때는 인턴 제도 같은 방법이 보편화되기 이전이었다. 잡스는 HP를 자세히 조사하는 전통적인 방법이 아닌, 알맞은 시기에 알맞은 인물과 관계를 맺는 방법을 찾아냈다. 그의 시도가 지금 어떤 차이를 낳았는지 보라.

종종 범죄자가 FBI에서 자기를 추적하고 있음을 아는 경우가 있다. 위 사례에 나오는 마이애미 지부 FBI 요원은 그 용의자를 불러 조사한 적이 있고, 오랫동안 그의 뒤를 캐고 있었다. 그러다가 용의자의 아내가 아프다는 사실을 알게 되었다. 범죄 용의자든 아니든 사랑하는 사람이 아프면 걱정하는 것은 인지상정이다. 그래서 용의자의 마음을 얻기 위해 그의 아내에게 꽃을 보낸 것이다. 그렇게 공감을 사고 결과적으로 용의자의 참여를 끌어냈다.

마이클 윌렛은 여러 차례 조사에도 반응이 없었던 용의자의 참여를 끌어내는 데 성공했다. 윌렛은 조사실로 용의자를 호출하지 않았다. 용의자가 있는 곳으로 직접 찾아가 그 옆에 가만히 있었다. 흔히 예상되는 방식으로 대화를 시도하기보다 아무 말 없이 그 용의자가 보는 곳을 같이 바라보았다. 두 사람은 잠시 세상이 돌아가는 모습을 지켜보았다. 윌렛은 질문을 던지려고 서두르지 않았다. 대신 "아이를 찾으러 갑시다."라고, 거부할 수 없는 행동을 함께하자고 제안했다. 기발한 참여 전략이었다. 나는 윌렛에게 "상대가 무슨 말과 행동을 할지 어떻게 알았습니까?" 하고 물었다. 그의 대답은 이랬다. "저도 몰랐습니다. 그저 다른 사람들이 시도한 모든 방법이 통하지 않았다는 것만 알고 있었습니다." 그래서 다른 방법을 시도한 것이다. 이것이 바로 '창의적 참여'다.

상호 작용에서 가장 중요한 측면은 '참여'다. 어떻게 상대의 적극적인 참여를 유도할 것인가, 즉 무엇을 전달하고 어떻게 행동할 것인가가 관계를 강화하고 성공적인 교류를 보장한다.

참여를 이끌어 낼 방법은 사실 이미 앞에서 다 얘기했다. 즉, 평소에도 부지런히 자기 훈련을 하고, 순간에 맞게 대응하기 위해 관찰력과 상황 인식 능력을 기르고, 나의 호기심과 공감을 상대방에게 전하고 신뢰의 기반을 다지기 위해 올바름을 실천하는 것이다. 자질을 갖추지 않고 갑자기 교류에 성공하기를 바라는 것은 무리다. 토대를 단단하게 다진다면 이야깃거리나 상대와 나의 공통점을 찾아내어 순조롭게 대화를 시작할 수 있을 것이다. 만날 기회가 생긴 것에 감사를 표현하는 것만으로도 종종 안정적으로 대화를 열기에 충분하다. 우리는 의사를 전달하는 방식을 통해 이미 긍정적인 소통을 하고 있으며, 미리 준비했기 때문에 귀중한 자신감도 갖추고 있다.

평가와 마찬가지로 참여도 계속 진행되는 과정이다. 상대의 참여를 유도하는 과정에서 실시간 평가를 바탕으로 해 상대를 교류에 참여시키는 방법도 계속해서 수정된다. 예를 들어 중요한 미팅 중에 고객이 자신의 전화기 진동에 곤란해하고 눈빛이 흔들린다면 나는 그에게 전화를 받거나 문자를 확인해야 하는 게 아닌지 묻고 잠시 휴식 시간을 갖자고 제안할 것이다. 상대방 입이 건조해 보이거나 그가 입안을 축이려고 침을 삼키거나 헛기침으로 목을 가다듬으면 물이 필요하다는 신호이므로 요구하기 전에 먼저 물을 건네준다. 비즈니스를 하려 그 자리에 있지만 나는 상대방에게 무엇이 필요하고 어떤 변화가 일어나고 있는지 예리하게 인지하고 그것에 맞춰 적절히 대응한다. 모든 일은 사람을 다루는 일이기도 하다.

FBI에서 대면 조사 업무를 맡았을 때 나는 참여시키기 단계에서 얼굴을 마주 보고 생산적으로 보내는 시간을 확보하는 데 주안점을 뒀다. 얼굴을 보며 서로를 탐색하고, 여기서 편안함을 느끼면 사람들은 높은 확률로 나와 더 오래 함께 있고 싶어 하거나 내가 다시 찾아오기를 바랐다.

긍정적 참여를 위한 열쇠

편안함을 촉진하고 참여를 향상하기 위해 할 수 있는 몇 가지가 있다.

▶ 행동을 미러링하라. 상대방이 벽에 기대어 선 상태로 말하고 싶어 한다면 우리도 똑같이 하자. 커피를 마신다면 똑같이 무언가를 마시자. 100퍼센트 똑같을 필요는 없다. 그냥 비슷하게만 따라 해 동조성을 전할 수 있으면 된다.

▶ 말을 미러링하라. 상대방이 "이게 진짜 문제가 될 겁니다."라고 말하면 "우리가 그 사안을 해결할 수 있습니다."라고 대답하지 마라. 상대방이 사용한 단어를 미러링하면, 즉 여기에서는 '사안'이 아니라

'문제'라는 단어를 그대로 사용하면 상대와 화합을 이루는 데 도움이 된다. 만일 상대방이 스포츠 용어를 사용하고 있다면 그것을 한번 사용해 보자. 상대방이 '장외 홈런을 치고' '득점 판에 점수를 올려서' 다른 부서에 '펀트킥punt kick을 날리고' 싶다고 하거나 '슬램 덩크'를 하고 싶다고 말하면 상대의 말을 이해했음을 알리기 위해 우리도 이런 용어를 사용하면 좋다.

▶ 상대방이 말하는 속도에 맞춰라. 다른 사람의 언어 사용 패턴에 맞춰 똑같이 말할 수는 없다. 그러나 상대방이 빠른 속도로 말하기를 좋아하는 사람이라면 그 속도를 맞추려 노력하자. 반대로 상대가 생각이 깊고 느리게 말하는 사람이라면 너무 빨리 말해서는 안 된다. 나는 '말이 빠른' 사람들에 대한 불평을 종종 듣는다.

▶ 전문 용어나 유행어를 사용하려면 모든 사람이 그 말의 의미를 아는지 반드시 확인하자. "맞물려 돌아가는 부품이 많다that has a lot of moving parts"(함께 일하는 인원/부서가 많다) "그 개는 사냥 같은 건 하지 않는다that dog won't hunt"(말도 안 되는 소리다) 같은 완곡 표현이나 구어 표현은 다른 지역이나 문화권에서 온 사람들에게는 낯설게 느껴질 수 있다. 뉴욕에서는 "알겠어요?"라는 의미로 '카피쉬capiesce'라는 말을 많이 쓴다고 한다. 하지만 나는 유타와 애리조나에서 거의 10년 동안 살면서 이 단어를 한 번도 들은 적이 없다. 세대마다 각기 선호하는 단어나 유행하는 단어가 있다. 모든 사람이 알고 있다는 착각

에 빠지지 않도록 조심하자. 의도치 않게 상대에게 소외감을 줄 수 있다. 특정 분야에서만 사용되는 기술 관련 용어도 마찬가지다.

▶ 동시성을 나타내는 비언어적 행동을 살펴라. 동시성은 감지하기 어렵다. 그러나 상대방이 나와 거의 같은 속도로 호흡하거나 눈을 깜박거리고 있다면 동시성을 보일 가능성이 충분하다.

▶ 반복적인 동작에도 주의를 집중하라. 많은 사람이 동작을 반복하는 버릇이 있다. 나는 다리 떠는 것을 좋아한다. 어떤 사람은 연필을 돌린다. 모두 자기 자신을 달래거나 시간을 보내는 방법들이다. 그러나 상대방이 갑자기 손가락으로 두드리는 행동을 보인다면 이는 버릇이 아니라 더는 참지 못하겠다거나 지루하다는 신호일 수 있다.

▶ 언제 마무리 지어야 하는지 파악하라. 상대방이 시계나 스마트폰 또는 출구를 반복적으로 본다면 또는 그 사람의 발이 출구 쪽으로 놓여있다면 그에게 아마 이 시간 뒤에 처리해야 하는 다른 일이 있는 것일 수 있다. 이에 더해 상대의 손이 무릎에 올라가 있다면 그 자리를 마무리해야 할 시간일 것이다. "슬슬 끝낼까요?"라고 물어보자. 상대방은 분명 고마워할 것이다.

교류하기

FBI 대면 조사를 할 때 피조사자가 더 편안해지고 수용적이 되었다고 판단하면 그다음 주요 단계인 '**교류**' 단계, 다시 말해 서로의 목적을 확인하고 조율하고 성취하는 단계로 넘어갔다. 업무상 회의나 어려운 대화를 할 때 또는 누군가를 처음 만났을 때도 언제 교류 단계로 이행할지 결정하는 기준은 같다.

교류 단계는 우리가 팔거나 홍보하고 있는 것과 관련될 수 있고, 누군가를 어떤 기회에 끌어들이기 위한 것일 수도 있다. 교류 단계에서는 일정 정도 친밀감을 형성하는 시점이 생기는데 그때가 행동할 때다. 제안하고, 반응을 살피고, 조율하고, 최종 합의를 이끌어 내라.

행동을 시작하는 방식은 사람마다 제각각이다. 그러나 비범한 사람들의 기본 특성은 여기에서도 유효하다. 우리가 활기가 있고, 상대방을 존중하고, 상호 작용하고 질문에 답할 준비가 되어있다면 상대방도 우리를 존중하고 우리의 진가를 알아볼 것이다. 다른 사람에게 내 말을 경청하고 받아들이고 함께 협력해서 일을 완수하도록 자극할 방법은 지속적으로 신뢰를 보여주는 것이다.

그러나 기억하자. 우리가 교류 단계에 있다고 해서 상대방에 대한 관찰을 멈춰도 된다는 의미가 아니다. 우리가 하는 말이 어떻게 받아들여지고 어떤 반응을 일으키는지 계속 지켜봐야 한다.

관찰력을 연습해야 하는 이유가 여기에 있다. 관찰력을 갖춘다면 역동적이고 산만한 환경에서도 집중적인 상황 평가를 할 수 있어 참여시키기와 교류하기 단계를 수월하게 진행할 수 있다.

효과적인 교류를 위한 열쇠

교류 단계에서 중점에 둬야 할 몇 가지가 있다.

▶ 몸짓 언어에서 한 단계 더 깊이 들어가라. 상대방의 몸짓 언어를 계속 평가하는 동시에 그의 참여를 방해하는 산만한 요소도 살펴보자. 상대는 방금 받은 문자메시지 내용 때문에, 혹은 문자메시지를 주고받느라 산만한 것일 수도 있다. 혹은 회의실 온도 때문일 수도 있고 (상대방이 재킷을 벗거나 소매를 걷어 올리고 있는가? 아니면 반대로 숄을 두르거나 추워서 팔을 문지르고 있는가?) 주변 소음도 원인일 수 있다.(이런 경우 문을 닫거나 잠시 밖으로 나가 사람들에게 목소리를 조금 낮춰달라고 부탁하자. 아니면 길 아래 조용한 카페로 자리를 옮기자고 제안할 수도 있다.)

▶ 언어 사용 변화에 주목하라. '그 프로젝트'와 '우리 프로젝트' 같은 지칭 변화나 유보하는 표현이 있지는 않은지 살펴보자. 만일 "그쪽에서 그렇게 말씀하셨잖아요."라는 식으로 반응하면 보통은 해결되지 않은 문제 뒤에 감정이 남아있음을 암시하는 것이므로 다시 상대의 '참여'를 유도해야 한다. 예를 들어 상대가 "6월 1일에 그 집 매매를 마무리 지을 수 있다고 말씀하셨잖아요. 어떻게 된 겁니까?"라고 말하면 상대의 불편한 감정을 달래고 구체적인 상황을 설명하고 해결 방안을 제시하여 상대가 교류를 거부하지 않도록 참여시키기 노력을 더 해야 한다. "그 사안은 어떻게…… (되었습니까?)"라는 말도 마찬가지로 교류하기 단계를 더 진행하기 전에 해결해야 할 사안이

있음을 암시하는 말이다.

▶ 불편함의 표시나 상대방이 충분히 들었다는 신호를 알아차렸다면
말을 멈추자. 입술 오므리기나 목덜미 긁기, 옷깃 세우기처럼 분위
기를 바꾸는 행동이나 턱 움직이기 같은 행동은 무엇인가 잘못되었
음을 암시하는 신호이다. 그런 신호를 알아차렸다면 대화를 멈추고
상대방에게 지금 무슨 생각을 하는지, 무슨 문제로 걱정하고 있는지
물어보는 것이 좋다. 상대방이 걱정하는 게 보인다면 지금 관찰되는
것은 그 사람이 비언어적 방식으로 자기 기분을 알리고 있음을 기억
하자. 반대로 말을 하지 않고 조용히 있고 싶다면 상대방이 대화의
공백을 채우게 두자. 그 사람에게는 자기가 원하는 방향으로 대화를
끌고 갈 기회가 될 수 있다.

▶ 설득하기 위해서가 아니라 메시지를 전달하기 위해 그 자리에 있음
을 기억하자. 지금은 상대방을 회유하거나 압박할 때가 아니다. 당
신의 제안이나 아이디어를 수용할 때 사람들은 두 가지 사항을 고려
할 것이다. 첫째, 당신 스스로 이 제안을 어떻게 느끼는가. 둘째, 그
사람들 스스로 당신을 어떻게 인식하고 있는가. 당신이 준비되어 있
다면 더 길게 말하지 않아도 아마 당신의 상품과 서비스가 이야기해
줄 것이다.

▶ 무관심의 횡포에 맞서지 말자. 우리가 무엇을 해도 상대가 무관심하

거나 신경이 분산된 듯하거나 감정적으로 힘든 상태라면 어떻게 할까? 그럴 때는 일단 물러났다가 다음에 다시 오는 것이 최선이다. 내가 경영자들에게 종종 경고하듯이 "최악의 시간일 때 최고의 명대사를 낭비하지 말자." 지혜란 어떤 중요한 말을 해야 하는지, 언제 그 말을 해야 하는지 아는 것이다. 그리고 그것이 비범한 사람들이 하는 것이다.

▶ 무슨 일이 일어나도 내가 누군지에 대해 자신감을 가지자. 이제 당신은 할 수 있는 것을 다 했다. 전하려는 메시지는 강력하고, 모든 준비는 끝났고, 당신은 열정과 친화력과 신뢰성을 발산하고 있다. 자기 통제력과 관찰력, 그리고 최고의 소통 기술을 이용해서 여기까지 왔다. 이제 나머지는 상대에게 달려있다.

심리적 안정이라는 성장의 발판

푸에르토리코 산후안에 있는 FBI 지부에 근무할 때 우리 요원들은 테러 단체, 은행 강도, 납치범, 자동차 탈취범, 공해상에서의 살인범과 강간범, 마약 밀매범을 상대했다. 범죄자들을 조사하거나 체포하는 일은 내게 크게 문제가 되지 않았다. 그러나 내가 무서워하는 것은 따로 있었다.

어느 날 산후안 지부 책임수사관이 FBI 특수기동대 레펠rappel; 현수하강 마스터 훈련에 나를 '자원자로 신청'했다.(실은 아무도 훈련을 받고 싶어 하지 않아서 내가 지목되었다.) 레펠 하강법을 배우고 나면 다른 사람을 가르칠 수 있는 교육자 자격증도 나오는 훈련이었다.

그때 내가 고소 공포증이 있다는 사실을 알게 되었다. 건물이나 산 중턱에서 밧줄을 타고 내려오는 훈련을 단순히 '걱정'하는 수준이 아니었다. 높은 곳에 있을 때 나는 다리에 힘이 풀리고 장이 꼬이고 어린아이처럼 무서워했다.

전에 유타주 프로보의 경사진 산 중턱에서 레펠 하강을 해본 적은 있었다. 그러나 그때와는 완전히 다른 훈련이 나를 기다리고 있었다. 작전 상황과 똑같이 케블라 헬멧과 방독면을 쓰고 세라믹 판이 내장된 무거운 방탄복을 입고, 물통과 500밀리리터 링거액 두 팩이 든 구급낭을 장착한 채 MP5 기관단총과 여분 탄창 4개를 어깨에 메고, 추가 탄창 2개가 달린 SIG 자우어SIG Sauer 226 반자동 권총과 섬광 수류탄 2개, 고내구성 모토롤라 암호화 무전기를 소지한 채 건물 외벽에서 레펠을 타고 하강한다. 게다가 야간에는 야간 투시경을 쓰고, 티타늄으로 만든 실내 진입 도구인 브리칭 툴breaching tool을 이용해 8층 건물의 창을 열어 안으로 진입한다. 텔레비전으로 볼 때는 멋져 보이겠지만 절대 쉽지 않다.

이제 와서 훈련을 취소할 수는 없었다. 목에 뭔가 걸린 듯 답답하고 두려웠지만 그저 어떻게든 훈련을 마치기만을 바라며 조용히 훈련소로 출발했다.

콴티코에 있는 레펠 마스터 훈련소에 도착하고 처음 이틀은 매듭

묶는 법과 기본적인 장비 사용법을 배웠다. 밧줄을 단단히 고정하기 위해 매듭 묶는 법을 숙지하는 게 필수였다. 18가지 매듭법을 배우고 장비에 대한 일종의 자신감을 형성하는 그 시간이 정말 고마웠다. 우리는 눈을 감고도, 심지어 야간 잠수 상태에서도 각 방법대로 매듭을 묶을 수 있어야 했다. 60피트(약 20미터) 상공에 매달린 채 "밧줄을 단단히 고정한 상태에서 건물 측면에서 출발해 주겠습니까?"라는 교관의 말을 듣는 것이 어떤 기분일 것 같은가? 40피트(약 12미터) 상공 헬기에서 레펠 하강은 또 어떤가? 누구라도 고민할 것이다.

셋째 날 우리는 6층 레펠 탑에 올라가 빠르게, 효율적으로 빠져나오는 법을 훈련했다. 며칠 동안 전통적인 방식으로 머리를 위로 향한 채 하강하는 연습을 했다. 그러고 나서 호주 특공대 방식으로 카라비너, 즉 D자형 고리만을 사용해 하강 속도를 조절하며 거꾸로 매달려 하강하는 연습을 했다. 모두 작전 상황처럼 훈련했다. 하강하다가 중간에 멈춰 자기 안전을 확보한 후 창을 부수고 들어가거나, 인질 구조 상황에서 소음 권총이나 섬광 수류탄으로 침착하게 보초를 진압하는 훈련을 했다.

매듭 묶기에 자신이 생기자 놀랍게도 레펠 훈련이 무섭지 않았다. 교관들이 크게 한몫했다. 그다음 한 주 동안 훈련생들의 레펠 하강과 창문 진입 기술은 더 좋아졌고 모두가 점점 더 자신 있게 해냈다. 콴티코 시내에 있는 11층짜리 토머스 제퍼슨 빌딩(미국 국회도서관 건물 중 하나다)에서도 레펠 하강 훈련을 했다. 건물 높이도 높거니와 천둥 번개가 치는 빗속에서 하는 훈련이어서 긴장되고 조금 겁이 났다. 하지만 단계별 반복 훈련과 체계적인 연습을 통해 실력을 키우며 두려움을 이겨낼 수 있었다.

훈련 2주 차에 접어들어 우리는 로프 구조 훈련을 했다. 내 몸을 줄에 묶고 구조 대상자의 레펠 안전띠에 동여맨 후 그 사람 줄을 잘라내어 내 레펠 장비의 한 부분처럼 만든 다음 구출하는 방법이다. 이제 단순히 혼자 고공 하강하고 자신의 하강만 통제하는 게 아니다. 응급 처치는 했지만 다쳐서 이동하기 어려운, 체중 86킬로그램 대원까지 통제하면서 하강해야 한다. 나만큼 무서워하는, 아니 나보다 더 무서워하는 부상자는 내가 모두를 안전하게 하강시킬 것이라 믿고 몸을 맡기고 있었다.

저격수의 목표물이 되지 않으려면 더욱 빠른 속도로 하강해야 하는데 레펠 훈련용 탑에서 하강 연습을 할 때마다 여전히 무서웠다. 잠재의식 속에 있는 무언가가, 구체적으로 말하면 변연계가 내가 그 벽을 타지 않기를 바라는 것이다. 하지만 반복 훈련으로 이제 적어도 두려움은 나를 방해하지 못했다. 나는 두려움을 통제할 수 있었다. 우리는 한 가지 과제를 더 완수해야 했다. 레펠 훈련을 수료하기 위한 마지막 관문은 암벽 등반 훈련이었다.

일주일 내내 계속된 궂은 날씨는 마지막 도전이 시작될 웨스트버지니아주의 세네카 록스Seneca Rocks 산까지 우리를 쫓아왔다. 멋진 경관을 즐길 수 있는 상황이 아니었다. 가까이서 번개가 치고 강풍이 불었다. 우리 요원들은 간간이 우박이 떨어지는 빗속에서 특수기동대 장비를 모두 갖추고, 구조할 인명과 함께 레펠 하강을 해야 했다.

산에 오르기도 전에 우리는 완전히 젖었다. 그렇지 않아도 무거운 장비와 옷이 비에 젖어 더 무거웠다. 우리는 등산화가 아닌 특수기동대 일반 장화를 착용하고 산을 올라야 했다. 구름에 가려져서 산 정상이 보이지 않았다. 멀리 구름 사이로 번개가 치고, 뜨거운 공기를 가르는 천둥소리가 그 뒤를 따랐다.

우리 모두 추락할 게 분명했다. 그렇게 되도록 짜인 프로그램이었다. 문제는 얼마나 멀리, 어느 고도에서 추락할 것이며 얼마나 다치게 될 것인지였다. 산기슭에 주차된 구급차는 장식이 아니었다. 잊었던 두려움이 다시 엄습했다. 다른 대원들 얼굴에도 두려움이 역력했다.

두려움과 심리적 안정은 평행 관계에 있다. 두려움을 많이 느낄수록 심리적 안정도 더 많이 필요하다. 실제로 두려움은 어떻게든 심리적 안정을 추구하게 만든다. 이 역학 관계를 보여주는 유명한 예가 심리학자 해리 할로Harry Harlow의 '원숭이 실험'이다. 실험에서 새끼 원숭이들은 두 종류의 '엄마' 대체물을 경험했다. 하나는 철사로 만들어진, 먹이를 제공하는 엄마 모형이고 다른 하나는 먹이는 제공하지 않지만 껴안을 수 있게 부드러운 소재로 만들어진 엄마 모형이었다. 겁을 먹거나 스트레스를 받은 새끼 원숭이들은 껴안을 수 있는 엄마를 선택했다. 부드러운 것이 두려움을 누그러트리고 심리적 안정을 제공하기 때문이다. 인간도 마찬가지다. 인간적 상호 작용과 유대감이 따르는 어떤 관계에서든 우리는 심리적 안정을 가장 많이 제공하는 사람에게 애착을 느낀다.

부모나 교사, 코치, 직장 동료의 도움을 받아 두려움으로 인한 위기를 넘겼던 때를 떠올려 보라. 모든 게 낯선 신학기 때나, 운동 경기에서 나보다 몸집이 큰 선수를 상대해야 했을 때, 혹은 배우기 너무 힘든 일이나 승진에 꼭 필요한 과제를 수행해야 했을 때 비범한 사람들은 격려의 말, 정서적 지원, 옳은 방향으로 안내하는 친절하고 경험에서 우러난 조언으로 우리를 안정시키고 도전 과제에 다시금 참여하게 한다. 바위산을 바라보던 나는 그때 두려움에 사로잡혀 손에 쥘 부드러운 물건을 필요로 하는 겁먹은 새끼 원숭이나 시각적 벼랑 실험의 낭떠러지 위에 있는 아기나 다름없었다.

이럴 때 훌륭한 리더가 개입해 그들의 존재감과 영향력, 명성, 적절한 조언으로 사람들을 두려움에서 끌어내야 한다. 비범한 사람들은 두려움이 얼마나 파괴적이고 해로운지, 사람들의 잠재력을 얼마나 억누르는지 알기 때문에 주변 사람들을 두려움에서 끌어내는 일을 절대 간과하지 않는다.

두려움은 특유의 방식으로 우리를 몰고 간다. 우리가 충만한 삶을 사는 것을 방해하고 잘못된 결정을 내리도록 유도하기도 한다. 활동 저하, 회피, 꾸물거림, 불성실, 은폐, 공격, 잔인함, 심지어 비인간적 행동으로 이끌 수 있다. 인간의 뇌는 실제로 '이게 내게 위협이 될까?'에만 초점을 맞춘다. 두려움이 위협적인 수준이면 경직, 기절, 포기, 도주, 투쟁, 망각을 포함하는 단계별 생존 반응이 일어날 수 있다. 두려움 때문에 일어난 행동은 생존에는 유용하지만 건강하고 활기찬 삶을 사는 데는 도움이 되지 않는다.

리더십과 경영에 관한 수백 권의 책을 살펴보았지만 두려움을 다룬 책이 없다는 것에 매우 놀랐다. 두려움은 이렇게 개인이나 조직 또는 국가의 활동을 억제하고 막심한 피해를 끼칠 수 있는 심리적 문제이다.

스탈린, 무솔리니, 히틀러, 폴 포트, 슬로보단 밀로셰비치 같은 파괴적인 정치인의 행동을 이끈 원인은 무엇이었을까? 그들이 집단 박해와 대량 학살로 수많은 사람을 해치게 만든 것은 무엇일까? 그들은 두려움을 널리 퍼트리는 데 대가였다. 불행히도 두려움은 사람들을 단결시키는 매우 설득력 있는 방법이다. 이 정치인들은 두려움이라는 원시적이고 도발적인 힘을 이용해 대중을 꼭두각시처럼 선동하고 자신들의 명분을 지지하게 하고 끔찍한 범죄를 저질렀다.

우리 사회를 분열시키는 모든 증오의 밑바탕에도 두려움이 깔려 있다. 누구도 태어나면서부터 무언가를 싫어하지는 않는다. 그러나 우리는 두려움과 증오를 배운다. '피부색'을 두려워하도록 배울 수도 있다. 그러는 과정에서 더 밝거나 더 어두운 피부색을 가진 다른 사람을 증오하기도 한다.

미국 철학자 에릭 호퍼Eric Hoffer가 제2차 세계대전 후 파시스트와 나치의 영향을 조사하여 집필한 『맹신자들』에서 말하듯이 "열렬한 증오는 공허한 삶에 의미와 목적을 부여할 수 있다." 두려움을 느끼는 사람은 두려움을 느끼는 다른 사람을 찾고, 그들은 서로의 증오를 지지한다. 보스니아 전쟁부터 르완다 내전까지 지난 30년 동안 인종에 대한 두려움이 곪아서 결국에는 인종 대학살—내 평생 그런 대학살은 절대 다시 보지 못하리라 생각했었다—로 이어진 지역을 보라. 사악한 지배자나 지도자들이 특히 잘하는 것이 두려움을 이용하는 것이다. 대학살은 모두 두려움에서 출발해 선동하는 말과 독설로 증오로 변형되어 일어났다.

미국 역사는 두려움이 사람들을 단결시킨다는 것을, 두려움이 너무 쉽게 증오로 변할 수 있음을 보여준다. 미국 남북전쟁 이후 남부에서 자행된 흑인에 대한 린치 행위의 핵심은 무엇이었을까? 그것은 노예에서 해방된 흑인들에 대한 두려움이었다. 한때 뉴욕과 보스턴에서는 회사 정문 앞에 세워진 "아일랜드인 필요 없음"이라는 표지판을 볼 수 있었다. 분명한 이유 없이 아일랜드인을 두려워한 탓이다. 1882년 미국에서 중국인 배척법Chinese Exclusion Act이 만들어진 배경도 넘쳐나는 중국인 노동자로 미국 서해안 지역이 변할까 봐 두려워했기 때문이다. 1939년 미국 정부는 유대인에 대한 두려움 때문에 세인트루이스호에 승선한 유대인 승객 900여 명의 입국을 거부했다. '저주받은 자들의 항해'라고도 불리는 그 사건에서 유럽으로 돌아갈 수밖에 없었던 유대인 상당수가 결국 강제수용소에서 목숨을 잃었다.

누구도 두려움의 영향과 유해성에서 완전히 자유롭지 못하다. 가장 위대한 미국 대통령 중 한 명으로 꼽히는 프랭클린 델러노 루스벨트는 "우리가 두려워할 것은 오직 두려움 그 자체이다."라는 역사적인 말로 미국민을 격려하며 경제 대공황과 제2차 세계대전을 극복했다. 그러나 정작 그 자신은 그 말을 따르지 않았다. 1941년 일본

제국 해군이 진주만을 공격했을 때 루스벨트는 두려움과 외국인 혐오증에 굴복하고 12만 명 이상의 일본계 미국인을 감금하거나 강제 이주시켰다. 이유는 그들이 일본인 조상을 뒀다는 것뿐이었다.

독일계 미국인이나 이탈리아계 미국인에 대해서는 비슷한 조치가 일어나지 않았다. 1941년 독일군 U보트 잠수함이 미국 함대 USS 루벤제임스호를 격침하고 미국인 115명의 생명을 앗아간 유명한 사건이 있었고, 그 외에도 연합군 함대를 여러 차례 격침했음에도 독일계 미국인들은 감금하지 않았다. 더욱이 나치 지지자들은 미국 동부 해안에서 주기적으로 대규모 집회를 열었다. 1939년 친나치 단체 저먼 아메리칸 번드German American Bund가 뉴욕 매디슨 스퀘어 가든을 빌려 진행한 행사에서 2만2000명의 회원이 아돌프 히틀러에게 충성을 맹세했지만 루스벨트 대통령은 조치를 취하지 않았다. 그러나 일본 혈통의 미국인은 용납하지 않았다. 합리적 근거가 없는 두려움 때문이었다.

최근 미국을 비롯해 세계 여러 나라에서 우익 성향의 극단주의가 등장하기 시작한 것도 두려움 때문이다. 변화에 대한 두려움, 이주 노동자에게 일자리를 빼앗긴다는 두려움, 난민에게 살해당한다는 두려움이 그런 현상을 낳았다. 내일은 또 어떤 두려움이 우리를 지배할까? 두려움에 불을 붙이면 어떤 일이 벌어지는지 역사는 똑똑히 보여줬다. 두려움이 들불처럼 번지면 반드시 꺼야 한다.

그런 까닭에 가정과 직장, 공동체 또는 두려움이 존재할 수 있는 어느 곳에서든 비범한 사람, 훌륭한 리더들은 책임지고 두려움을 찾아내어 누그러트려야 한다.

우리는 종종 리더십이란 책임을 맡고 방향을 정하고 아이디어나 비전을 제시하는 것이라 정의한다. 하지만 리더의 가장 중요한 책임이 우리 모두에게 닥치는 불안감과 두려움을 다루는 것임을 잊는다. **눈을 가리는 불합리를 벗어던지고 객관적으로 보는 것, 더 명확한 비전을 상기시키는 것, 더 용감하고 더 나은 사람이 되라고 격려하는 것, 비합리적인 두려움에 숨을 불어넣지 않는 것, 또는 두려움이 우리를 방해하고 해치고 산만하게 만들고 분열하고 파괴하도록 놔두지 않는 것이 리더가 할 일이다.**

우리 FBI 요원들은 쏟아지는 빗속에서 서로를 쳐다봤다. 서로의 얼굴에서 두려움을 읽었고 그 두려움에 더욱 두려워했다. 모두 비로 흠뻑 젖은 산을 계속 올려다보고 고개를 저었다. 두려움이 우리를 짓밟아 꼼짝도 못 하게 했다.

'지금 당장 포기하고 사무실로 돌아가도 똑같은 월급을 받을 수 있어.' 불온한 생각이 스치는 그 짧은 순간, 전에 함께 일한 적 있는 매튜 교관이 다가왔다.

"조, 뭐가 그렇게 두렵나?" 강풍이 부는 비에 젖은 산을 바라보던 나에게 매튜는 돌려 말하지 않고 바로 물어봤다. 비꼬는 말이 아니었다.

통찰이 담긴 '참여' 전략에 관해 이야기해 보자. 나는 그 전에도 그 후에도 그런 질문을 받아본 적이 없다. 잘은 모르겠지만 아마 매튜는 '평가'에 일가견이 있던 것 같다. 그는 내가 도전하고 싶어 한다는 것을 알았다. 문제는 '어떻게 해낼 것인가?'였다.

"훈련을 망치거나 추락할 것 같습니다." 나는 장비가 다 있는지, 그날 먹을 유일한 식량일지 모르는 작은 땅콩버터 통이 잘 들어있는 지 확인하기 위해 등산복 주머니를 다섯 번째로 만지면서 자신 없는 목소리로 말했다. 아마 내가 하고 싶었던 말은 "추락해서 죽을까 봐 겁난다"였을 것이다. 휴! 내가 그 말을 입 밖으로 꺼낼까 봐 조마조 마했다. 물론 그렇게 말했더라도 매튜는 이해했을 것이다.

"훈련을 너무 심하게 망치지는 않을 거야." 그가 웃었다. "뭘 해 야 하는지 알잖나. 더 중요한 게 뭔지 아나? 자네가 무엇을 해야 할 지 알고 있다는 것을 내가 안다는 거야. 무언가 잘못한다고 해도 뭐 어떤가? 안전띠를 맸으니 추락하더라도 고작 1.5미터야. 이봐, 그렇 게 되면 여기 아래서 저 대원들과 함께 있으면 돼." 산을 오르지 않 겠다고 선언한 몇몇 요원을 가리키며 매튜가 말했다. "긴말하지 않 겠네. 한 번에 한 발씩 올라가면 돼. 그것만 명심하세요, 내버로 요 원!" 매튜는 주의를 집중시키려고 마지막엔 조금 격식을 차린 어조 로 말하며 참여를 독려했다. "내가 보기에도 자네가 할 수 없을 것 같다면 그냥 올라가게 두지 않을 걸세." 그는 미소 지으며 내 어깨를 꾹 누르더니 돌아서서 갔다.

나는 결국 등반을 시작했다. 도중에 구출 작전 연습도 했기 때문 에 다섯 시간 가까이 걸렸다. 미끄러져서 몇 피트 아래로 떨어지기도 했지만 그래도 추락 시 행동 지침을 순서대로 잘 기억하고 있었다. 나는 먼저 "추락!"이라고 외치고, 팔을 감싸 머리와 목을 보호하고,

다리를 이용해 벽에서 떨어지고, 계속 등반하기 위해 다시 자세를 잡고, 밑에 있는 사람들을 확인하고, 호흡하고, 안전 로프를 잡아주는 사람, 확보자belayer; 빌레이어에게 다시 등반할 준비가 되었다고 알리고, 젖산이 축적되지 않도록 팔을 스트레칭하고, 등반을 계속했다. 천천히, 조심스럽게, 때로는 꼴사나운 모습으로 산을 올랐고 늦지 않게 정상에 도착해 팀원들을 맞이할 수 있었다. 우리 모두 흠뻑 젖어 있었다. 장비도 젖어서 더 무거웠다. 신발 밑창이 다 떨어진 사람도 있었다. 너 나 할 것 없이 손과 팔에 멍이 들고 몸을 덜덜 떨었다. 그러나 우리는 해냈다.

두려움을 정복하고 등반에 성공했다는 것에 나는 승리감을 느꼈다. 추락할 때 손가락을 잃어버리는 바람에 차갑고 더럽고 비에 불어 쭈글쭈글해진 손가락으로 땅콩버터를 먹어야 했지만 그래도 기뻤다. 그러나 가장 좋았던 것은 먹구름을 뚫고 나온 태양이 신록의 계곡을 비추어 돈을 내고도 보지 못할 숨 막힐 듯 아름다운 풍경이 우리 눈앞에 펼쳐진 것이다. 전혀 예상 못 한 선물이었다. 태양이 구름을 벗어날 때 저공비행으로 계곡을 지나가는 그러면 EA 6B 프라울러Grumman EA 6B Prowler 전투기가 대미를 장식했다. 그렇다. 우리 발아래로 전투기가 지나가고 있었다. 전투기에 탑승한 인원 4명이 다 보였고 심지어 조종사 무릎에 찬 클립보드까지 보였다. 전투기가 얼마나 낮게, 얼마나 가까이서 비행하고 있었는지 모른다. 나는 두려움을 이겨냈기에 영원히 마음에 새겨져 평생 잊지 못할 광경을 볼 수 있었다. 게다가 매튜 교관을 통해 다른 사람이 두려움을 겪을 때 그 두려움을 덜어주는 책임을 짊어져야 한다는 값진 교훈도 얻었다.

두려움은 우리를 자주 마비시킨다. 그래서 삶은 그 자체로 힘들다. 우리에게 두려움을 조장하거나 부추기는 사람은 필요 없다. **우리가 존경하는 사람은 자신의 두려움을 정복하고 다른 사람이 두려움을 극복하도록 도와주는 사람이다.** 사람들이 비범하다고 부르는 소수에 포함되려면 타인의 두려움을 덜어주는 책임을 질 수 있어야 한다.

그렇게 매일 심리적 위안을 주고 두려움을 진정시키기 위해 노력하는 강건하고 믿을 만한 사람이 없다면 세상은 어떻게 될까? 크게 이름난 사람들은 아닐지라도 우리 할머니, 이모, 선생님, 믿음직스러운 친구, 친절한 타인처럼 다른 사람에게 심리적 안정을 제공하고 두려움을 덜어주겠다는 소박한 신념에 따라 살아가는 사람들이 있기에 세상은 훨씬 더 살 만한 것이다.

친사회적인 행동이 그렇듯 두려움을 완화하거나 해소하는 능력은 우리 각자에게 달려있다. 다시 말해 개인의 준비성과 행동하려는 의지에 달려있다. 자기 통제력에서 나오는 자기 성찰과 자아 인식도 필요하다. 그래야 두려움을 봤을 때 정확하게 인지하는 명석함과 소신껏 행동할 용기를 갖추게 된다. 관찰을 통해 무엇이 필요하고 그것이 언제 필요한지 파악하는 능력도 필요하다. 그래야 소통을 하고 친사회적 행동을 실천할 수 있다.

두려움에도 목적이 있다. 두려움은 대부분 인간의 생존을 보장하기 위해 발생한다. 그러나 두려움은 우리의 번영을 쉽게 허락하지 않는다. 오직 심리적 안정이 우리의 번영을 돕는다. 비범한 사람들은 1. 우리를 마비시키는 두려움을 최소화하고, 2. 삶을 즐기고 번영하게 해주는 심리적 안정을 최대화한다는 두 가지 목표를 이뤄 모두가 더 나은 삶을 살 수 있게 노력한다.

이제 자신을 분석해야 할 때다. 우리는 부모, 직원, 관리자, 경영자, 영업 사원, 군 지도자, 의료계 종사자, 응급 구조사, 그리고 일반 시민으로서 이런 질문을 스스로 던져야 한다. 앞의 두 가지 목표가 비범한 사람을 평가하는 최고 기준이라면 나는 그 기준에 얼마나 부합할까? 그 기준을 충족하려고 항상 또는 가끔이라도 노력하고 있는가? 이것을 우선 과제로 삼고 있는가? 아니라면 그 이유는 무엇인가?

이 질문들은 당신을 진지하게 성찰하게 만들 것이다. 더욱 문명화된 21세기, '타인의 두려움을 덜어주고 심리적 안정을 제공하는 데 얼마나 이바지하고 있는가?'라는 질문은 한 개인을 평가하는 새로운 시금석이다.

두려움을 최소화하고, 심리적 안정을 최대화한다. 단순하지만 강력한 이 두 특징은 내가 비범한 사람들을 연구하면서 보낸 지난 50년을 돌아봤을 때 가장 두드러지게 나타난 특징, 그리고 삶에 진정한 변화를 일으킬 수 있는 특징이다. 이 두 가지를 실천하겠다고 마음먹어 보자. 우리의 삶은 그저 더 나아지기만 하는 것이 아니라 좀 더 숭고해질 것이고, 주변 사람들은 당신에게 감사를 표할 것이다.

이렇게 할 때, 아니 오직 이렇게 할 때만 우리는 비범한 사람의
대열에 합류할 수 있다.

다른 사람에게 끼치는 영향으로 평가되지 않는다면 우리는 과연 누구
인가? 그것이 우리다! 스스로 누구인지 말한다고 그게 우리인 것은 아
니다. 원하는 모습이 있다고 해서 그게 우리인 것도 아니다. 인생을 살
면서 다른 사람에게 끼치는 직간접적인 영향의 총합이 바로 우리다.

— 칼 세이건

'한 사람을 비범한 사람으로 만드는 것은 무엇인가?'라는 질문으로
이 책을 시작했다. 이 질문을 탐구하는 긴 여정을 마쳤으므로 이제
자연스레 '나는 비범한가?' 하고 자문하게 된다. 질문에 답하기 전에
비범한 사람이라면 어떻게 대답할지 곰곰이 생각해 보라.

나는 이 질문에 대답하기를 꺼렸었다. 내 단점은 항상 자신의 부
족한 점을 찾고 해야 할 일이 더 있다고 스스로 자주 상기시킨다는
것이다. 어쩌면 이 질문에 답할 수 있는 건 나 자신이 아니라 다른 사
람들일 것이다.

그렇다면 어떤 질문을 해야 할까? 비범한 사람이라면 아마 '지금
까지 나는 무엇을 배웠나' 그리고 '무엇을 더 배울 수 있을까'라고 질

문할 것이다.

비범한 사람들은 자기 자랑을 하거나 링크드인에 실적을 포스팅하겠다고 하던 일을 멈추지 않는다. 그들은 자신의 성취를 더 개선하기 위해 노력하느라 바쁘다. 물론 비범한 사람들도 자신이 어렵게 얻어낸 성과를 기념하는 시간을 보낼 수도 있다. 하지만 그들은 그다음에도 계속 앞으로 나아간다. 비범한 사람이 된다는 것은 토너먼트 경기에서 우승하는 게 아니다. 비범한 사람이 된다는 것은 평생에 걸친 긴 여정이다.

그래서 우리가 비범한 사람들에게 끌리고 그들이 돋보이는 게 아닐까? 삶을 조금이라도 더 나아지게 만들려고 자신을 향상하려 노력하고, 그 노력을 절대 멈추지 않고 할 수 있는 일을 매일 계속하기 때문에 그들이 눈에 띄는 게 아닐까?

삶을 더 나아지게 만든다는 것이 쉬운 소리로 들릴 것이다. 활 하나로 4개의 현을 오가는 바이올린 연주는 보기엔 간단하겠지만, 세계적인 수준으로 연주하는 것은 다른 얘기다. 비범한 사람이 되는 것도 마찬가지다. 비범한 사람이 되는 데는 엄격한 훈련, 헌신, 연습, 그리고 특히 무엇이 필요한지 제대로 인식하는 능력이 필요하다.

비범한 사람은 태어나는 것이 아니라 만들어진다. 다행이다. 우리 같은 사람도 비범한 사람이 될 수 있다는 뜻이니 말이다. 시작이 아무리 초라하더라도 우리는 스스로 자신을 지휘할 수 있다. 우리는 우리가 배우고 생각하고 알고 말하고 행동하는 것을 관리하는 능력과 배려심과 책임감을 갖출 수 있다. 그런 다음 그 능력을 바탕으로 세상에서 영향력을 확대하며 다른 사람에게도 도움을 줄 수 있다.

비범한 사람의 책무는 황홀한 결승선에서 멈추는 게 아니다. 삶에는 그런 결승선이 없다. 비범한 태도란 훈련되고 길러지고 주변에 공유되고 한 세대에서 다음 세대로 계승된다. '비범한 사람들의 다섯 가지 특성'을 통해서 말이다.

▶ **자기 통제력**을 통해 우리는 내면의 능력을 이용해 목표를 이행하고 더 높은 목표를 세운다.
▶ **관찰력**을 통해 우리는 상황과 관계를 개선하기 위해 무엇이 필요한지 파악한다.
▶ 사람들에게 중요한 것이 무엇인지 시의적절하게 확인하는 **소통 능력**을 통해 관계를 형성하고 발전시킨다.
▶ 이 모든 특성은 우리가 친사회적 **행동**을 선택하고 실행할 능력을 길러준다. 이 친사회적 행동은 우리가 지닌 긍정적인 의도를 실제로 변화를 일으키는 결과로 전환한다.
▶ 그렇게 우리는 다른 사람들의 두려움을 덜어주고 **심리적 안정**을 제공할 수 있다. 이 두 가지는 인간이 추구하는 가장 귀중한 재능이며 다른 사람에게 영향을 끼칠 수 있는 가장 강력한 힘이다.

비범한 사람들의 다섯 가지 특성이 조화롭게 작용할 때 그것은 부분들의 합 이상으로 훌륭한 결과를 만들어 낸다. 이 특성들은 스스로 강화된다. 비범한 사람들은 행함으로써 배우고, 이렇게 축적한 지식을 더 가치 있는 삶을 만드는 데 쓰며 스스로를 다른 사람을 더 훌륭하게 이끄는 리더로 만들어 간다.

비범한 사람이 되는 것은 역량 밖의 일이 아니다. 전적으로 우리 자신에게 달려있고, 우리 힘으로 충분히 해낼 수 있는 일이다. 가치 있는 일이 다 그렇듯 여기에도 노력이 필요하다. 그러나 정말 거짓말 보태지 않고, 그 혜택은 궁극에 가서는 우리의 인생을 바꾼다.

이제 우리는 책임감, 진정성, 투명성, 신뢰, 회복력, 성실성, 공감, 공손함을 비범한 사람이 되는 데 필요한 개별 요소로 여기지 않는다. 우리에게는 이 요소들을 성공적이고 원칙 있는 삶을 위한, 통합적이고 실행 가능한 모델의 일부분으로 인식하는 청사진이 있다. 우리는 성공한 동시에 인간적인 사람이 될 수 있다. 다른 사람들에게 높은 기대를 걸면서 그들을 배려할 수 있고, 야심 있고 혁신적이면서도 세심하고 친사회적일 수 있다. 우리는 길잡이 없이 여기에 서있는 게 아니다. 우리에게는 인생 철학이 있고 실행 가능한 성취 모형도 있다. 이제 모든 것은 우리 자신에게 달려있다.

물론 인간이기에 때로 실수하거나 뒤로 물러서거나 멈춰 설 것이다. 그러나 가던 길을 가기 위해 다시 한 발 내딛기 시작할 것이다. 비범한 사람이 된다는 것은 완벽한 사람이 된다는 말이 아니다. 중요한 것은 노력한다는 것이다. 우리는 아직 향상하고 개선해야 할 게 많은 중간 과정에 있다. 하지만 그 보상은 최선의 노력을 계속할 만한 가치가 있다.

지금 시작하자. 1분도 기다리지 말고 곧바로 자신만의 탐색을 시작하자. 이제 필요한 것은 다 갖췄다. 탐색하고, 배우고, 질문하고, 여행하고, 호기심을 품고, 새로운 사람을 만나고, 새로운 지식을 추구하고, 혁신하고, 어려움에 직면했거나 두려워하는 사람을 돕고, 사람들에게 무소불위의 심리적 안정을 제공하고, 자신의 긍정적 영향력을 향상할 기회를 즐기자. 그리고 노력을 멈추지 말자.

비범한 사람이 되기 위한 모두의 여정이 원활하게 진행되기를 기원한다. 여정이 펼쳐지는 동안 때때로 뒤돌아보며 얼마나 멀리 왔는지 확인하는 시간을 갖자. 미소를 지어도 괜찮다. 그 미소에 또한 많은 사람이 미소로 화답해 줄 것이다. 잘 살아온 인생에 대해, 잘 개척한 운명에 대해 스스로 "잘했어"라는 말이 절로 나올 것이다. 그래도 여정을 계속하고 즐기자. 이것이 우리의 성취이고 유산이고 가장 중요한 것, 그러니까 **비범한** 여정이기 때문이다.

감사의 글

매번 집필 작업이 마무리되는 단계에 이르면 숨을 고르고 지금까지 나를 도와준 많은 사람을 떠올려 본다. 애정 어린 지원과 격려를 보내고 인내해 준 아내 스리드에게 먼저 고맙다고 말하고 싶다. 가장 든든한 지지자인 우리 딸 스테퍼니, 그리고 가까이에서든 먼 곳에서든 응원을 아끼지 않는 모든 가족에게 진심으로 감사드린다.

내 마음속에는 부모님이 베풀어 준, 미로처럼 복잡하고 강렬한 가르침이 여전히 살아있다. 지금은 멀리 떨어져 있지만, 부모님은 몸소 모범을 보이고 수많은 선택을 하면서 나를 지금의 나로 만들어 준 비범한 분들이다. 평생 가도 이 은혜를 다 갚지 못할 것이다.

토니 시아라 포인터가 함께하지 않았다면 이 책의 집필을 시작하지도 않았을 것이다. 집필 파트너로서 토니는 여러 방면에서 나를 도와주고 일깨워 주었으며, 다양한 관점에 마음을 열 수 있게 도와줬다. 거의 1년 전 집필을 시작한 후로 내 아이디어와 생각이 점점 발전하는 것을 옆에서 지켜봐 줬다. 토니의 통찰력과 예리한 질문, 관대함, 그리고 집필과 편집 기술이 없었다면 이 책은 세상에 나올 수 없었을 것이다. 토니, 고맙습니다. 당신은 최고입니다.

친구이자 저작권 에이전트인 스티브 로스의 지혜는 늘 감탄할 만하다. 항상 그랬듯이 이 프로젝트를 시작하는 데 중요한 역할을 해줘서 무척 감사하다. 스티브는 작가들이 가장 원하는 에이전트이다. 그는 닫힌 듯했던 문을 열어준다.

하퍼콜린스 출판사 편집자 닉 앰플릿에게도 고마움을 전한다. 우리는 열정과 비전을 공유하면서 거의 10년 동안 함께 작업하고 있다. 때로는 친절한 조언으로 때로는 부드러운 채찍질로 닉은 지원과 통찰력, 그리고 특히 배려를 아끼지 않는다. 그와 함께 일하면 매우 즐겁다. 이 책의 출판을 위해 애써준 데 다시 한 번 감사를 전한다.

지난 몇 년 동안 지원을 아끼지 않은 하퍼콜린스 출판사 발행인 리에이트 스텔릭과 부발행인 벤 스타인버그에게도 감사를 전하고 싶다. 하퍼콜린스 출판사에서 내 작품 대다수를 관리하고 있는데 이 두 사람이 그 이유 중 하나라고 주저 없이 말할 수 있다.

최종 원고가 나올 때까지 부지런히 도와준 제작 편집인 앤드리아 몰리터와 교열 담당 로리 맥기 같은 사람들의 소중한 노고가 없다면 어떤 책도 세상에 나오지 못할 것이다. 두 사람에게 고마운 마음을 전한다. 홍보부 비앙카 플로러스는 이번에도 홍보를 맡아줬고 그가 노력해 준 만큼 훌륭한 홍보물이 탄생했다. 보이지 않는 곳에서 마케팅을 맡아준 케일리 조지와 표지 디자이너 리치 아콴에게도 매우 감사하다. 10년 넘게 해외 판매와 번역을 맡고 있는 캐시 바르보사로스에게도 다시 한 번 고맙다고 말하고 싶다. 훌륭히 일해준 모든 분께 진심으로 감사하다.

나는 작가로서 정보를 신중하게 전달할 책임이 있다. 그래서 명확한 언어로 분명하게 생각을 표현하려 노력했다. 그럼에도 오류나 실수가 있다면 그것은 오롯이 내 책임이다.

플로리다주 탬파에서

조 내버로

조 내버로와 함께 일하는 것은 늘 영광이다. 이번 여정에 나를 초대해 준 데 감사드린다. 공동 작업을 할 때 보여준 모든 열정에도 감사하다. 조는 아이디어와 씨름하는 것을 즐긴다. 항상 다음 집필을 생각하는 열정도 있다. 조의 관점은 단어 하나하나까지도 나를 새로운 방향으로 생각하게 이끈다. 전화와 편지를 통한 우리의 대화는 항상 흥미로운 주제로 넘쳐났다. 시간이 지날수록 발전된 아이디어를 내놓는 조를 지켜보는 것은 멋진 일이었다. 그의 아이디어가 내게 그랬듯이 다른 사람들에게도 도움을 주고 영감을 불어넣어 줬으면 좋겠다.

편집 과정에서 지각력과 정중함과 열정을 보여준 닉 앰플릿에게 감사하다. 닉의 이런 특성은 편집자에게 꼭 필요한 자질이며, 많은 사고와 노력을 집약해 놓은 원고가 다른 사람의 손에 전달되는 순간 더욱 고맙게 느껴진다. 닉이 남긴 메모를 보면서 나는 새로운 각도에서 자료를 보고 새로운 방식으로 구성할 수 있었다. 닉, 고맙습니다.

에이전트 스티브 로스의 예리한 통찰력은 중요한 순간에 이 프로젝트에 영향을 끼쳤다. 그가 지지해 준 덕분에 작업을 끝까지 해낼 수 있었다. 스티브, 고맙습니다.

어떤 말을 하든, 심지어 말도 안 되는 얘기에도 항상 귀 기울여 준 동생 레슬리에게도 고맙다고 말하고 싶다. 필요할 때마다 격려해 주고 기분 전환에 도움을 준 도나, 편, 매켄지에게도 사랑과 감사를 전한다.

무수히 많은 면에서 항상 지원해 주는 남편 도널드 이야기를 하지 않을 수 없다. 남편은 창작 과정을 깊이 이해해 줬다. 우리가 나누는 대화 대부분이 예술과 창작 기술에 관한 것이다. 나는 정말 운이 좋은 사람이다. 남편은 불평 없이 식사를 준비하고 또 자리를 정리해 줬다. 집안일을 못 해도 기분 좋게 넘어갔고, 원고 마감에 몰입한 내가 대화를 기억하지 못하거나 함께 세운 계획을 지키지 못했을 때도 인내해 줬다. 선한 영혼을 지닌 그에게 감사하다.

뉴욕에서
토니 시아라 포인터

참고문헌

Abitz, Damgaard, et al. 2007. "Excess of Neurons in the Human Newborn Mediodorsal Thalamus Compared with That of the Adult." *Cerebral Cortex* 17(11):2573 – 2578. Accessed March 20, 2020.

Aburdene, Patricia. 2007. *Megatrends 2010: The Rise of Conscious Capitalism.* Charlottesville, VA: Hampton Roads Publishing Company, Inc.

Ackerman, J. M., et al. 2010. "Incidental Haptics Sensations Influence Social Judgments and Decision." *Science* 328(June 25): 1712 – 1714.

Adlaf, Elena W., et al. 2017. "Adult-Born Neurons Modify Excitatory Synaptic Transmission to Existing Neurons." *eLife.* 2017; 6 doi:10.7554/eLife.19886.

Adler, Ronald B., and George Rodman. 1988. *Understanding Human Communication.* New York: Holt, Rinehart and Winston.

Agha, R. A., and A. J. Fowler. 2015. "The Role and Validity of Surgical Simulation." *International Surgery* 100(2), 350 – 357. doi:10.9738/INTSURG-D-14-00004.1. https://www.ncbi.nlm.nih.gov/pmc/articles/PMC4337453/. Accessed August 25, 2019.

Alessandra, Tony, and Michael J. O'Conner. 1996. *The Platinum Rule: Discover the Four Basic Business Personalities and How They Can Lead You to Success.* New York: Hachette Book Group.

Allen, David. 2001. *Getting Things Done: The Art of Stress Free Productivity.* New York: Penguin Books.

Allport, Gordon. 1954. *The Nature of Prejudice.* Cambridge, MA: Addison- Wesley.

Ariely, Dan. 2016. *The Hidden Logic That Shapes Our Motivations.* New York: Simon & Schuster/TED.

Arthur, W., and W. G. Graziano. 1996. "The Five-Factor Model, Conscientiousness, and Driving Accident Involvement." *Journal of Personality* 64(3): 593 – 618.

Azvolinsky, Anna. 2018. "Free Divers from Southeast Asia Evolved Bigger Spleens."

The Scientist, April 19. https://www.the-scientist.com/news-opinion /freedivers-fromsoutheastasiaevolvedbiggerspleens-30871. Accessed August 29, 2019.

Babiak, Paul, and Robert D. Hare. 2006. *Snakes in Suits: When Psychopaths Go to Work*. New York: Regan Books.

Bacon, Terry R., and David G. Pugh. 2003. *Winning Behavior: What the Smartest, Most Successful Companies Do Differently*. New York: AMACOM.

Baer, Drake. 2014. "This Personality Trait Predicts Success." *Business Insider*, April 30. https://www.businessinsider.com/conscientiousness-predicts-success-2014-4. Accessed August 10, 2020.

Bahrampour, Tara. 2014. "Romanian Orphans Subjected to Deprivation Must Now Deal with Dysfunction." *The Washington Post*. January 30. https:// www .washingtonpost.com/local/romanian-orphanssubjectedto-deprivation-must nowdealwithdisfunction/2014/01/30/a9dbea6c-5d13-11e3-be07-006c776266ed_story.html. Accessed July 19, 2020.

Bailey, Melissa. 2016. "5 Bizarre, Low-Tech Tools Surgeons Have Used to Practice Human Operations." *Business Insider* (www.businessinsider.com), January 25. https://www.businessinsider.com/lowtechsurgeonstraining-2016-1. Accessed August 25, 2019.

Baker, L. M., Jr., et al. 2008. "Moving Mountains." In *Harvard Business Review on The Persuasive Leader*, 51 – 66. Boston: Harvard Business School Publishing.

Ball, Philip. 2004. *Critical Mass: How One Thing Leads to Another*. New York: Farrar, Straus and Giroux.

Barraza, Jorge A., and Paul J. Zack. 2009. "Empathy Toward Strangers Triggers Oxytocin Release and Subsequent Generosity." *Annals of the New York Academy of Sciences* 1667, no. 1 (June): 182 – 189.

Begley, Sharon. 2004. "Racism Studies Find Rational Part of Brain Can Override Prejudice." *Wall Street Journal*, November 19, B1.

Bergland, Christopher. 2017. "How Do Neuroplasticity and Neurogenesis Rewire Your Brain? New Research Identifies How the Birth of New Neurons Can Reshape the Brain," in *Psychology Today* blog. February 6, 2017. https://www.psychologytoday.com/us/blog/theathletesway/201702/howdo-neuroplasticity-and-neurogenesisrewireyourbrain. Accessed March 4, 2020.

Bertrand, Marianne, and Sendhil Mullainathan. 2004. "Are Emily and Greg More Employable Than Lakisha and Jamal?" *American Economic Review* 94:991 – 1013.

Boorstin, Daniel J. 1985. *The Discoverers: A History of Man's Search to Know This World and Himself.* New York: Vintage Books.

Borunda, Alejandra. 2020. "We Still Don't Know the Full Impacts of the BP Oil Spill, 10 Years Later." *National Geographic*, April 20. https://www.nationalgeographic. com/science/2020/04/bpoilspillstilldontknoweffects–decadelater/. Accessed September 3, 2020.

Boston Globe, The. 2002. *Betrayal: The Crisis in the Catholic Church, by the Superb Investigative Staff of the Boston Globe.* New York: Little, Brown and Company.

Campbell, Joseph. 1973. *The Hero with a Thousand Faces.* New Jersey: Princeton University Press.

Campbell, Joseph, Bill D. Moyers, and Betty S. Flowers. 1991. *The Power of Myth.* New York: Anchor Books.

Campos, Joseph, Mary D. Clinnert, et al. 1983. "Emotions as Behavior Regulators in Infancy: Social Referencing in Infancy." In *Emotion: Theory, Research, and Experience*, edited by Robert Plutchik and Henry Kellerman, 57 – 86. New York: Academic Press.

Canadian Museum of History. 2020. *The Maya Calendar.* https://www. historymuseum.ca/cmc/exhibitions/civil/maya/mmc06eng.html. Accessed September 1, 2020.

Carnegie, Dale. 1936. *How to Win Friends and Influence People.* New York: Kingston Press.

Catlette, Bill, and Richard Hadden. 2001. *Contented Cows Give Better Milk: The Plain Truth About Employee Relations and Your Bottom Line.* Germantown, TN: Saltillo Press.

Chamberlain, Andrew. 2017. "What Matters More to Your Workforce Than Money." *Forbes*, January 17. https://hbr.org/2017/01/whatmattersmoreto-your-workforce-than-money. Accessed May 17, 2020.

Champy, James, and Nitin Nohria. 2000. *The Arc of Ambition: Defining the Leadership Journey.* Chichester, West Sussex, England: John Wiley and Sons Ltd.

Chokshi, Niraj. 2020. "Boeing 737 Max Is Cleared by F.A.A. to Fly Again." *New York Times*, November 18. https://www.nytimes.com/2020/11/18/business/boeing-737-maxfaa.html?campaign_id=60&emc=edit_na_20201118&instance_id=0&nl=breakingnews&ref=headline&regi_id=55934149&segment_id=44807&user_id=a3c307e02448124bd26ace3907d12532. Accessed November 24, 2020.

Christensen, Clayton M., James Allworth, and Karen Dillon. 2012. *How Will You Measure Your Life? Finding Fulfilment Using Lessons from Some of the World's Greatest Businesses*. New York: HarperCollins Publishers.

Churchill, Winston S. 1976. *The Second World War: The Gathering Storm*. Boston: Houghton Mifflin.

Cialdini, Robert B. 2008. "Harnessing the Science of Persuasion." In *Harvard Business Review on the Persuasive Leader*, 29-51. Boston: Harvard Business School Publishing.

Coan, J. A., H. S. Schaefer, and R. J. Davidson. 2006. "Lending a Hand: Social Regulation of the Neural Response to Threat." *Psychological Science* 17:1032-1039.

Coffey, Wayne. 2020. "Novak Djokovic Out of U.S. Open After Hitting Lineswoman with Tennis Ball." *USA Today*, September 6. https://www.usatoday.com/story/sports/tennis/open/2020/09/06/novakdjokovicusopendefault-disqualified/5735697002/. Accessed September 7, 2020.

Collier, Peter. 2016. *Medal of Honor: Portraits of Valor Beyond the Call of Duty*. New York: Artisan.

Collins, Jim. 2001. *Good to Great: Why Some Companies Make the Leap ... and Others Don't*. New York: HarperCollins Publishers.

Conti, G., and J. J. Heckman. 2014. "Understanding Conscientiousness Across the Life Course: An Economic Perspective." *Developmental Psychology* 50:1451-1459.

Cossar, Rachel. 2020. *When You Can't Meet in Person: A Guide to Mastering Virtual Presence and Communication*. Amazon: Kindle.

Covert, Jack, and Todd Sattersten. 2011. *The 100 Best Books of All Time: What They Say, Why They Matter and How They Can Help You*. New York: Portfolio.

Covey, Stephen M. R. 2006. *The Speed of Trust: The One Thing That Changes*

Everything. New York: Free Press.

Covey, Stephen R. 2004. *The 7 Habits of Highly Effective People*. New York: Free Press.

Coyle, Daniel. 2010. *The Talent Code: Greatness Isn't Born. It's Grown*. London: Arrow Books Ltd.

Coyle, Daniel. 2018. *The Culture Code: The Secrets of Highly Successful Groups*. New York: Bantam Books.

Csikszentmihalyi, Mihaly. 1990. *Flow: The Psychology of Optimal Experience*. New York: Harper and Row Publishers.

Csikszentmihalyi, Mihaly. 1996. *Creativity*. New York: HarperCollins Publishers.

Cuddy, Amy. 2015. *Presence: Bringing Your Boldest Self to Your Biggest Challenges*. New York: Little, Brown and Company.

Davidson, Richard J. with Sharon Begley. 2012. *The Emotional Life of Your Brain: How Its Unique Patterns Affect the Way You Think, Feel, and Live, and How You Can Change Them*. New York: Hudson Street Press.

De Becker, Gavin. 1997. *The Gift of Fear*. New York: Dell Publishing.

Densen, Peter, MD. 2011. "Challenges and Opportunities Facing Medical Education." *Transactions of the American Clinical and Climatological Association* 122:48 – 58. https://www.ncbi.nlm.nih.gov/pmc/articles/PMC3116346/. Accessed November 24, 2020.

Dinich, Heather. 2018. "Power, Control and Legacy: Bob Knight's Last Days at IU." ESPN, November 29. https://www.espn.com/mens-college-basketball/story/_/id/23017830/bobknightindianahoosiersfiringlessoncollege-coaches. Accessed July 28, 2019.

Dreeke, Robin. 2011. *It's Not All About Me: The Top Ten Techniques for Building Quick Rapport with Anyone*. Amazon: Kindle.

Dreeke, Robin. 2017. *The Code of Trust: An American Counter Intelligence Expert's Five Rules to Lead and Succeed*. New York: St. Martin's Press.

Drucker, Peter F. 2002. *The Effective Executive*. New York: HarperBusiness Essentials.

Duhigg, Charles. 2014. *The Power of Habit: Why We Do What We Do in Life and Business*. New York: Random House Publishing.

Ekman, Paul. 1975. *Unmasking the Face*. New Jersey: Prentice Hall.

Ekman, Paul. 1982. *Emotion in the Human Face*. Cambridge: Cambridge University

Press.

Ericsson, K. Anders, Ralf T. Krampe, and Clemens Tesch-Römer. 1993. "The Role of Deliberate Practice in the Acquisition of Expert Performance." *Psychological Review* 100(3):363–406.

Ericsson, K. Anders, and Robert Pool. 2016. *Peak: Secrets from the New Science of Expertise*. New York: Houghton Mifflin Harcourt Publishing.

Etcoff, Nancy. 1999. *Survival of the Prettiest: The Science of Beauty*. New York: Anchor Books.

Ferrazzi, Keith. 2005. *Never Eat Alone*. New York: Random House, Inc.

Frank, Anne with Otto M. Frank, ed. 1997. *The Diary of a Young Girl: The Definitive Edition*. New York: Bantam.

Friedman, H. S., and M. L. Kern. 2014. "Personality, Well-Being, and Health." *Annual Review of Psychology* 65:719–742.

Fronk, Amanda K. "Killer Season." 2019. *BYU Magazine* 73(1): 11.

Galinsky, Ellen. 2010. *Mind in the Making: The Seven Essential Life Skills Every Child Needs*. New York: HarperCollins Publishers.

Gallace, Alberto, and Charles Spence. 2010. "The Science of Interpersonal Touch: An Overview." *Neuroscience and Biobehavioral Reviews* 34:246–259.

Gallo, Carmine. 2011. *The Innovation Secrets of Steve Jobs: Insanely Different Principles for Breakthrough Success*. New York: McGraw Hill.

Gallo, Carmine. 2014. *Talk Like TED: The 9 Public Speaking Secrets of the World's Top Minds*. New York: St. Martin's Press.

Gardner, Howard. 1993. *Multiple Intelligences: A Theory in Practice*. New York: Basic Books.

Gates, Robert M. 2014. *Duty: Memoirs of a Secretary at War*. New York: Random House.

Gates, Robert M. 2016. *A Passion for Leadership: Lessons on Change and Reform from Fifty Years of Public Service*. New York: Random House.

Gibbens, Sarah. 2018. "'Sea Nomads' Are First Known Humans Genetically Adapted to Diving." *National Geographic*, April 19. https://news.nationalgeographic.com/2018/04/bajauseanomadsfreedivingspleenscience. Accessed August 28, 2019.

Givens, David G. 2005. *Love Signals: A Practical Guide to the Body Language of Courtship*. New York: St. Martin's Press.

Givens, David G. 2013. *The Nonverbal Dictionary of Gestures, Signs and Body Language Cues*. Spokane: Center for Nonverbal Studies. http://www.centerfor-nonverbalstudies.org/6101.html.

Gladwell, Malcolm. 2002. *The Tipping Point: How Little Things Can Make a Big Difference*. New York: Little, Brown and Company.

Gladwell, Malcolm. 2005. *Blink: The Power of Thinking Without Thinking*. New York: Little, Brown and Company.

Gladwell, Malcolm. 2009. *What the Dog Saw: And Other Adventures*. New York: Little, Brown and Company.

Goldstein, Noah, Steve J. Martin, and Robert B. Cialdini. 2008. *Yes! 50 Scientifically Proven Ways to Be Persuasive*. New York: Free Press.

Goleman, Daniel. 1995. *Emotional Intelligence*. New York: Bantam Books.

Goleman, Daniel. 2006. *Social Intelligence*. New York: Bantam Books.

Goleman, Daniel. 2013. *Focus: The Hidden Driver of Excellence*. New York: HarperCollins Publishers.

Goodall, Jane. 2002. *My Life with Chimpanzees*. New York: Byron Preiss Publications, Inc.

Goodall (van Lawick), Jane. 1971. *In the Shadow of Man*. New York: Dell Publishing.

Gottfried, Sophia. 2019. "Niksen Is the Dutch Lifestyle Concept of Doing Nothing — And You're About to See It Everywhere." *Time*. July 12. https://time.com/5622094/whatis-niksen/. Accessed August 1, 2020.

Grant, Adam. 2014. *Give and Take: Why Helping Others Drives Success*. New York: Penguin Books.

Greene, Melissa Fay. 2020. "The Romanian Orphans Are Adults Now." *The Atlantic*. June 23 (July/August Issue). https://www.theatlantic.com/magazine/archive/2020/07/can-an-unlovedchildlearn-to-love/612253/. Accessed July 28, 2020.

Greene, Robert. 2004. *The 48 Laws of Power*. New York: Viking Penguin.

Greene, Robert. 2012. *Mastery*. New York: Viking Penguin.

Groll, Elias. 2015. "Shinzo Abe Regrets But Declines to Apologize for Japan's WWII

Actions; The Japanese Leader Is Trying to Overhaul His Country's Constitution to Allow for a More Assertive Military." *Foreign Policy*, August 14. https:// foreignpolicy.com/2015/08/14/shinzoaberegretsbutdeclinesto-apologizefor-japans-wwiiactions/. Accessed June 11, 2020.

Grove, Andrew. 1999. *Only the Paranoid Survive: How to Exploit the Crisis Points That Challenge Every Company*. New York: Currency and Doubleday.

Haidt, Jonathan. 2006. *The Happiness Hypothesis: Finding Modern Truth in Ancient Wisdom*. New York: Basic Books.

Hardach, Sophie. 2020. "Do Babies Cry in Different Languages? " *New York Times*, April 4. https://www.nytimes.com/2020/04/15/parenting/baby/wermke-prespeech-development-wurzburg.html. Accessed September 1, 2020.

Hardy, Benjamin. 2016. "23 Michael Jordan Quotes That Will Immediately Boost Your Confidence." *INC.*, April 15. https://www.inc.com/benjamin-p-hardy/23-michaeljordanquotesthatwillimmediatelyboostyourconfidence.html.

Harlow, H. F., and R. R. Zimmerman. 1959. "Affectional Responses in the Infant Monkey." *Science* 130:421 –432.

Harrell, Keith. 2005. *Attitude Is Everything*. New York: HarperCollins Publishers.

Hartman, Steve. 2019. "A School Bus Driver's Special Delivery." CBS *Sunday Morning*, May 26. https://www.cbsnews.com/video/aschoolbusdrivers-specialdelivery/?ftag=CNM-0010aab6i&linkId=68113756&fbclid=IwAR0 e0a3EF3KP0BLaFwCCpYyI_jOUi86B3BWDHpSJVkUg8sscTNXVuAckbWs. Accessed June 12, 2019.

Harvard Health. 2019. "The Power of the Placebo Effect: Treating Yourself with Your Mind Is Possible, But There Is More to the Placebo Effect Than Positive Thinking." *Harvard Health Publishing-Harvard Medical School*, May. https:// www.health.harvard.edu/mentalhealth/thepoweroftheplaceboeffect.

Harvard University. 2007. "Project Implicit." https://implicit.harvard.edu/implicit.

Heathfield, Susan M. 2019. "10 Tips to Promote Creative Thinking." *The Balance Careers*, May 8. https://www.thebalancecareers.com/promote-creative-thinking-1918766. Accessed November 26, 2020.

Hebl, Michelle R., and Laura M. Mannix. 2003. "The Weight of Obesity in Evaluating Others: A Mere Proximity Effect." *Personality and Social Psychology Bulletin*

29:28.

Hewlett, Sylvia Ann. 2014. Executive Presence. New York: HarperCollins Publishers.

Hoffer, Eric. 2010. The True Believer. New York: Harper Perennial.

Hotz, Robert Lee. 1999. "Mars Probe Lost Due to Simple Math Error." *Los Angeles Times*, October 1. https://www.latimes.com/archives/la-xpm-1999-oct-01-mn-17288-story.html. Accessed September 3, 2020.

Hsieh, Tony. 2010. *Delivering Happiness: A Path to Profits, Passion, and Purpose*. New York: Business Plus.

Huffington, Arianna. 2014. *Thrive*. New York: Harmony Books.

Ingersoll, Geoffrey. 2013. "General James 'Mad Dog' Mattis Email About Being 'Too Busy to Read' Is a Must-Read." *Business Insider*. May 9. https://www.businessinsider.com/viraljamesmattisemailreadingmarines-2013-5.

Isaacson, Walter. 2003. *Benjamin Franklin: An American Life*. New York: Simon & Schuster.

Isaacson, Walter. 2017. *Leonardo Da Vinci*. New York: Simon & Schuster.

Jacobs, Charles S. 2009. *Management Rewired: Why Feedback Doesn't Work and Other Surprising Lessons from the Latest Brain Science*. New York: Portfolio.

Jasanoff, Alan. 2018. *The Biological Mind: How Brain, Body, and Environment Collaborate to Make Us Who We Are*. New York: Basic Books.

Journal of Neurosurgery Publishing Group. 2017. "JFK's Back Problems: A New Look." *ScienceDaily*. July 11. www.sciencedaily.com/releases/2017/07/170711085514.htm. Accessed August 2, 2019.

Kahneman, Daniel. 2011. *Thinking, Fast and Slow*. New York: Farrar, Straus and Giroux.

Kennedy, John F. 2003. *Profiles in Courage*. New York: Harper.

Klein, Allison. 2019. "An Autistic Boy Had a Meltdown at a Theme Park, and an Employee's Simple, Soothing Act of Solidarity Went Viral." *The Washington Post*. June 7. https://www.washingtonpost.com/lifestyle/2019/06/07/themepark-employeelaydowngroundnextanautisticboyhavingmeltdownheract-solidarity-wentviral/. Accessed June 26, 2020.

Knapp, Mark L., and Judith A. Hall. 2002. *Nonverbal Communication in Human Interaction*, 5th ed. New York: Harcourt Brace Jovanovich.

Kobayashi, Kenji, and Ming Hsu. 2019. "Common Neural Code for Reward and Information Value." *Proceedings of the National Academy of Sciences* 116(26): 13061–13066. doi:10.1073/pnas.1820145116.

Kolenda, Nick. 2013. *Methods of Persuasion: How to Use Psychology to Influence Human Behavior*. Boston: Kolenda Entertainment, LLC.

Kruger, Justin, and David Dunning. 1999. "Unskilled and Unaware of It: How Difficulties in Recognizing One's Own Incompetence Lead to Inflated Self-Assessments." *Journal of Personality and Social Psychology*, December.

La Ruina, Richard. 2012. *The Natural*. New York: HarperCollins Publishers.

LeDoux, Joseph E. 1996. *The Emotional Brain: The Mysterious Underpinnings of Emotional Life*. New York: Touchstone.

LeDoux, Joseph E. 2002. *Synaptic Self: How Our Brains Become Who We Are*. New York: Penguin Books.

LeGault, Michael R. 2006. *Th!nk: Why Crucial Decisions Can't Be Made in the Blink of an Eye*. New York: Threshold Editions.

Lejeune, Erich J. 2006. *Live Honest-Become Rich!* Heidelberg, Germany: Goyal Publishers.

Lemov, Doug. 2010. *Teach Like a Champion. 49 Techniques That Put Students on the Path to College*. Hoboken, NJ: John Wiley & Sons, Inc.

Leonard, George. 1992. *Mastery: The Keys to Success and Long-Term Fulfillment*. New York: Plume.

Library of Congress. 2010. Jefferson's Library. August 3. https://www.loc.gov / exhibits/jefferson/jefflib.html. Accessed March 15, 2020.

Linden, David J. 2011. *The Compass of Pleasure: How Our Brains Make Fatty Foods, Orgasm, Exercise, Marijuana, Generosity, Vodka, Learning and Gambling Feel So Good*. New York: Penguin Group.

Lipman-Blumen, Jean. 2005. *The Allure of Toxic Leaders: Why We Follow Destructive Bosses and Corrupt Politiciansand How We Can Survive Them*. New York: Oxford University Press.

Lloyd, Robin. 1999. "Metric Mishap Caused Loss of Nasa Orbiter." *CNN/Tech*. http://www.cnn.com/TECH/space/9909/30 /mars.metric.02/. Accessed January 1, 2021.

Logan, Dave, John King, and Halee Fischer-Wright. 2008. *Tribal Leadership: Leveraging Natural Groups to Build a Thriving Organization*. New York: HarperCollins.

Lutz, Eric. 2019. "Reefer Madness: Elon Musk's Viral Blunt-Smoking Photo Comes Back to Haunt Him." *Vanity Fair*, March 8. https://www.vanityfair.com/news/2019/03/reefermadnesselonmusksviralbluntsmokingphotocomes-back-to-haunt-him. Accessed July 28, 2019.

Macias, Amanda. 2018. "The Extraordinary Reading Habits of Defense Secretary James Mattis." *CNBC*, September 15. https://www.cnbc.com/2018/09/13/defensesecretaryjamesmattisextraordinaryreadinghabits.html.

Maguire, Daniel C., and A. Nicholas Fargnoli. 1991. *On Moral Grounds: The Art and Science of Ethics*. New York: Crossroad Publishing.

Manchester, William, and Paul Reid. 2012. *The Last Lion: Winston Spencer Churchill: Defender of the Realm, 1940–1965*. New York: Little, Brown and Company.

Mandela, Nelson. 1995. *Long Walk to Freedom: The Autobiography of Nelson Mandela*. New York: Back Bay Books.

Mandino, Og. 1968. *The Greatest Salesman in the World: You Can Change Your Life with the Priceless Wisdom of Ten Ancient Scrolls Handed Down for Thousands of Years*. Hollywood, FL: Fredrick Fell Publishers.

McCormack, Mark H. 1989. *What They Still Don't Teach You at Harvard Business School*. New York: Bantam.

McCullough, David G. 2016. *The Wright Brothers*. New York: Simon & Schuster.

Medina, Jennifer, Katie Benner, and Kate Taylor. 2019. "Actresses, Business Leaders and Other Wealthy Parents Charged in U.S. College Entry Fraud." *New York Times*, March 12. https://www.nytimes.com/2019/03/12/us/collegeadmissions-cheatingscandal.html. Accessed July 29, 2019.

Mlodinow, Leonard. 2012. *Subliminal: How Your Unconscious Mind Rules Your Behavior*. New York: Random House.

Murphy Jr., Bill. 2018. "Want to Live Longer? A Neuroscientist Says These Surprising Daily Habits Make It Much More Likely. 'I have no explanation for it,' said the lead researcher. But she's certain it works." *Inc*. February 21. https://www.inc.com/bill-murphyjr/wanttolive-much-longer-a-neuroscientistsays-these-

surprising-dailyhabitsmake-it-muchmorelikely-youlllivepast-90.html. Accessed
April 12, 2020.

Nadler, Amos, and Paul J. Zack. 2016. "Hormones and Economic Decisions." In
Neuroeconomics, edited by Martin Reuter and Christian Montag, 41 – 66. New
York: Springer.

Navarro, Joe. 1984. *An Ethologist's Codex: Observations on Human Behavior*.
Unpublished manuscript (Navarro Collection).

Navarro, Joe. 2009. "The Key to Understanding Body Language." *Psychology Today*,
October 28. https://www.psychologytoday.com/us/blog/spycatcher/200910/
the-keyunderstanding-body-language. Accessed September 2, 2020.

Navarro, Joe. 2017. *Three Minutes to Doomsday; An FBI Agent, A Traitor, and the Worst
Breech in US History*. New York: Scribner.

Navarro, Joe. 2018. *The Dictionary of Body Language: A Field Guide to Human
Behavior*. New York: HarperCollins Publishers.

Navarro, Joe, with Marvin Karlins. 2008. *What Every BODY Is Saying: An Ex-FBI Agent's
Guide to Speed-Reading People*. New York: HarperCollins Publishers.

Navarro, Joe, with Toni Sciarra Poynter. 2014. *Dangerous Personalities*. New York:
Rodale.

Neffinger, John, and Matthew Kohut. 2013. *Compelling People: The Hidden Qualities
That Make Us Influential*. New York: Hudson Street Press.

Nelson, Charles A., et al. 2014. *Romania's Abandoned Children: Deprivation, Brain
Development, and the Struggle for Recovery*. Boston: Harvard University Press.

Odobescu, Vlad. 2015. "Half a Million Kids Survived Romania's 'Slaughterhouses of
Souls.' Now They Want Justice." *The World*. December 28. https://www.pri.org/
stories/2015-12-28/halfmillionkidssurvivedromaniasslaughterhouses-souls-
now-theywantjustice. Accessed May 26, 2020.

Panksepp, Jaak. 1998. *Affective Neuroscience: The Foundations of Human and Animal
Emotions*. New York: Oxford University Press.

Peale, Norman Vincent. 1952. *The Power of Positive Thinking*. Englewood, NJ:
Prentice-Hall.

Peale, Norman Vincent. 1967. *Enthusiasm Makes a Difference*. Englewood, NJ:
PrenticeHall.

Peale, Norman Vincent. 1976. *The Positive Principle Today*. Englewood, NJ: Prentice-Hall.

Peters, Gerhard, and John T. Woolley, eds. 1962. "Remarks at a Dinner Honoring Nobel Prize Winners of the Western Hemisphere," *American Presidency Project*, April 20, 1962. Accessed 2014.

Peters, Thomas J., and Robert H. Waterman Jr. 1982. *In Search of Excellence*. New York: HarperCollins Publishers.

Pine, B. Joseph, and James H. Gilmore. 1999. *The Experience Economy: Work Is Theatre and Every Business is a Stage*. Boston: HBS Press.

Pinker, Steven. 2002. *The Blank Slate: The Modern Denial of Human Nature*. New York: Penguin Books.

Podles, Leon J. 2008. *Sacrilege: Sexual Abuse in the Catholic Church*. Baltimore: Crossland Press.

Post, Stephen. 2008. *Why Good Things Happen to Good People*. New York: Broadway Books.

Povoledo, Elisabetta. 2020. "It's Never Too Late to Pursue a Dream, a Graduate Says. He Can Back It Up." *New York Times*, August 5. https://www.nytimes.com/2020/08/05/world/europe/italy-graduate-96.html. Accessed August 20, 2020.

"Questionable Behaviour: Companies Are Relying More and More on Psychometric Tests." 2020. *The Economist*, November 5. https://www.economist.com/business/2020/11/05/questionablebehaviour?utm_campaign=editorial-social&utm_medium=socialorganic&utm_source=twitter. Accessed November 10, 2020.

Rao, Srikumar S. 2010. *Happiness at Work: Be Resilient, Motivated, and Successful—No Matter What*. New York: McGraw Hill.

Ratey, John Jay. 2001. *A User's Guide to the Brain: Perception, Attention, and the Four Theaters of the Brain*. New York: Pantheon Books.

Reed, Anika. 2019. "British Airways Apologizes to Travelers After Flight Lands 525 Miles Away from Destination." *USA Today*, March 25. https://www.usatoday.com /story/travel/news/2019/03/25/britishairwaysflightlands-525-miles-away-destination-scotlandlondon-germany/3267136002/. Accessed September 3,

2020.

Roberts, Andrew. 2010. *Hitler and Churchill: Secrets of Leadership*. London: Weidenfeld & Nicolson.

Roberts, Andrew. 2018. *Churchill: Walking with Destiny*. New York: Viking.

Robinson, Greg. 2001. *By Order of the President: FDR and the Internment of Japanese Americans*. Cambridge, MA: Harvard University Press.

Roosevelt, Theodore. 1910. *"The Man in the Arena."* Speech, at the Sorbonne in Paris, France, on April 23, 1910. Accessed January 1, 2021 from the *Theodore Roosevelt Center at Dickinson State University*. https://www.theodorerooseveltcenter.org/ LearnAboutTR/TREncyclopedia/CultureandSociety/ManintheArena.aspx.

Ryu, Jenna. 2020. "Lea Thompson Supports Brad Garrett's Claim Staff Members 'Were Treated Horribly' by Ellen DeGeneres." *USA Today*, July 31. https://www. usatoday.com/story/entertainment/celebrities/2020/07/31/ellen–degeneres-brad–garrettcallsmistreatmentcommonknowledge/5554831002/. Accessed August 3, 2020.

Sagan, Carl, and Ann Druyan. 1996. *The Demon-Haunted World: Science as a Candle in the Dark*. New York: Ballentine Books.

Sanders, Betsy. 1995. *Fabled Service*. San Francisco: JosseyBass Publishers.

Sanders, Robert. 2018. "Enlarged Spleen Key to Diving Endurance of 'Sea No-mads.'" *Berkeley News*, April 19. https://news.berkeley.edu/2018/04/19/ enlarged-spleen-keyto-diving-endurance-of-seanomads/.

Sandle, Tim. 2018. "Knowledge Doubles Almost Every Day, and It's Set to Increase." *Science Digital Journal*, November 23. http://www.digitaljournal.com/techand-science/science/opedknowledgedoublesalmosteveryday anditssettoincrease/ article/537543. Accessed November 19, 2020.

Schilling, David Russell. 2013. "Knowledge Doubling Every 12 Months: Soon to be Every 12 Hours." *Industry Tap*, April 19. https://www.industrytap.com/ knowledgedoublingevery-12-monthssoontobeevery-12-hours/3950. Accessed November 7, 2020.

Segev, Tom. 1999. *One Palestine Complete: Jews and Arabs Under the British Mandate*. New York: Henry Holt & Co.

Seidman, Dov. 2007. *How: Why How We Do Anything Means Everything …In Business (and in life)*. Hoboken, NJ: John Wiley & Sons, Inc.

Seligman, Martin E. P. 1990. *Learned Optimism*. New York: Alfred Knopf.

Shane, Scott. 2010. *Born Entrepreneurs, Born Leaders: How Your Genes Affect Your Work Life*. New York: Oxford University Press.

Shankman, Peter, and Karen Kelly. 2013. *Nice Companies Finish First: Why Cutthroat Management Is Over—and Collaboration Is In*. New York: Palgrave MacMillan.

Shiel, William C. Jr., M.D. 2019. "Medical Definition of Synapse." MedicineNet(www. medicinenet.com). https://www.medicinenet.com/script/main/art. asp?articlekey=9246. Accessed August 25, 2019.

Silver, Katie. 2014. "Romania's Lost Generation: Inside the Iron Curtain's Orphanages." *ABC Radio National*, June 23. https://www.abc.net. au/radionational/programs/allinthemind/insidetheironcurtain's-orphanages/5543388. Accessed February 9, 2020.

Simmons, Annette. 2006. *The Story Factor: Inspiration, Influence, and Persuasion Through the Art of Story Telling*. Cambridge, MA: Basic Books.

Slater, Robert. 1999. *Jack Welsh and the GE Way*. New York: McGraw Hill.

Smith, Robert. 2009. *The Leap: How 3 Simple Changes Can Propel Your Career from Good to Great*. New York: Penguin Books.

Sobel, Dava. 2000. *Galileo's Daughter: A Historical Memoir of Science, Faith, and Love*. New York: Penguin Putnam, Inc.

Solzhenitsyn, Aleksandr I. 1973. *The Gulag Archipelago* (1st ed., trans.). New York: Harper & Row.

Sorce, James F., et al. 1985. "Maternal Emotional Signaling: Its Effects on the Visual Cliff Behavior of OneYearOlds," *Developmental Psychology* 21(1): 195 – 200.

Sorensen, Ted. 2009. *Kennedy: The Classic Biography*. New York: Harper Perennial.

Statt, Nick. 2018. "NASA Is Currently Conducting a Workplace Culture and Safety Review of Boeing and Spacex, Due in Part to Musk's Behavior." *The Verge*, November 29. https://www.theverge.com/2018/11/19/18118769/elonmusk-smokeweednasaadminjimbridenstineworkplaceculturereview. Accessed August 11, 2020.

Stavrova, Olga. 2019. "Having a Happy Spouse Is Associated with Lowered Risk of Mortality." *Psychological Science*; 095679761983514 DOI:

10.1177/0956797619835147. Accessed June 19, 2020.

Steiner-Adair, Catherine, and Teresa H. Baker. 2013. *The Big Disconnect*. New York: HarperCollins Publishers.

Stone, Douglas, Bruce Patton, and Sheila Heen. 1999. *Difficult Conversations*. New York: Penguin Books.

Sullenberger, Captain Chesley B., III, and Jeffrey Zaslow. 2010. *Highest Duty: My Search for What Really Matters*. New York: William Morrow.

Sullenberger, Captain Chesley B., III, and Jeffrey Zaslow. 2016. *Sully: My Search for What Really Matters*. New York: William Morrow.

Sutton, Robert I. 2007. *The No Asshole Rule: Building a Civilized Workplace and Surviving One That Isn't*. New York: Hachette Book Group.

Thompson, Terri, et al. 2012. "Victims of Lance Armstrong's Strong-Arm Tactics Feel Relief and Vindication in the Wake of U.S. AntiDoping Agency Report," *New York Daily News*, October 26. https://www.nydailynews.com/sports/moresports/zonelancearmstrongbullydownfallarticle-1.1188512. Accessed July 29, 2020.

Tough, Paul. 2013. *How Children Succeed: Grit, Curiosity, and the Hidden Power of Character*. New York: Mariner Books.

Tracy, Jessica. 2016. *Take Pride: Why the Deadliest Sin Holds the Secret to Human Success*. New York: Houghton Mifflin Harcourt.

Tronick, Ed. 2007. *Still Face: The Neurobehavioral and Social-Emotional Development of Infants and Children*. New York: W. W. Norton and Company.

Trout, Jack, and Rivkin, Steve. 2000. *Differentiate or Die: Survival in Our Era of Killer Competition*. New York: John Wiley & Sons.

Underhill, Paco. 2009. *Why We Buy: The Science of Shopping*. New York: Simon and Schuster Paperbacks.

van Baaren, Rick B., et al. 2006. "Mimicry for Money: Behavioral Consequences of Imitation." *Journal of Experimental Social Psychology* 39:393–398.

Van Edwards, Vanessa. 2017. *Captivate: The Science of Succeeding with People*. New York: Portfolio.

Vedantam, Shankar. 2010. *The Hidden Brain: How Our Unconscious Minds Elect Presidents, Control Markets, Wage Wars, and Save Our Lives*. New York: Spiegel & Grau.

Vuori, Tim O., and Quy N. Huy. 2015. "Distributed Attention and Shared Emotions in the Innovation Process: How Nokia Lost the Smartphone Battle." *Administrative Science Quarterly*, 1 – 43. http://www.enterprisegarage.io/2015/12/case-study-how-nokialostthesmartphone-battle/. Accessed August 3, 2020.

Walker, Rob. 2008. *Buying In*. New York: Random House Publishing Group.

Watson, Lillian Eichler. 1988. *Light from Many Lamps: A Treasury of Inspiration*. New York: Touchstone.

Watzlawick, Paul. 1974. *An Anthology of Human Communication*. Palo Alto, CA: Science and Behavior Books.

The Week. 2020. "The Impeachment Battle over Witnesses." January 31, Page 4.

The Week. 2020. Quote by Mary Renault. November 27, Page 19.

Weisfield, G. E., and J. M. Beresfor. 1982. "Erectness of Posture as an Indicator of Dominance or Success in Humans." *Motivation and Emotion* 6(2):113 – 131.

Welch, Jack, and John A. Byrne. 2001. *Jack: Straight from the Gut*. New York: Warner Business Books.

Wilson, Timothy D. 2002. *Strangers to Ourselves: Discovering the Adaptive Unconscious*. Cambridge, MA: Harvard University Press.

Wiseman, Richard. 2009. $59 Seconds: Change Your Life in Under a Minute$. New York: Anchor Books.

Wolfe, Ira. 2004. *Understanding Business Values and Motivators*. Atlanta: Creative Communications Publications.

Yahr, Emily. 2020. "The Downward Spiral of Ellen DeGeneres's Public Persona: A Complete Guide." *The Washington Post*, August 3. https://www.washingtonpost.com/artsentertainment/2020/08/03/ellendegeneresshowreputation/. Accessed August 3, 2020.

Young, Janette. 2018. "Four Ways Having a Pet Increases Your Lifespan." *The Conversation*, January 17. https://theconversation.com/four-wayshaving-a-pet-increasesyour-lifespan-88640. Accessed July 22, 2020.

Be Exceptional

┊ **옮긴이** ┊ 허성심

제주대 수학교육과를 졸업하고 같은 학교 통번역대학원에서 석사, 영문과에서
박사 학위를 받았다. 평소 과학, 여행, 역사 관련 책을 즐겨 읽으며 언어와 심리
학에도 관심이 많다. 제주대 통번역센터 연구원과 통번역대학원 강사로 있었
고, 지금은 대학에서 교양영어를 가르치며 글밥아카데미 수료 후 바른번역 소
속 번역가로 활동하고 있다. 옮긴 책으로『1일 1페이지, 세상에서 가장 짧은 교
양 수업 365』,『철학의 숲』,『아이의 생각은 어떻게 만들어지는가?』,『엄마라는
이상한 이름』등이 있다.

자기 설계자

초판 1쇄 발행 2022년 8월 31일
초판 2쇄 발행 2022년 9월 13일

지은이 조 내버로 · 토니 시아라 포인터
옮긴이 허성심
펴낸이 유정연

이사 김귀분
책임편집 유리슬아 **기획편집** 신성식 조현주 심설아 이가람 서옥수 **디자인** 안수진 기경란
마케팅 이승헌 반지영 박중혁 김예은 **제작** 임정호 **경영지원** 박소영

펴낸곳 흐름출판(주) **출판등록** 제313-2003-199호(2003년 5월 28일)
주소 서울시 마포구 월드컵북로5길 48-9(서교동)
전화 (02)325-4944 **팩스** (02)325-4945 **이메일** book@hbooks.co.kr
홈페이지 http://www.hbooks.co.kr **블로그** blog.naver.com/nextwave7
출력 · 인쇄 · 제본 (주)상지사 **용지** 월드페이퍼(주) **후가공** (주)이지앤비(특허 제10-1081185호)

ISBN 978-89-6596-523-7 03190